用文字照亮每个人的精神夜空

领读文化传媒
LINGDU Culture & Media

微信 | 微博 | 豆瓣　领读文化

宋词
群星闪耀时

周公子 著　　颜同学 绘

天津出版传媒集团

天津人民出版社

图书在版编目（CIP）数据

宋词群星闪耀时 / 周公子著；颜同学绘. —— 天津：天津人民出版社，2022.11

ISBN 978-7-201-18854-6

Ⅰ.①宋… Ⅱ.①周… ②颜… Ⅲ.①宋词–作家–生平事迹 Ⅳ.① K825.6

中国版本图书馆 CIP 数据核字 (2022) 第 189856 号

宋词群星闪耀时
SONGCI QUNXING SHANYAOSHI

出　　版	天津人民出版社
出 版 人	刘　庆
地　　址	天津市和平区西康路 35 号康岳大厦
邮政编码	300051
邮购电话	（022）23332469
电子信箱	reader@tjrmcbs.com
责任编辑	李　荣
装帧设计	UNLOOK　unlook-guangdao.com
印　　刷	北京金特印刷有限责任公司
经　　销	新华书店
开　　本	880 毫米 ×1230 毫米　1/32
印　　张	11.75
字　　数	376 千字
版次印次	2022 年 11 月第 1 版　2022 年 11 月第 1 次印刷
定　　价	64.00 元

版权所有　侵权必究
图书如出现印装质量问题，请致电联系调换（022-23332469）

声音演绎文字之美·声音构筑文学世界·声音记录文化传承

● **如何收听《宋词群星闪耀时》全本有声书？**

① 微信扫描左边的二维码关注"领读文化"公众号。
② 后台回复【宋词群星闪耀时】，即可获取兑换券。
③ 扫描兑换券二维码，免费兑换全本有声书。

● **去哪里查看已购买的有声书？**

方法 ①
兑换成功后，收藏已购有声书专栏，
即可在微信收藏列表中找到已购有声书。

方法 ②
在"领读文化"公众号菜单栏点击"我的课程"，
即可找到已购有声书。

用 文 字 照 亮 每 个 人 的 精 神 夜 空

苏　辙：做苏东坡的弟弟，是一种什么体验？　282

苏轼与章惇：爱比恨更有力量　301

苏轼与陈季常：真正的朋友是无用的　318

苏　轼：出世和入世，谁说只能二选一？　329

陆游失唐琬：当爱已成往事　343

后记

读懂一位词人，就是多经历了一种人生　359

目录

人物志

李　煜：一个文艺青年的错位人生 … 002

范仲淹：如果宋朝有完人，他的名字应该叫范仲淹 … 027

晏　殊：没有十全十美的人生，只有值得珍惜的当下 … 065

欧阳修：一代文宗是如何炼成的？ … 099

王安石：千古名相，还是乱臣贼子？ … 132

苏　轼：北宋全能之王的那些事儿 … 158

宋徽宗：一个被皇帝耽误的全能艺术家 … 187

李清照：我是喝酒打牌的山东女汉子，也是婉约多愁的词霸李三瘦 … 207

陆　游：我可以接受失败，但绝不放弃 … 231

辛弃疾：武能金戈铁马，文是词中之龙 … 254

人・物・志

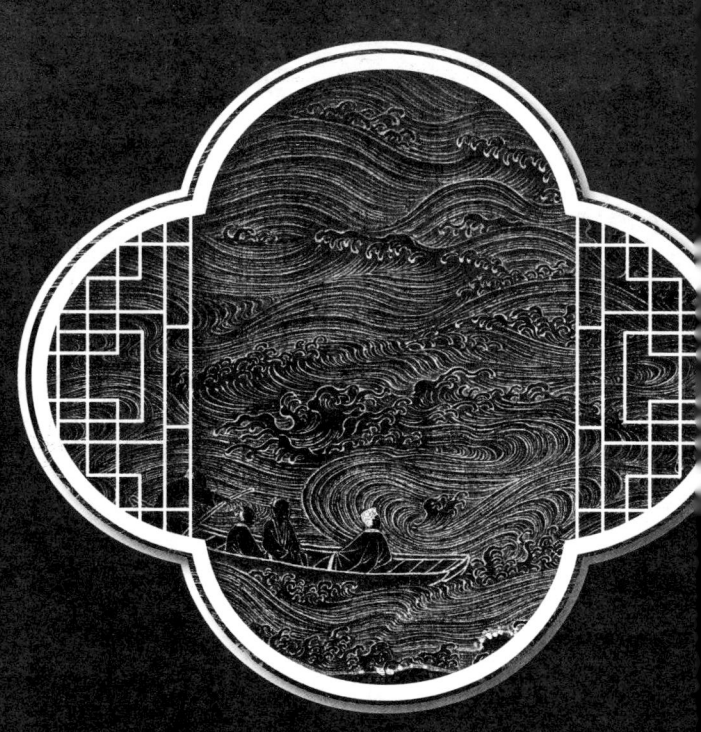

李煜：一个文艺青年的错位人生

01

公元975年的春天很冷。

南唐一国之君李煜的心情却很不错。听军师说,宋军扛不住,马上就要退兵了。

天佑南唐,江山无忧,终于可以松口气了。兴奋之余,他打算去慰问一下守城将士,以期振奋士气,更快退敌。心至身行,李煜兴冲冲地登上金陵城墙,挥起衣袖,热情洋溢地对奋战在一线的南唐兵士们高声喊道:"各位将士,辛苦了!"

回应他的却不是激昂沸腾、保家卫国的宣誓,而是士兵们沉默而奇怪的目光,他们纷纷用一种难以理解的眼神望着李煜。

气氛异常地尴尬。

李煜不由得往城墙外望去,这一望不要紧:只见城外是密密麻麻的宋军旗帜,敌军浩浩荡荡,兵临城下。大惊之下,李煜顿感天旋地转,眼前一黑:"众卿误我啊!"

没人想做亡国之君,李煜也不例外。

大军压境,谁都知道亡国是早晚的事儿了,只有李煜还蒙在鼓里。从大臣们坑蒙拐骗的美梦中醒来,他发现自己已无路可退,要么投降,要么死扛。

就这样让祖宗的基业毁在自己手中吗?李煜实在不甘心,拼死一搏吧!

困兽的力量,往往是惊人的。

在被重重包围的情况下，风雨飘摇的南唐居然又撑了半年多。

可惜，文艺青年注定还是干不过一代枭雄。975年冬，宋军攻破金陵城门，李煜率亲属、大臣四十五人肉袒出降，建国三十九年的南唐就此宣告灭亡。

破阵子·四十年来家国

四十年来家国，三千里地山河。凤阁龙楼连霄汉，玉树琼枝作烟萝，几曾识干戈？　一旦归为臣虏，沈腰潘鬓消磨。最是仓皇辞庙日，教坊犹奏别离歌，垂泪对宫娥。

此词乃李煜被俘北上后所作，上片追忆南唐过往的繁华景象，国土幅员三千里，宫廷楼阁高耸云霄，皇家内院花繁树茂，云雾葱茏。从小在这片富庶的土地上长大的李煜，何曾见识过战争的残酷呢？下片写国破身降的悲惨与凄情，"沈腰"暗喻自己承受着亡国之痛和臣虏之辱，在北方过着含悲饮恨的生活，日夕以眼泪洗面，像南北朝的沈约一样，消瘦得很快，每隔几天腰带就要紧一紧；而"潘鬓"则是说自己跟西晋美男子潘安同病相怜，不到四十岁就两鬓斑白。

全词由建国写到亡国，极盛转到极衰，极喜而后极悲，最后追忆破国当日情景，离别故国，哭辞宗庙，教坊里也奏起了应景的别离之曲。一朝沦为亡国之君的李煜，禁不住像个孩子一样，对着宫女失声恸哭。

最终，还是没有保住祖宗的江山，以后或许再也没有机会踏上这片富庶的土地。登上北去汴京的船只，故国渐行渐远，李煜最后一次深深回望：无限江山，别时容易见时难。

泪水再一次模糊了李煜的视线，往事漫随流水，一幕幕席卷而来。

02

李煜的人生出场堪称华丽，出生刚刚三个月，其祖父李昪便从吴国杨氏手中夺取了帝位，自称是李唐皇室的后人，改朝换代，建立南唐。李煜则顺理成章从贵族小公子变为堂堂皇孙，锦衣玉食，荣华富贵。

不仅如此，他还长得神骨秀逸、英俊潇洒，天生一身艺术细胞，书画、音律、诗词文章，无一不通。书法上，他集各家之长，自创"金错刀体"，刚劲有力，落笔瘦硬而风神溢出；其留存的两篇书法论文《书评》《书述》，迄今仍是书法理论的权威性著作。绘画上，史载其笔下的竹木飞鸟，"远过常流，高出意外"，在北宋时，就已是收藏家们宝惜至极的"希世之物"。音乐天赋亦是顶级，《雁门野记》说他"精于音律，凡度曲莫不奇绝"，其亡国前创作的一些乐曲，常常很快便传遍南唐。

除了面面俱到的才华，李煜还性格温和，待人接物有如春风拂面，从不摆架子，你说这么一位气质高华、玉树临风的文艺美少年，走到哪不得是人见人爱、花见花开呢？

然而，凡事总有例外。

皇宫中有一个人就不怎么待见这位三好少年。谁呢？不是别人，正是李煜那位能力出众、屡立战功的太子哥哥弘冀。

那么，这位哥哥是羡慕李煜长得帅？还是嫉妒李煜才华高？

其实都不是。他吧，主要对李煜的眼睛比较有意见。

嗯，说起来，李煜同学的长相确实不一般：

> 广额丰颊，骈齿，一目重瞳子。

用今天的话说，就是天庭饱满，地阁方圆，是标准的富贵之相。这也不奇怪，堂堂皇子，气宇轩昂很正常，可一只眼睛里有两个瞳仁这点就非比寻常了——因为，三皇五帝中的舜和西楚霸王项羽都有这种相貌特征。

想必大家已经猜到了，没错，在封建迷信大行其道的古代，这就是妥妥的帝王之相。（其实搁今天，也就是个瞳仁发生了黏连病变的先天畸形，所以说懂科学很重要。）

你说一心想攀登皇位的弘冀哥哥，每次看到这个自带帝王体征的好弟弟是不是很糟心呢？

李煜心里其实更郁闷：哥，我这是病啊，你有药吗？

不好意思，药没有，杀心倒是有的。

03

敏感细腻的李煜敏锐地捕捉到了哥哥的敌意。

他本就无意政治，为了让哥哥安心，索性一头扎进了文化艺术的海洋，每天泡在皇家图书馆，当起了皇宫隐士。还给自己起了一大堆表明心志的外号：钟山隐士、莲峰居士、钟峰隐者等，就差出家做和尚了。"网络签名"也是各种隐者风范：

  浪花有意千重雪，桃李无言一队春，一壶酒，一竿身，世上如侬有几人？（《渔父》其一）

或者这样：

  一棹春风一叶舟，一纶茧缕一轻钩。花满渚，酒满瓯，万顷波中得自由。（《渔父》其二）

这些诗词无一不在向弘冀释放强烈信号：哥哥，快看快看，我志当富贵闲人，醉心山水文艺，真的无意皇位哦！安心哦哥哥！

李煜的敏感和避让，看起来让人颇有些心疼，但其实这段徜徉在文化艺术世界的隐士生活，却是他人生中最快乐的时光之一。

可惜，美好的时光总是短暂的。

而打破这份平静的不是别人，依然是他的好哥哥弘冀。这位哥哥不知因何惹毛了父亲李璟，李璟一气之下，说了这样一句话："熊孩子不听话，皇位你是别想了，我要传位给你叔叔！"

这是一句改写三个人命运的话。

弘冀把老爸的话当了真，居然狠下心派人把自己的叔父毒死了，之后却总梦见面目狰狞的叔父来索命，就这样得了心病，不久自己竟也一命呜呼。

李煜的帝王之相，就这样无奈地得到了应验。

错位人生，自此开启。

04 公元961年，二十四岁的李煜登基为帝。

而就在前一年，南唐北边的国家后周发生了一件大事：殿前都点检赵匡胤发动陈桥兵变，逼迫七岁的小皇帝禅位，改国号为"宋"。

赵匡胤乃一代雄主，志在一统天下。南唐的覆国危机，其实在赵匡胤建立宋朝的那一刻，就已然注定。

本就身处强敌环伺的弱国，偏偏在文艺领域是个天才加全才的李煜，在政治领域又是个蹩脚的皇帝。

说到李煜治国的能力，我们不得不先了解下他的性格。

李煜刚登基时，有阵子对下棋很着迷。某大臣来汇报工作，看到李煜边下棋边听，嗯嗯啊啊心不在焉，一时火起，居然上前猛地一把将李煜的棋盘扫到了地上。

李煜当时就震惊了。

好家伙，仗着哥脾气好，不把皇帝当干部啊！老虎不发威，你还真当我是病猫呢，于是忍不住气沉丹田，一声怒吼："你抽什么风呢？当自己是魏徵啊？！"

结果，大臣竟也毫不示弱："我不是魏徵，因为你也不是唐太宗！"

大臣说得这么有道理，李煜一时竟无言以对，最后居然就这样默不作声收了场。你说李煜的脾气好不好，能不能忍？这要放在稍微有点火气的皇帝身上，明天的太阳估计就不是照在这位大臣的床头，而是要照在他的坟头上了。

另一件更能体现李煜性情的事情是：

李煜的弟弟从善，在李煜当太子期间搞过很多小动作，想挤掉李煜，自己上位。甚至父亲李璟去世时，他还想拉拢受命大臣在遗诏上动手脚，结果大臣不仅一口回绝，后来还跟李煜汇报了相关情况。

大家都知道，在皇权面前，兄弟情分往往是一文不值的。帝王之家，父子兄弟相残，甚至可以说是每个朝代必有的固定戏码。不觊觎我的位子说不定看你都碍眼，何况你还动过小九九、打过小算盘，这样的情况下，能留你一条命，基本都是看祖宗面子了。

可我们的李煜不一样，对弟弟非但既往不咎，关爱之情还犹胜从前。嗯，皇位反正我本来就不稀罕，还是宝贝弟弟比较重要。

后来，从善出使宋朝，被赵匡胤留做人质，羁押不归。李煜伤心得不得了，连最喜欢的文艺汇演也没了兴致，还动不动就登高北望，涕泗横流：

自从善不还，四时宴会皆罢。

每凭高北望，泣下沾襟，左右不敢仰视。

那首著名的《清平乐·别来春半》，据说也是因思念从善所作：

> 别来春半，触目愁肠断。砌下落梅如雪乱，拂了一身还满。 雁来音信无凭，路遥归梦难成。离恨恰如春草，更行更远还生。

此词开篇即直抒胸臆，道出离愁别恨，李煜久立花下，思念着远方的弟弟，那如雪花般飘落全身的梅花，正如心中愁绪，方才拂去，又已落满。看到大雁横空飞过，为它没有带来亲人的书信而感到失落，想和弟弟在梦中相会，却又担心路途遥远，对方可能在梦中也难以返回。心念至此，自己心中的"离恨"就像滋生不已的春草那样无边无际……

不仅对大臣忍耐，对兄弟一往情深，就连对获罪之人，李煜也常大发慈悲，还曾跑到监狱里客串法官，宽大处理了一批犯人（大哥，咱这是治国啊，你当是小孩子过家家呢）。

李煜的大臣，曾这样评价他：

> 赏人之善，常若不及；掩人之过，惟恐其闻。

意思是说，李煜奖励别人的好处时，总担心赏的还不够多；而当别人犯错时，却极力帮着打掩护，唯恐影响了人家的名声。

看到这，是否忍不住要感叹：李煜真是个大好人啊！

没错，李煜是个不折不扣的好人。

但历史不止一次证明：好人往往做不了好皇帝。

05

对于做皇帝而言，只是善良宽厚、情深义重，是远远不够的（某种意义上来讲这甚至是缺点），更重要的，乃是权谋和实干。

而李煜本就无心皇位，对政治更是毫无兴趣，加上南唐在他老爹李璟在位时，就已经被后周数次敲打，被迫割让了长江以北的所有土地，并削去帝号，降格为"唐国主"，以示臣服。

所以，李煜压根就没什么野心，只想小心翼翼做好宋朝的附属国，偏安一隅过自己的小日子。

这不，登基之初，他就赶忙给赵匡胤打了份报告，力表自己毫无野心，一定会安分守己做好北宋的跟班小弟：

> 臣本于诸子，实愧非才，自出胶庠，心疏利禄，被父兄之荫育，乐日月以优游。思追巢许之余尘，远慕夷齐之高义。既倾恳悃，上告先君，固非虚词，人多知者。

意思是说，自己本无意于皇位，自从出了校门（"庠"指学校），就看淡功名利禄，在父兄的庇护下，优游于诗词书画之中，小日子过得逍遥自在。人生偶像是巢父、许由、伯夷、叔齐这类隐士，仰慕他们不做帝王而去隐居的高风亮节，这在南唐是人尽皆知的事儿，绝非虚词……

结尾又各种赌咒发誓，说自己若是对大宋有二心的话，不仅是违背了祖宗遗训，还会受到神明的惩罚：

惟坚臣节，上奉天朝。若曰稍易初心，辄萌异志，岂独不遵于祖祢，实当受谴于神明。

此后，他对宋朝的外交政策一言以蔽之就是：量南唐之物力，结大宋之欢心。

上贡送礼是家常便饭，日常也是赔尽小心。每次北宋使者来访，李煜都会脱掉天子才会穿的皇袍，改穿紫袍，还会把皇宫正中屋脊两头代表帝王尊严的"鸱吻"（殿脊两端的卷尾龙头，中国古代神话传说中的神兽）拆下来，等宋朝代表走了，再费劲巴拉装回去……

这意思就是说：赵大哥，你真的不用来打我啊，咱们是一家人，我一定会紧密团结在以您为核心的大宋王朝周围，保证按时进贡，绝对服从管理，就让我们一直这样愉快地相亲相爱吧！

皇帝当到这个份上，你说窝不窝囊？

确实窝囊，可人在屋檐下，不得不低头：打又打不过人家，能咋办？

这时期的一首《蝶恋花·遥夜亭皋闲信步》，可以说是恰到好处地展现了李煜内心的千愁万绪：

遥夜亭皋闲信步，乍过清明，渐觉伤春暮。数点雨声风约住，朦胧澹月云来去。　　桃李依依春暗度，谁在秋千，笑里轻轻语。一片芳心千万绪，人间没个安排处。

这首词通篇白描，乍看是写一位月夜无眠、独自水边散步的美人在伤春惜时，其实"人间没个安排处"的哪里是佳丽的芳心，分明是李煜本人面对江山迟暮而萌生的那份"无可奈何花落去"的惆怅。

06

政治上虽然不得志，好在李煜还有热爱的艺术世界和感情的温柔乡。

在南唐，李煜既是一国之君，又是才情爆棚的金牌词作家。他的每一首词都会秒登南唐流行金曲排行榜，而且书画音律也都造诣高深，是顶级的跨界高手，偶像加实力派的典型代表。

亡国之前，李煜同学写词，主要围绕两个主题：歌舞人生和秀恩爱。比如将第一任妻子大周后的娇憨可爱之态描摹得如在目前的《一斛珠·晓妆初过》：

> 晓妆初过，沈檀轻注些儿个。向人微露丁香颗，一曲清歌，暂引樱桃破。　罗袖裛残殷色可，杯深旋被香醪涴。绣床斜凭娇无那，烂嚼红茸，笑向檀郎唾。

晨起，大周后梳洗过后，在唇上轻轻涂上些"沈檀"（即古代的口红），转头伸出一点花蕾般的舌尖，对着李煜撒娇卖萌。而后朱唇轻启，清歌一曲，那一张一合的娇润小嘴犹如一颗绽开的樱桃。一曲歌毕，又饮酒助兴，酒水溅到衣袖上，晕开一片片殷红。醉意渐浓，大周后柔若无骨地斜倚着华美的绣床，把口中烂嚼的红线，娇笑着吐向李煜("檀郎"即情郎之意),通篇神情娇态毕现,传神之至。

再看其与小周后情愫暗生时的一首《菩萨蛮·蓬莱院闭天台女》:

蓬莱院闭天台女,画堂昼寝人无语。抛枕翠云光,绣衣闻异香。　潜来珠锁动,惊觉银屏梦。脸慢笑盈盈,相看无限情。

此词写小周后在如蓬莱仙境般的华美屋宇中午睡,李煜前来看她,四周悄然无声,只见可爱的姑娘将枕头抛到了一边,头发乌黑柔亮,绣衣上散发出阵阵馨香。李煜想要走近一些欣赏她睡着的娇态,腰间佩戴的玉佩和珍珠却相撞而发出了响动,惊醒了银色屏风后的美人。只见她双眸慢慢睁开,正与俯视的李煜四目相对,笑容随即浮现在她秀美的脸庞上,二人脉脉深情地对望着。词中所写只是二人相对的一个片刻,却将小周后的娇羞妩媚和李煜的温柔深情写得精细明快,生动活泼。

除却男欢女爱,身为文艺青年的李煜在吃喝玩乐、歌舞升平方面,那更是个中好手:

浣溪沙·红日已高三丈透

红日已高三丈透,金炉次第添香兽,红锦地衣随步皱。佳人舞点金钗溜,酒恶时拈花蕊嗅,别殿遥闻箫鼓奏。

你看,动不动就开晚会、玩通宵。都日上三竿了,昨晚的欢宴还没有散场的意思。宫人们挨个儿将金炉里快要燃尽的檀香重新添满，舞女飞速旋转的步伐将红色的锦缎地毯皱起，金钗也从发髻滑落下来。还有的美人已醉酒不支，拈起花来嗅闻，想要以此解酒，力图继续饮宴。最后一句说别的宫殿里也远远传来箫声和鼓声……

敢情这通宵达旦的歌舞宴乐还不止一处呐！怎么，皇帝不用上班的？！

更厉害的是，他还和妻子大周后一起，将失传了两百多年的盛唐之音《霓裳羽衣曲》从残留的乐谱中复原，该曲从此成了南唐文艺汇演的压轴节目（啧啧，两口子都是南唐国宝级艺术家）。

玉楼春·晚妆初了明肌雪

晚妆初了明肌雪，春殿嫔娥鱼贯列。笙箫吹断水云闲，重按霓裳歌遍彻。　　临风谁更飘香屑，醉拍栏干情味切。归时休放烛花红，待踏马蹄清夜月。

这首《玉楼春》，写的就是《霓裳羽衣曲》在南唐宫廷演出的华美盛况。

明肌似雪、鱼贯而列的美艳嫔娥，声断水云、遍彻宫殿的悠扬音乐，随风飘散、沁人心脾的氤氲暗香，李煜同学在视觉、听觉、嗅觉的全方位享受下，醉中忘形，手拍栏杆，好一番风流倜傥、神采俊逸之状。而最后一句"归时休放烛花红，待踏马蹄清夜月"更是雅趣之至，从中我们不难看出，李煜是多么的擅于发现美和享受美——偃烛熄火，踏月而归，好一个春风醉人的夜晚呀！

你看，这人长得帅，审美情趣又高，就连奢侈享乐都不讨人厌呢！

07

如果生活就这样一直在丝竹弦乐、作曲填词中继续下去，该多好呢。可虎视眈眈的赵匡胤却以一句"卧榻之侧岂容他人鼾睡"无情碾压了李煜的天真幻想，北宋终于要对南唐下手了。

面对迫在眉睫的危机，李煜又能怎么办呢？除了更加频繁地进贡，便是主动降低政治待遇，请求把"唐国主"改成"江南国主"，将宫殿屋脊上的"鸱吻"永久撤下，曾经被封为王的弟弟们，也全部降级为公……以此变相求饶。

可这又怎么可能打消赵匡胤灭掉诸国、一统天下的宏图伟略呢？

偏偏在这个节骨眼上，愁肠百结、手忙脚乱的李煜又犯了一个致命的错误——错杀忠良，自毁长城。

南唐有一员猛将名为林仁肇，其人不仅武艺高强，且颇有战术头脑。他曾在宋朝攻打南汉未归时，向李煜建言，拨给他几万精兵，乘虚而入，打过长江，收复曾经属于南唐的失地。甚至连李煜的退路，他都给想好了，说等自己出兵后，让李煜把他全家老小抓起来，如果赵匡胤兴师问罪，就推说是他在造反，与南唐朝廷无关。这样如果奇袭成功，好处国家拿，如果失败，李煜可以杀了他全家，把问题全推到他身上。

可惜，如此忠肝义胆之举，却把李煜吓破了胆，再三叮嘱林仁肇不可轻举妄动，否则国家危矣；口头警告后，仍不放心，又把他调离了前线。

李煜如此退缩，赵匡胤却是毫不客气。为了拔掉南唐的这员猛将，他故意对羁留在北宋的李煜之弟李从善道：你们的大将林仁肇已送来信物，准备投降我们啦！

从善听后，立马想办法写了秘信通报李煜。

恰巧当时南唐军队内部又有派系斗争，几个能力平庸的大将觉得威望极高的林仁肇是个威胁，在李煜面前中伤其画地为王、意欲谋反。

内外交攻下，李煜也起了疑心，派人毒死了林仁肇。

赵匡胤见时机已到，就发出了让南唐献土归顺、免于干戈的信号。

李煜是个把"忠孝"看得很重的人，前面种种委曲求全，就是不希望祖宗的江山葬送在自己手上。结果都到这份上了，对方还不罢休，退无可退之下，他终于雄起了一把：欺人太甚，打就打！我有长江天险，未必输你！

可让李煜万万没想到的是，宋朝居然开创性地搭建出连索浮桥，使得长江天堑变通途，南唐瞬时无险可守。

林仁肇死后，接手的南唐军事主帅又是个无能之辈，不仅消极抗敌，对李煜还各种欺瞒骗，直到李煜登上城墙才发现宋军已兵临城下，为时晚矣。

可这一切能只怪李煜吗？

自己老爹留下的，本就是个烂摊子。从他登基的那一天起，作为一个弱国之君，失败的命运其实早已注定。他卑躬屈膝过，也奋力挣扎过，却终究还是亡了国。

李煜北上汴京后，宋太宗赵光义曾问南唐旧臣潘慎修："李煜果真是一个懦弱无能之辈吗？"

潘慎修答道："假如他真是无能无识之辈，何以能守国十余年？"

南唐旧臣徐铉对南唐之亡曾如此评价：

> 李煜敦厚善良，在兵戈之世，而有厌战之心。虽孔明在世，也难保社稷，既已躬行仁义，虽亡国又有何愧？

宋人陆游也在《南唐书》中肯定李煜说：

> 后主天资纯孝……专以爱民为急，蠲赋息役，以裕民力。尊事中原，不惮卑屈，境内赖以少安者，十有五年。

意思是，如果不是李煜各种委曲求全，南唐可能早在十五年前就被灭了。

那么，在历史的滔滔进程下，无奈成为亡国之君的李煜，接下来将要面对怎样的囚徒生活呢？

08

浪淘沙·窗外雨潺潺

帘外雨潺潺，春意阑珊。罗衾不耐五更寒。梦里不知身是客，一晌贪欢。　独自莫凭栏，无限江山，别时容易见时难。流水落花春去也，天上人间。

汴京的春天，好像比金陵还要更冷一些。

五更梦回，薄薄的罗衾挡不住晨寒的侵袭。帘外，潺潺的春雨敲打着寂寞零落的残春，更敲打着李煜那颗破碎无助的心，在梦中，他又一次回到了心心念念的故国。

梦里不知身是客，一晌贪欢——只有在梦中才能暂时忘却身为俘虏的痛苦，享受那片刻的欢愉和放松，何其心碎！可是就连这样的梦境也是可遇不可求，更多的时候，即便身在梦中，也是无穷无尽的亡国之恨、彻骨之痛：

故国梦重归，觉来双泪垂。……往事已成空，还如一梦中。(《子夜歌·人生愁恨何能免》)

多少恨，昨夜梦魂中，还似旧时游上苑，车如流水马如龙。花月正春风。(《望江南·多少恨》)

春去秋来，四季流转，故国夜夜入梦来：

望江南·闲梦远二首

闲梦远，南国正芳春。船上管弦江面渌，满城飞絮辊轻尘。忙杀看花人。

闲梦远，南国正清秋。千里江山寒色暮，芦花深处泊孤舟，笛在月明楼。

春天,他想起春满金陵时,那碧水如蓝的秦淮河,管弦飞扬的游舫,柳絮飘舞的城池,熙熙攘攘看花的人群。秋天,他眼前又浮现出清冷辽阔的千里江山,芦花深处横斜的孤舟,仿佛还能听见秋月当空下,高楼上传来的悠扬笛声……

梦中已然如此,醒着又是何等光景呢?

相见欢·无言独上西楼

无言独上西楼,月如钩。寂寞梧桐深院锁清秋。 剪不断,理还乱,是离愁。别是一般滋味在心头。

梧桐深秋,缺月如钩,离愁别恨向谁诉?独上西楼,无言之哀,更胜涕泪交加。

浪淘沙·往事只堪哀

往事只堪哀,对景难排。秋风庭院藓侵阶。一任珠帘闲不卷,终日谁来。 金锁已沉埋,壮气蒿莱。晚凉天净月华开。想得玉楼瑶殿影,空照秦淮。

曾经无限荣光的帝王,如今被囚禁在小小的庭院,台阶上已爬满苔藓,门帘也不必卷起,因为也不可能有人来探望;过往的富贵与繁华,都已烟消云散,秦淮河边的旧时宫苑,想必此时正被澄澈的秋月投影在水面上。一切如旧,可惜再也不见曾经主人的身影……

梦中萦怀,醒时难忘,对李煜来说,漫漫余生只剩一个主题:怀念故国，无尽乡愁。感性的人总是如此容易沉溺于过往，而往昔越美好，今朝便越痛苦。

可梦境总会醒来，回忆总有尽头，只要还活着，这残酷无奈的世界就依然需要面对。

09

当年明月曾说，人生最大的痛苦不是一无所有，而是拥有一切后再失去。

一朝从帝王之尊沦为阶下囚，李煜的世界从此和欢乐绝缘。

李煜从前日日奢侈享乐，到了北宋却一度经济拮据。当初金陵城破之时，北宋的将领还算厚道，曾提醒李煜在宫内财物尚未造册充公前，他可以随意取拿，打包进北上的行李箱中。可惜李煜当时沉浸在亡国的巨大悲苦中，根本无心收拾金银细软，到了北宋后，成了所有投降小朝廷里最穷的一个。

纵是如此，多情的李煜还不忘照顾自己的老部下，有旧臣来访，实在没什么可送了，他便将自己日常用的一个白金脸盆赠与旧臣。可恨的是，此人非但没有感激，还到处宣扬李煜小气。

落难的凤凰不如鸡。世态炎凉，莫过如此。

而一生的死敌赵匡胤，虽未诛杀李煜，却也讽刺地给他戴上了一顶"违命侯"的帽子，戏谑他曾扬言殉国、拒不投降，到最后还不是成了大宋的俘虏！

而后来登上皇位的赵光义，则更是个卑劣小人。他曾故意带李煜去参观北宋图书馆，假作关心："这里面不少书画，皆从南唐而来，都是你曾经心爱的宝贝啊，不知道来了汴京后，你还读不读书？"

亡国的伤疤就这样被无情地揭开，李煜痛苦到一句话也说不出。

仅仅是如此，便也罢了。无耻的赵光义还将目光瞄向了李煜国色天香的妻子小周后：你不是天天想着你的江南故国吗？我不仅灭你的国，还要辱你的妻。我要从精神上彻底摧毁你，让你臣服在我的脚下！

这是怎样的奇耻大辱，江山已经尽失，如今连最心爱的人也不能保其周全，活着已经比死更痛苦。

对于弱者，命运往往就是如此的残酷：

相见欢·林花谢了春红

林花谢了春红，太匆匆。无奈朝来寒雨晚来风。　胭脂泪，留人醉，几时重。自是人生长恨水长东。

林花在朝雨暮风的摧残下，匆匆凋零，飘落遍地的红花，被雨水打湿，犹如美人双颊上的胭脂在和着泪水流淌。花儿和惜花之人相互留恋，如醉如痴，什么时候才能再重逢呢？人生的遗憾总是太多，就像那江水不休不止，滚滚东逝。

是啊，人生错位，故国永别，到如今唯余绵绵不尽的耻辱与愁怨，何苦还要留在这人世间？

公元978年，七夕，李煜四十一岁生日。

注定永远无法走出亡国之痛的他，提笔写下了一首古往今来触动无数人心的千古绝唱：

虞美人·春花秋月何时了

春花秋月何时了？往事知多少。小楼昨夜又东风，故国不堪回首月明中。　雕栏玉砌应犹在，只是朱颜改。问君能有几多愁？恰似一江春水向东流！

春花年年开放，秋月年年皎洁，时光无穷无尽，往事历历在目。小楼昨夜又有东风吹拂，登楼望月忍不住回思故国。金陵城里那雕刻精美的栏杆、玉石砌成的台阶应该还都在吧，只不过里面住的人已经更换。要问心中的愁恨有多少，大概就像东流的春水一样滚滚滔滔，无穷无尽。

在歌者如泣如诉的演唱中，李煜闭上眼睛，仿佛又回到了故国华美的宫殿。

眼前是"澹澹衫儿薄薄罗，轻颦双黛螺"的娥皇绰约多姿、翩翩起舞；回首是"划袜步香阶，手提金缕鞋"的小周后含羞带怯、盈盈而来；殿内是"春殿嫔娥鱼贯列"的明媚；殿外是"车如流水马如龙"的繁华……

就这样吧，让生命就终结在这一刻吧。

他微笑着端起赵光义赐的毒酒，一饮而尽：谢谢你赵光义，从此我再也不用沉浸在那锥心噬骨、无边无际的痛苦中了。

但愿长醉不复醒。

10

一个亡国之君的人生，就这样凄凉落幕了；而一个千古词帝，却在这一刻获得了永生。

在现实中失去了三千里地山河的李煜，却在词的世界里纵横驰骋，赢得了更为广阔的疆土。

他的词简洁、干净、极少用典，如清水芙蓉，不事雕琢，语言白浅，却含意深沉。王国维说："词至李后主而眼界始大，感慨遂深，遂变伶工之词而为士大夫之词。"

是的，词在李煜之前是花前月下，歌馆宴乐；而在李煜之后是家国万事，皆可入词。

上承花间，下启两宋。可以说，没有李煜，就没有后来的宋词。

赵氏兄弟何曾会想到：他们亡了李煜的国，李煜却用词征服了整个宋朝！在文化的国度里，李煜将永葆一个王者的光芒和荣耀。

"词中之帝，当之无愧色！"

李煜的故事，至此结束了。

他的人生诚然是一出错位的悲剧，一个一派天真的人，却偏偏负担了国家兴亡的社稷之重。然而可贵的是，他见识过人世间最复杂阴暗的权谋争斗，也经历了帝王到囚徒的人生长恨，却始终如一，不改纯真本色——富贵时，尽情歌唱繁华绚烂；愁苦时，句句血泪道尽凄凉。提笔落墨，无一字不真。

被俘汴京，身为囚徒，他却从未发出过"此间乐，不思蜀"的谄媚之语。是的，江山可以被霸占，身体可以被囚禁，但灵魂从未被征服！

"风可以吹起一张白纸，却无法吹走一只蝴蝶，因为生命的力量在于不顺从。"

李煜就是这样一个矛盾体，让你觉得他既懦弱又勇敢，既可怜又可敬。他不是一个好皇帝，但你又怎能不承认他是那样一个纯真美好的人？更为难得的是，他以字字泣血的亡国之殇，道出了每个寻常人生命中都会有的悲欢离合。

千古之后，当我们依依别离时，心头依然会浮现出"离恨恰如春草，更行更远还生"；在某个黯然神伤的时刻，我们或许会写下"剪不断，理还乱，是离愁，别是一般滋味在心头"；每当孤独与惆怅来临，我们也会禁不住吟唱"问君能有几多愁，恰似一江春水向东流"……

是的，只要人间还在上演着世事的繁华与幻灭，李煜的词就将永远流传下去。

失去了一世的江山，慰藉了万世的人心。

李煜，你是另一种意义的胜利者。

周公子每期一问

范仲淹：如果宋朝有完人，他的名字应该叫范仲淹

01

明朝洪武年间，苏州人范文从在朝为御史，因敢言直谏得罪朱元璋而下狱，问成死罪。后朱元璋翻阅案卷，看到其姓名和籍贯，心中一动，召其问之："你该不会是范仲淹之后吧？"

范文从回曰："我是范仲淹的十二世孙。"

朱元璋听罢，默然无语，于锦帛上手书"先天下之忧而忧，后天下之乐而乐"赐予范文从，并御口承诺，免其五次死罪。

同样是明代，有个叫范希荣的商人，贩货途中遇强盗劫财。强人头目见其处乱不惊，举止不俗，随口发问："你是读书人？"

范希荣答："是，我乃范仲淹后人。"

强盗叹曰："原来是忠良之后，不可害之。"

于是呼啸退去，不伤范希荣分毫。

这两个故事，都载于明代古籍中。故事的主角，都因是范仲淹之后而免灾去祸。

那么，宋人范仲淹究竟取得了何等经天纬地之功业道德，以致在故去三百多年后，仍能庇佑子孙后代至如此？

欲答此问，得从北宋天禧元年（1017年）说起。

这一年，一位名叫朱说（悦）、时年二十九岁的地方节度推官上表朝廷，申请改名换姓、认祖归宗。

自此，历史上少了一个叫朱说的普通人，多了一个名垂青史、百世流芳的赫赫大名——范仲淹。

至于范仲淹人生的前半场为何姓朱名说，则又要从公元989年说起。

这年的某个灿烂秋日，范仲淹呱呱坠地，降生于一个祖籍苏州的基层官宦之家。可惜，时运不济，方至两岁，其父便撒手西去。其母因身为妾侍，不为正室与家族所容，两年后，贫无所依，遂携四岁的范仲淹改嫁时任苏州平江府推官的山东人氏朱文翰。

因此，范仲淹直到二十九岁，都随继父之姓，名为朱说。

以此观之，童年的范仲淹是不幸的，孩童之时即丧却生身之父。同时，他又是幸运的，继父朱文翰为人宽厚，待其视如己出，"既加养育，复勤训导"，为其成长提供了温馨有爱的家庭环境。

而范仲淹也不负继父所望，早早便立下了"不为良相，则为良医"的人生志向，自幼勤学苦读。

02

据北宋人魏泰在《东轩笔录》中记载，范仲淹年少时，曾寄宿在继父老家山东长山县的醴泉寺读书，当时其求学条件是这样的：

> 惟煮粟米二升，作粥一器，经宿遂凝，以刀画为四块，早晚取二块，断齑数十茎，酢汁半盂，入少盐，暖而啖之，如此者三年。

意思是说，在校期间，范仲淹每日煮粥一份，待粥冷却凝固后，以刀划为四块，早晚各取两块，撒点薤（捣碎的姜、蒜、韭菜等）和盐调味，即为一天之饮食。

这便是"划粥断薤"之典故，与"凿壁偷光""悬梁刺股""囊萤夜读"一样，都是贫而好学的代名词。

成年之后，知晓身世的范仲淹决意自立门户，远走应天府（今河南商丘）求学，苦读更甚。

> 公处南都学舍，昼夜苦学，五年未尝解衣就枕。夜或昏怠，辄以水沃面，往往饘粥不充，日昃始食。同舍生或馈珍膳，皆拒不授。

无数先贤的故事告诉我们，优秀的人往往从小就不一般。范仲淹也不例外，青年时期即频显过人之处。例如，在应天府读书时，某个家境殷实的同学见其生活拮据，顿顿吃粥，便以珍馐美馔相赠。不几日，却发现饭菜丝毫未动，已然发霉，顿时大为不解："好意给你改善伙食，咋还不领情，几个意思啊兄弟？"范仲淹听罢，先行致歉，而后解释如下："同窗美意，不胜感激。可我一向艰苦惯了，今日若吃了这丰餐佳肴，往后还如何忍受得了顿顿白粥？所谓'由俭入奢易，由奢入俭难'啊！"

同学听罢，感佩不已。

又如在应天府求学的第四年，当地发生了一件千载难逢、锣鼓喧天的大事件——宋真宗亲临应天府，拜谒赵家祖庙。

整个应天府沸腾了。大家扶老携幼,倾城而出,争睹天子风采。此时此刻,只有一个人例外,那就是范仲淹。但见其波澜不惊,独守书院,两耳不闻窗外事,一心只读圣贤书。

同学们纷纷表示不解:"苍天啊!能亲眼见到当今圣上,这是什么神仙福气,大哥你是怎么坐得住的?"对此,范仲淹头也不抬,淡然回曰:"如学无所成,见到皇帝又如何,书念好了,将来自有机会常见。"

啧啧,你看,年纪轻轻,便有此等见识,此等定力,也难怪其与一众同学共访回应天府探亲的朝廷大员姜遵时,姜遵对其他人都不甚在意,唯独留下范仲淹,设宴款待,叙谈良久。更对其夫人断言道:

> 朱学究虽年少,奇士也,他日不唯为显官,当立盛名于世。

这话可谓完美预测了范仲淹日后出将入相的仕途成就与"先天下之忧而忧,后天下之乐而乐"的人格高度。不愧是"老江湖"。识货,太识货了!

就这样,五年南都求学,范仲淹昼夜诵读,自刻益苦,终于大通六经之旨,于二十六岁进京赴考,一举登科。

名臣之路,就此开启。

03

步入仕途后，范仲淹在基层一干就是十几年。直到三十九岁，才在晏殊举荐下入京为官，荣升秘阁校理。

人到中年才好不容易混进中央，换一般人肯定要如履薄冰，小心经营，以期百尺竿头，再进一步。可范仲淹却甫一上岗，就放出超级大招，做出一件把举荐人晏殊吓得心惊肉跳的生猛之事。

事情是这样的。

天圣七年（1029年），十九岁的宋仁宗（狸猫换太子的那位）打算在当年的十一月率领文武百官于会庆殿为其母刘太后祝寿。

此时，仁宗继位已有七八年，但朝政依然掌握在垂帘听政的刘太后手中，且其毫无放权之意。

皇帝都成年了，还不还政于帝，本身就很政治不正确，过个生日还要文武百官朝拜，那更是于理不合。

大臣们人人都知此事不妥，可太后大权在握，活动又是皇帝主动上赶着张罗，谁敢多言？！

你别说，还真就有人敢——得知此事后，人微言轻、且非谏官之职的范仲淹立即上疏抗议，言辞犀利：

> 天子有事亲之道，无为臣之礼；有南面之位，无北面之仪。若奉亲于内，行家人礼可也。今顾与百官同列，亏君体，损主威，不可为后世法。

意思是皇帝想要为母祝寿、以尽孝道，这无可厚非，可安排在后宫内廷，那便纯属家事，爱咋搞咋搞，你们娘俩开心就好。可如果要带着文武百官朝堂跪拜，那就成了国事。天子乃天下至尊，岂可向他人行此"亏君体，损主威"之礼，这既不符合祖宗之法，又会给后世留下错误示范，坚决不能够！

这封奏疏一上，人人都为范仲淹捏一把汗，晏殊更是火急火燎将其拎到一边，急赤白脸一顿骂："希文啊希文（范仲淹字希文），你又不是谏官，这事儿轮得到你开口吗？谁都知道这事儿不合适，为啥人家都不说？因为说了也没用啊！结果就你逞能，平地一声惊雷，扬名立万，风头出尽。可你为我想过吗？好意提拔你来京城，结果你上来就在太岁头上动土，这不是坑我害我吗？！"

晏殊之所以如此受惊加火大，一是因为三年前他曾反对太后提拔个人亲信为枢密使，结果因此惨遭贬谪，他不想范仲淹重蹈覆辙；二来按照宋朝律法，大臣举荐的人才如若犯了事儿，推荐人须负连带责任，自己也要陪着倒霉。

以此看来，晏殊同志在举荐范仲淹时，显然背景调查做得不到位，因为按照范仲淹此前在地方为官的一贯风格来看，他上这么一本奏疏实在不奇怪，不上才怪了呢。

不信，让我们一起来回顾下范仲淹进京前的光荣履历。

04

进士及第后，范仲淹初入官场，任职广德司理参军，相当于地方上的基层司法官员，负责决狱断案，官小而任重。在职期间，他坚守原则，秉公执法，时常"引囚访问，贵得其情"，为当地民众平反了不少冤假错案。

可如此较真，导致诸多陈年旧案都要推倒重来，引得太守数次盛怒，对其大发雷霆（旧案翻新，可不就是打太守的脸嘛）。

这要换一般人，叹一句"胳膊拧不过大腿"后，估计也就屈服了。可范仲淹不一样，不仅与太守据理力争、毫不退让，还将争辩内容记录在宿舍屏风上，待期满去职，屏风已被书写得密密麻麻。

此后，范仲淹又于江苏泰州任盐仓监官，发现当地始建于唐代的捍海大堤年久失修，每逢海潮来袭，摧毁房田无数。久而久之，导致原野荒芜，民不聊生。

面对此番局面，一般的盐官或许会自叹倒霉，分到这么个受灾区，还怎么完成绩效？稍有良心的，也不过摇头加叹息，来一句可惜可惜。不然，区区一个基层盐官，又能改变什么呢？

可我们先忧后乐的老范依然不一样。见此情景，他心忧如焚，苦思对策，最后直接跨级别、跨部门向省级大员提出了重修捍海堤的建议（其实这完全不在他的职责范围内）！

获批后，又在经费极少、人工短缺、后勤不足的困境中拉开工程序幕，中间还因极端天气，发生了一场损失不小的工伤事故，引发流言蜚语无数。但范仲淹意志坚定，不为所动，最终克服千难万险，历时三年，建起一条长达一百四十多里的捍海堰，使得当地重现土地肥沃、物产丰饶的旧时风貌。

除却事功卓著，更为难得的是，范仲淹虽身在地方，却始终心系朝堂大局，从宏观角度考虑着整个大宋王朝的国计民生。

天圣三年（1025年），任职兴化县令的范仲淹作《奏上时务书》，直接上书太后和皇帝两宫，提出富国强兵的改革策略。

啧啧，一般的基层官员日常所想，不外乎是怎么搞好手头工作，多挣点年终奖，给老婆再添几件首饰，给孩子加报几个补习班。可人家范仲淹呢，还只是个区区县令，就已经胸怀天下，操起了宰相的心呐！由此可见，人和人的差异，首先体现在思想和格局上。

再后来，其母去世，范仲淹丁忧（去官守孝）在家，依然是"不以一心之戚，而忘天下之忧"，以无官之身向当朝宰相上万言长文《上执政书》，提出"固邦本、厚民力、重名器、备戎狄、杜奸雄、明国听"六项治国安邦之策，轰动朝野。

后世粉丝苏东坡曾评价此书曰：

> （范公）为万言书以遗宰相，天下传诵。至用为将，擢为执政，考其平生所为，无出此书者。

"观大节必于细事，观立朝必于平日。"一个在地方为官时，就具备宰相的政治视野和战略高度，频频给皇帝和宰执上书呼吁国政改革的人，面对百官为太后祝寿这等违礼之事，他不站出来谁站出来？！

05 话接前文。

因反对百官贺寿，被晏殊斥责为轻狂躁进、贪图虚名后，范仲淹不卑不亢，回家便给晏殊修信一封，推心置腹，以明己志。其中几句正气浩然、掷地有声，颇可显露范公"宁鸣而死，不默而生"的襟怀气度，特录如下：

> 某天拙之效，不以富贵屈其身，不以贫贱移其心。倘进用于时，必有甚于今者，庶几报公之清举。如求少言少过自全之士，则滔滔乎天下皆是，何必某之举也？！

意思是说，我范仲淹自从蒙您提拔，一心想要为国尽忠，以不辜负您的知遇之恩。可万万没想到，今日竟因忠言直谏而取怒于您。如果您喜欢遇事缄默不语、只求自保的庸碌之士，这种人一抓一大把，又何必举荐我呢？！

啧啧，好一番"为国谏诤、舍我其谁"的忠勇之气，对比晏殊之明哲保身，高下立判。

正所谓"儒者报国，以言为先"。此后，范仲淹干脆再度上疏，打开天窗说亮话，直接要求太后速速还政：

> 陛下拥扶圣躬，听断大政，日月持久。今上皇帝春秋已盛，睿哲明发，握乾纲而归坤纽，非黄裳之吉象也。岂若保庆寿于长乐，卷收大权，还上真主，以享天下之养！

翻译成大白话就是：您老人家掌权太久了，也该交接给皇帝了。以后跳跳广场舞、练练保健操，做个安享清福的退休老太太就行了！

此篇猛奏一出，不仅晏殊吓趴下了，连仁宗皇帝也惊得合不拢嘴：苍天啊，这话连朕都不敢说啊！

那可不嘛，太后辅政近十年来，这是第一次有人敢于上疏言及还政。

后来，范仲淹因此事官转外地，依然上疏太后，要求还政、还政、还政！——此所谓"三军可夺帅也，匹夫不可夺志也"。

看到这，部分老谋深算、精通官场厚黑学的读者，可能要犯嘀咕了：

范仲淹逮着太后这事儿死咬不放，不会是看准了仁宗想亲政，以此搞政治投机，间接献媚皇帝吧？

不不不，事情不是这样的。

后来太后去世，终于摆脱傀儡身份的仁宗计划反攻倒算，从前阿谀奉承太后者个个顺风倒，争相到皇帝面前爆太后黑料，以期站队博好感。此时，又独有范仲淹，顶着人格高光逆向操作，语重心长劝诫皇帝："太后辅政，是受先帝所托，并非师出无名。十多年里，对您也多有扶持保护之功，后虽有恋权不退之嫌，但也不能因此一处，就抹掉人家所有恩德。再者，保全太后之声誉，就是保全圣上和朝廷的声誉，万望三思……"一番入情入理之话，引得仁宗幡然悔悟，避免了一场不必要的政治风波。

你看，对范仲淹来说，其于官场上的一切进退行止，考虑的均非个人得失，而是一心为公，志在报国。列位看官要是还不信，那咱们就继续上论据。

06

在忠言直谏的路上，除了力劝太后还政，范仲淹还有另一项光荣战绩，那就是勇上《百官图》。

事情是这样的，在太后还政风波中，范仲淹的"胆大包天"给当时的宰相吕夷简留下了难以磨灭的深刻印象。他高居相位多年，见不得光的事儿没有一卡车，也有几箩筐。有范仲淹这么个啥都敢说的刺儿头在京城，可谓心腹大患。

嗯，必须得敲打一下这个不知天高地厚的小京官。于是乎，吕夷简先托人暗示范仲淹："范大人啊，您现在是侍从官，以后就不必操心谏官该做的那些事了。"

言外之意：干好本职工作，管好你的嘴。

范仲淹听罢，朗然一笑："讨论朝廷事务，正是侍从官的分内之事，您放心，在下定当知无不言，言无不尽！"

吕夷简：呵呵，如此不上道，那就别怪我玩阴的了。于是其转头就给范仲淹升职加薪，调任他为"首都市长"（开封知府）。

咦？这算什么阴谋？一不小心误操作了？

非也非也。

吕夷简此招，意图有三：

一、提拔了范仲淹，可博爱才重才之名，撇清打击异己之嫌疑。

二、"首都市长"事务繁巨，可令范仲淹焦头烂额、无暇他顾。

三、事多必乱，乱易生错，一旦范仲淹工作稍有差池，则可借机将其排挤出京。

啧啧，好个一石三鸟之计！高，实在是太高了。

按理说，这计策可说是十拿九稳，最高收益可让老范滚出京城，最不济也能使他暂时闭嘴。怎么看，都是稳赚不赔。

只可惜，他遇到了神一样的对手范仲淹——但见我们老范走马上任后，凭借过人的政务能力，短短几个月，就令京城面貌一新，政通人和，男女老少齐点赞："朝廷无忧有范君，京城无事有希文！"

而且，在此基础上，范仲淹还顺手把朝廷百官的底细摸了个底朝天，向仁宗上呈《百官图》，将哪些官员是正常升迁，哪些官员是走了吕夷简后门花钱买官、破格提拔，分门别类，一一标注。最后，居然连新宰相都替仁宗物色好了，建议以"素有仁心，宽怀大度"的韩亿取代吕夷简。

啧啧，绝了。如此风轻云淡地以一人之力华丽丽地单挑了一个树大根深、羽翼众多的佞臣集团，气得吕夷简一口老血喷出三丈远。

这反杀力度，就问你服不服？

虽然此事的最终结果，是吕夷简以"越职言事，荐引朋党，离间君臣"为由，将范仲淹贬官出京，但经此一役，老范取得的是人心和道义的胜利，不信来看当时朝中诸多有识之士的反应——

先是集贤校理余靖大步出列，上疏皇帝："范仲淹说得不对吗，为啥不听？不听也罢了，咋还贬人家的官，这算什么仁政？！"

馆阁校勘尹洙紧随其后："既然说范仲淹'荐引朋党'，那我就是他的同党，要贬连我一起贬！"

怼人小能手欧阳修，也高调加入范氏战队，以笔为刀，刀刀致命，将因附会吕夷简而对范仲淹遭贬冷嘲热讽的谏官高若纳骂到遗臭万年。

北宋书法四大家之一的蔡襄也没闲着，写了首《四贤一不肖》诗，将范仲淹、余靖、尹洙、欧阳修赞为大宋脊梁，斥高若纳为鼠辈小人，诗稿一出，登时广为传诵、洛阳纸贵，乃至被辽使带回北国，传之域外。

以上，诚如南宋朱熹所言：

> 宋朝忠义之风，却是自范文正作成起来也。

《宋史》亦评价范仲淹曰：

> 每感激论天下事，奋不顾身，一时士大夫矫厉尚风节，自仲淹倡之。

而作为"先忧后乐"的一代名臣，我们老范同志对大宋王朝的贡献可远不止此，因为人家不仅文能提笔安天下，武可纵马边疆，沙场秋点兵！

07

先来交代一下背景。

1038年，西北边境党项族建立西夏国，从此频频与大宋找碴儿约架。1040年，西夏再次大举侵宋。承平日久、兵不习战的宋军毫无招架之力，以致将亡地失，全军覆没，史称"三川口之败"。

消息传来，朝野震惊。

震惊之余，大家却齐齐把目光投向了范仲淹——因为十五年前，他在《奏上时务书》中，就曾向太后和仁宗极力强调国家武备过于松弛，应居安思危，"防之于未萌，治之于未乱"，还借唐代安史之乱示警当下：

> 唐明皇之时，太平日久，人不知战，国不虑远，大寇犯关，势如瓦解。

更一针见血地指出，大宋与边境少数民族的关系，必有变数：

> 古来和好，鲜克始终。

一年后，老范又在写给宰相的《上执政书》中，再次对边防问题做了深刻剖析。认为"沿边诸将，不谋方略，不练士卒，结援弭谤，固禄求宠"，以致"中原益困，四夷益骄"，并以拳拳之心，为朝廷献计献策：

> 备戎狄者，在乎育将才，实边郡，使夷不乱华也。

可惜，有人不见棺材不落泪。当年老范这些先见之明，并未引起多大重视，等西夏打上门来，大家才蓦然发觉：哎呀，都被老范说中了！那还等啥，你这么有能耐，西北边境靠你了，快去给咱大伙儿打回来！

就这样，年逾五十岁，身为一介文官，带兵经验值为零的范仲淹临危上阵，远赴边疆，担起了保家卫国的重任。

当时的西北边境，摊子烂到什么程度呢？

随便举个例子，大家感受一下：

三川口之败后，军事重镇延州暴露于两军前沿，被派去担任知州的官员吓得死活不敢上任，一会儿说自己体弱多病、素不知兵，一会儿说家中尚有八十岁老母需要赡养……总而言之一句话：

摆明是个坑，我才不跳呢！

见此情景，又是我们老范同志知难而上，为国去忧，主动要求兼管延州！

啧啧，这境界，真可谓天壤之别。

然而想要退敌救国，仅靠境界高是不行的，还必须有与之匹配的硬实力。

当时关于对西夏的作战策略，朝中无外乎两种态度——

一是主战派，主张"必行进讨，以期平定"；一是防守派，认为应"来则御之，去则勿逐"。

而在范仲淹眼里，以上两种方案都是头脑简单、脱离实际的迂腐之见：呵呵，战？说得容易，军备松弛几十年，战斗力低到负值，拿什么战？呵呵，守？兵士不练，将领不勇，城池不修，你想守就能守得住？

看到这，群众肯定要问了：那究竟应该怎么搞？您老给个痛快话！

别急，对边境状况做了详细走访调查后，范仲淹给出的答案是：

以和好为权宜，以战守为实事。

具体操作方式为：

> 为今之计，莫若且严边城，使之久可守。实关内，使无虚可乘。……若寇至，使边城清野，不与大战，关中稍实，岂敢深入！……二三年间，彼自困弱……此朝廷上策也。

> 国家用攻，则宜取其近，而兵势不危；用守，则必图其久，而民力不匮。

> 贼大至则守，小至则击，有间则攻，方可就近以扰之，出奇以讨之。

意思是说，表面要向西夏展现谈和诚意，背地则须抓紧时间选兵练将、严肃军纪、修建城寨、营田积谷……具备一定的防御能力后，再伺机而动，突袭浅攻，逐步抢占军事要点——如此一来，对方无机可乘，自会罢兵谈和。

啧啧，什么叫具体问题具体分析，这就是啊！而且，令人拍案叫绝的是，范仲淹还在对敌实践中，摸索出一套机动灵活的"游击战术"：

> 锐则避之，困则扰之。夜则惊之，去则蹑之。

是不是听起来有点耳熟？井冈山革命斗争时期，毛主席提出了游击战术"十六字诀"：

> 敌进我退，敌驻我扰，敌疲我打，敌退我追。

诚可谓英雄所见略同也！

就这样，在范仲淹"积极防御，攻守兼备"的对敌战略下，三年后，心力交瘁、国疲民乏的西夏主动求和，签订盟约。边疆危机，就此暂除。

看到这，你以为老范终于可以歇歇了？

没有的事儿。外患虽除，尚有内忧——风云一时的庆历新政，即将登场。

08

庆历新政前，赵宋开国已八十年，远看是枝繁叶茂、欣欣向荣，但骨子里，其实已百病潜生：

> 今四夷已动，百姓已困，仓库已虚，兵旅已骄，国家安危，实未可保。

于是，庆历三年（1043年），亲政十载的仁宗决意发起改革。而领导改革的最佳人选，则莫过于十几年前就上书呼吁国事更张，如今更以道德、文章、功绩成为人臣楷模的范仲淹。

就这样，风尘仆仆从边塞赶回京城的老范，还没来得及卸下一身的风霜，就在仁宗的殷殷目光中，上呈了著名的新政纲领《答手诏条陈十事》，提出了振聋发聩的改革宣言：

> 我国家革五代之乱，富有四海，垂八十年。纲纪制度，日削月侵，官壅于下，民困于外。夷狄骄盛，寇盗横炽，不可不更张以救之。然则欲正其末，必端其本，欲清其流，必澄其源。

所谓"欲正其末，必端其本；欲清其流，必澄其源"，也就是说，范仲淹决意把改革的重点，放在最难啃的一块骨头上——即官僚队伍整顿。

老范这么做，是有充足理由的。北宋官员的升迁只论年资，不分愚贤、不计功过，其初衷是为了人事公平，防范任人唯亲。然久而久之，却导致各级官员不求有功，但求无过，混吃等死熬资历：

> 天下官吏，明贤者绝少，愚暗者至多。民讼不能辩，吏奸不能防。

> 才与不才，一途并进。故能政者十无二三，谬政者十有七八。

除以上外，宋朝的官员任用，还有恩荫福利。即高级官员每逢皇帝生日、大礼祭祀或自身退休、去世时，均可荐举其家族子弟跳过科举选拔，直接担任官职。一个学士以上的官员，经过二十年，一家兄弟子孙出任京官者可多达二十人，可谓"一人得道，鸡犬升天"。宋朝冗官之弊，多由于此。

以上两项制度一合并，宋代官僚队伍的大致面貌，也就不难想象：人多、能力差，相当于国家花钱养着一群酒囊饭袋。于是，改革伊始，老范就对症下药：

一曰明黜陟，以后官员升迁不再只论年资，还要看政绩，对有大功劳者，可破格提拔；

二曰抑侥幸，限制高官的恩荫特权，大幅缩减恩荫人数及频次；

三曰择官长，由朝廷特派员检查地方官员政绩，提拔能吏，罢免不才；

……

可惜，改革的目标是美好的，可实行起来，却是相当得罪人的，因为每一条政策都会砸掉无数庸才的饭碗。于是，接下来的剧情，用脚趾头想，也能猜得到：

利益受到侵害的守旧官僚迅速抱团，对革新派展开殊死反击。而面对毫无黑点的范仲淹，他们也只能把朋党的大帽子再次拿出来，死死摁在老范头上，污其"朋比为奸、结党营私"——因为这是封建皇权制度下，陷害忠臣最好使的办法，一打一个准。

对守旧派的险恶伎俩，革新派队员欧阳修洞若观火，瞅得是明明白白：

> 自古小人谗害忠贤，其识不远。欲广陷良善，则不过指为朋党；欲摇动大臣，则必须诬以专权。其何故也？夫去一善人，而众善人尚在，未为小人之利，欲尽去之，……则善人少过，难为一二求瑕，惟指以朋党，则可一时尽逐。

> 至如大臣已被知遇而蒙信任者，则不可以他事动摇，惟有专权是人主之所恶，故须此说方可倾之。

可惜仁宗管不了那么多，为防皇权有失，其宁可自毁改革，也不要所谓的"朋党"威胁，终将范仲淹贬官出京。

庆历新政，就此功亏一篑。

09

呕心沥血，为国改革，却被仁宗猜忌贬斥，范仲淹依然不改其"先忧后乐"之志。在地方上，他每到一处，都多有善政。尤其杭州任上，其所展现出的超越时代的杰出经济才能，颇值一提。

皇祐元年（1049年），杭州大旱，米价暴涨，一些家庭甚至要靠卖儿卖女度日，灾情之重，受灾百姓之多，史所罕见。

而范仲淹就是在此番背景下，由邓州转任杭州——哎，我们老范真是革命的一块砖，哪里需要哪里搬啊！

边境退敌，朝堂改革，都难不倒我们老范，地方救灾当然更不在话下。这不，走马上任后，范仲淹便火速出台三项救灾策略：

一是抬高粮食收购价，吸引江浙一带的粮商争先恐后贩米至杭，使城内米仓充实，价格回落。

二是以工代赈，实现生产自救。以饥荒年月劳动力价格低廉为由，说服杭州积财甚厚的各大寺院广兴土木，扩建庙宇。政府亦招募民工修建粮仓、官舍，不少灾民因此实现就业，解决了温饱问题。

三是刺激消费，发展第三产业。组织富商大贾西湖竞渡赛龙舟，还亲往观阵，呐喊助威。一时间吸引观者无数，民众们纷纷借此湖边摆摊，引车卖浆，一时间，摩肩接踵，商贸繁荣……

啧啧，写到这里，十分怀疑，老范是不是从21世纪穿越回大宋的，这救灾思路，未免也太现代化了！

要知道，从理论上来讲，有目的地扩大消费、借以刺激生产以及兴办公共工程以增加就业的经济策略，直到20世纪30年代，才被西方经济学家用作复苏市场的灵丹妙药。

而我们老范，在近千年前，就以此救灾且立奏奇效（因救灾效果太好，多数措施被立为朝廷政令，要求各地广而效之）——这在我国古代乃至世界救荒史上，都是了不起的伟大创举！

10

除了政务上干啥啥行，范仲淹一生还极为重视兴学育人，认为"夫善国者，莫先育材。育才之方，莫先劝学"，立志"得天下英才而教育之"。

为官三十七年，其每到一处为官，必关注当地教育事业：广德、泰州、睦州、苏州、润州、越州、饶州、延州、邓州、杭州……凡足迹所涉，没学校的办学校，有学校的扩大规模。每建一座新学舍，还都会尽己之诚邀请学问深厚的名士前往任教。

例如，任职广德参军时，范仲淹见当地无求学之风，遂利用废旧祠堂兴办学舍，并聘请三位名士任教。此前，自隋唐科举以来，广德无一人中榜。直至范仲淹兴学后，整个北宋，广德中进士二十二人，南宋时中进士三十人。

任职祖籍苏州期间，范仲淹曾买地一块，欲建私宅，以供他日还乡终老之用。风水先生看后啧啧赞叹，称其选到了风水宝地，可保范家世代公卿。范仲淹一听，当即决定将地皮捐出，改建苏州府学：我一家出人才，哪比得上一个州出人才啊！

苏州府学建成后，成为苏州地区最早的官办学校（之前都是读私塾），也是北宋第一所州府级学校，生源之旺，规模之盛，甲于江南。

苏州历史上，除唐代出过七个状元外，自宋至清，另有四十三个状元（居全国之冠），其中一半出自苏州府学。如今，此校历千年而不衰，演变为苏州中学，仍是苏州最顶尖的高中！

后范仲淹主持庆历新政，因仁宗之动摇，大部分政策都无果而终，唯大力兴办州学一项方兴未艾，仅江西一地，就兴学八十一所——"当是时，天下郡县皆置学也，而学校之遍天下自公始。"

可以说，庆历新政的州县兴学，奠定了我国九百余年的地方教育体系的基础。而范仲淹也是古代首位把兴学育才和振兴王朝、革新政治结合在一起的政治家。

除大力兴学外，范仲淹还善于在民间发现人才、荐举人才。

如宋初的三位饱学之士，胡瑗、孙复、李觏，均以布衣之身，由范仲淹一路荐举至国家最高学府太学任教——说得通俗点，就是三个连高考都没通过的落魄千里马，因范仲淹慧眼识才，最后得以到最高学府当教授。

还有北宋著名的目录学家王洙，范仲淹曾向朝廷三荐其才，甚至不惜押上一生清名为其做担保。而王洙也无愧其三荐之恩，成为北宋校勘、编纂古代典籍的佼佼者，如东汉张仲景的《金匮要略》，即由其发现并传之于后世，可谓利在千秋。

边关名将狄青，为士卒时，作战勇猛，所向披靡。范仲淹断其为将佐之才，教导他读《春秋》《汉书》，并对其曰"将不知古今，匹夫之勇，不足尚也"，狄青由是潜心苦读，遍历兵书，终成一代名将，名垂青史。

又如唐宋八大家之一的曾巩，尚为落榜书生时，范仲淹既因赏爱其才，以宰辅之尊，与之交游。后二人相别多年，范仲淹还寄送绢匹书信给他，鼓励其求学应考，一展其才。

范仲淹为国揽才之举众矣，以上不过窥其一二。且其举才，皆出自公心，许多被举荐者甚至不知是由谁人所荐。而范仲淹之所以毕生以极大热忱兴学、荐才，在于其始终站在"天下治乱"的高度，来看待"人才兴衰"之得失：

> 天下治乱，系之于人，得人则治，失人则乱。

> 国家之患，莫大于乏人。……材不乏而天下治，天下治而王室安。

> 得地千里，不如一贤。

> 王者得贤杰而天下治，失贤杰而天下乱。

> 致治天下，必先崇学校，立师资，聚群材，陈正道。使其服礼乐之风，乐名教之地，精治人之术，蕴致君之方。

说到底，还是为了国之兴盛，民之安乐啊！

> 寸怀如春风，思与天下芳。

所谓"先天下之忧而忧"，范公可谓名副其实矣！

11

与范仲淹交游甚深的北宋著名政治家富弼，曾评价范公曰：

> 人获一善，已谓其难。公实百之，如无有然。

的确，范仲淹以一身而举事功无数，终生却从无居功自傲、安享富贵之举。即使在高官厚禄的十年间，身边亦未增一名仆役；非有宾客，家中不置鱼肉，"既显，门中如贫贱时，家人不识富贵之乐""妻子衣食，仅能自充"。

据宋人记载，其每日就寝前，会计算自己一家当日衣食住行所耗之资与所做之事能否相称，如两相得称，则酣然入睡；如若不然，则终夕难眠。

要知道，范仲淹有生之际，正乃宋代极盛之时，奢靡享乐之风，弥漫朝野，诸多名臣，亦不能免俗。如晏殊，史载其"喜集宾客，未尝一日不宴饮"。还有寇准，"少年富贵，性豪侈，喜剧饮"，且家中从不点油灯，连厕所都是燃蜡的（古代蜡烛很贵的）。

两相对比，老范律己之严，可见一斑。

看到这，大家可能疑惑了：宋朝京官，待遇极为丰厚，范仲淹最高曾官至副宰相，如此清俭，俸禄万贯做何用？

答案是，都拿出来做慈善啦！

范仲淹天性乐善好施，人有急必济之。如"宋初三先生"之一的孙复，早年落魄，无钱奉养老母，范仲淹曾多次予以资助，最后更介绍他进入应天书院工作。宋代还有个流传很广的故事，说范仲淹在睢阳时，曾遣次子范纯仁到苏州老家搬运一船粮食，后范纯仁空手而归，父子间有如下对话。

范仲淹："归途中是否遇到了新旧朋友？"

范纯仁："碰到了石延年（写'月如无恨月长圆'的那位），因亲人新丧，无钱运送灵柩回乡，滞留丹阳。"

范仲淹："那你怎么不把粮食送他，作还乡之费？"

范纯仁："已经送了。"

范仲淹："正该如此。"

此事如今虽已真伪难辨，但在宋代就已口口相传，可见剧情与范公行事之风应是相当匹配。

不仅乐善好施，范仲淹还终生视利禄如浮云，认为"荣利无穷，千古困人"，追名逐利，实是自寻烦恼。其在边关为将时，因护国有功，朝廷屡有丰厚赏赐，他皆散发给部下将佐，自身不留分毫。

及至晚年，范仲淹将自己毕生所余俸禄，尽数捐献——于祖籍苏州购地一千二百亩，设立范氏义庄，所得营收均用以赈济族中之贫弱者，不分亲疏。另在河南置义田四百余亩，回报朱氏一族养育之恩。

要知道，范仲淹自小丧父、随母改嫁，成长历程中，未受范氏宗族纤毫之恩，考取功名后到苏州认祖归宗，族人还担心他来分讨家产，欲加阻挠。在范仲淹承诺只为寻根复姓、绝无他意后，方才接纳（差点就和整个族谱里最为光宗耀祖的人失之交臂，这范氏家族也真是有眼无珠）。而范仲淹不计前嫌，以德报怨，显达之后，对族人可谓帮扶之至。

> 文正公奋身孤邈，未尝赖族人毫发之力。既达，则阖族受解衣推食之恩。

后，范仲淹之子范纯仁，官至宰相，也将所得俸禄绝大多数继续投入义庄事业，将义田增至三千亩。至明清两代，范氏后裔凡出人头地者，亦多有增置义田之举。清末宣统年间，范氏义庄仍有田五千三百亩，且运作良好。直到中华人民共和国成立前夕，《中国土地法大纲》颁布实施，范氏义庄才宣告终结。

一项个人开创的慈善事业，能历经朝代更迭，战火离乱，绵延近千年而不衰，即使在世界慈善史上，也堪为奇迹。家风至此，实令人高山仰止。

范仲淹首创义庄之举，不仅惠及族人千年，还引发了一系列连锁反应。自其之后,江南士大夫争先仿而效之,一时间义庄迭起。至南宋,范氏义庄更成为全国之榜样,各地大族纷纷置地营之,帮贫扶弱。甚至催生了宋代官办慈善机构的设立,开创了国家层面赈济、福利制度的先河;传承至今,则演化为近现代之扶贫事业。追本溯源,范仲淹实是功莫大焉!

由于家财散尽,范仲淹去世下葬时,无新衣可穿、无丧葬之费,靠众友人集资,丧礼才得以举办。其生前未置一房一屋,去世后,全家七十余口无处可居,只得借住官舍。

临终前,官员照例都有《遗表》上呈,可请朝廷为子孙赐官或照拂亲属,而范仲淹之《遗表》却通篇无一字言及家事……

> 直道岂求安富贵,纯诚惟欲助清光。

所谓"后天下之乐而乐",范公亦可谓名副其实矣!

12

除却在政治领域的巨大成就,在文学创作上,范仲淹亦文备众体,辞赋兼擅。

其诗文清新淳真,自然流畅,且往往立意超凡,文品与人格两相映衬。比如人人可诵的《江上渔者》:

> 江上往来人,但爱鲈鱼美。
> 君看一叶舟,出没风波里。

此诗用词精炼，出语平易，意在通过同情渔民劳作之艰辛，唤起人们对民生疾苦的关注，折射出范仲淹一以贯之的"先忧后乐"之情怀。

作词，范公则婉约、豪放兼擅，如婉约名作有描写羁旅乡愁的《苏幕遮·怀旧》：

碧云天，黄叶地，秋色连波，波上寒烟翠。山映斜阳天接水，芳草无情，更在斜阳外。　黯乡魂，追旅思，夜夜除非，好梦留人睡。明月楼高休独倚，酒入愁肠，化作相思泪。

全词以沉雄清丽之笔抒写低回深婉的乡愁之思，一个正气冲天、时刻以家国为念的人，偶尔感性流露，颇有铁汉柔情之韵，动人至深。

西北御敌时，其笔下又有大气磅礴的边塞名作《渔家傲·秋思》：

塞下秋来风景异，衡阳雁去无留意。四面边声连角起，千嶂里，长烟落日孤城闭。　浊酒一杯家万里，燕然未勒归无计。羌管悠悠霜满地，人不寐，将军白发征夫泪。

此词将军旅生涯、边塞景象、家国情怀熔为一炉，上阕勾勒出一幅千嶂落日、孤城深闭的边塞鸟瞰图，恢廓苍凉，气魄极大。下阕抒发边关将士防守危城、乡思无计的边关之愁，极显范仲淹忧国怜兵之情。当代词学家唐圭璋认为，范仲淹是唯一的边塞词人，此词不仅开宋代豪放词之先声，即使放到佳作丛生的唐代边塞诗中，亦毫不逊色。

论散文,范仲淹则有光芒万丈的《岳阳楼记》,此文融记叙、写景、抒情、议论为一体,字里行间,兼融范仲淹之才气、骨气、志气,见其人格、追求、情操。且文辞简约,音律谐美,是范公一生精神思想的高度凝练与集中体现,特录如下:

庆历四年春,滕子京谪守巴陵郡。越明年,政通人和,百废具兴。乃重修岳阳楼,增其旧制,刻唐贤今人诗赋于其上。属予作文以记之。

予观夫巴陵胜状,在洞庭一湖。衔远山,吞长江,浩浩汤汤,横无际涯;朝晖夕阴,气象万千。此则岳阳楼之大观也,前人之述备矣。然则北通巫峡,南极潇湘,迁客骚人,多会于此,览物之情,得无异乎?

若夫淫雨霏霏,连月不开,阴风怒号,浊浪排空;日星隐曜,山岳潜形;商旅不行,樯倾楫摧;薄暮冥冥,虎啸猿啼。登斯楼也,则有去国怀乡,忧谗畏讥,满目萧然,感极而悲者矣。

至若春和景明,波澜不惊,上下天光,一碧万顷;沙鸥翔集,锦鳞游泳;岸芷汀兰,郁郁青青。而或长烟一空,皓月千里,浮光跃金,静影沉璧,渔歌互答,此乐何极!登斯楼也,则有心旷神怡,宠辱偕忘,把酒临风,其喜洋洋者矣。

嗟夫!予尝求古仁人之心,或异二者之为。何哉?不以物喜,不以己悲;居庙堂之高则忧其民;处江湖之远则忧其君。是进亦忧,退亦忧。然则何时而乐耶?其必曰:"先天下之忧而忧,后天下之乐而乐"乎。噫!微斯人,吾谁与归?

时六年九月十五日。

  文章开头即交代作记缘由:当时,范仲淹的好友滕子京任官巴陵,重修岳阳楼,委托范仲淹作文一篇,传之后世。

  第二段写洞庭之景,以"衔远山,吞长江,浩浩汤汤,横无际涯,朝晖夕阴,气象万千"之寥寥数语,写尽洞庭湖水波壮阔、晦明变幻之大观。

  三、四两段并行而下,文采飞扬,写景铺张,将自然界的风雨阴晴和"迁客骚人"的情绪反应两相结合,一明一暗,一悲一喜,描绘出"览物而悲"与"览物而喜"两种截然相反的人生情境。

  最后一段则笔调慷慨,道出了比时悲时喜更高一层的人生境界,即"不以物喜,不以己悲",无论"居庙堂之高"还是"处江湖之远",均持"先忧后乐"的忧国念民之心。此系全文主旨之所在,既表达了范仲淹对古代圣贤的追随之心,又寄寓了对友人滕子京的勉励之情,更是其对自身人生信念与行事准则的夫子自道。

13

《岳阳楼记》虽是范仲淹于五十七岁时写就,然"不以物喜,不以己悲"却并非其晚年才抵达的人生境界,其实自年少求学起,范公就已然有此不凡心胸。比如,在醴泉寺读书时,因饮食艰苦,范仲淹曾有诗作如下:

陶家瓮内，腌成碧、绿、青、黄；
措大口内，嚼出宫、商、角、徵。

你看，常人难以下咽的粗糙食物，范仲淹不仅不以为苦，还吃出了清新鲜亮、音韵铿锵的诗意。是啊，以天下为己任者，岂会为此等小节悲戚自怜。

后，其一生仕宦四方，数遭贬谪，却每临大事有静气，从不见消沉怨愤之语，亦从不改报国以忠之诚。

例如，因阻止仁宗废除皇后，贬官睦州，其在谢上表中依然铿锵有力地表示，自己日后还将"理或当言，死无所避"：

臣非不知逆龙鳞者，掇齑粉之患，忤天威者，负雷霆之诛，理或当言，死无所避。

忘雷霆之怒以报主，蹈汤火之急以救时。

赴睦州途中，江波险恶，他想到的却不是自身安危，而是将来有能力时，不可忘却在风浪中讨生活的劳苦大众：

赴桐庐郡淮上遇风三首其一
一棹危于叶，傍观亦损神。
他时在平地，无忽险中人。

后又因《百官图》贬官饶州,其在谢上表中依然表示"有犯无隐""许国忘家",说自己明知道"巧言者无犯而易进,直言者有犯而难立",却立志"欲倾臣节,以报国恩""耻佞人之名,慕忠臣之节,感激而发,万死无恨"。

晚年顶着巨大压力主持庆历新政,却忠而被谤,遭仁宗始信而终弃,落官邠州,谢上表中却仍是历九死而不悔,再次剖白自己"不以毁誉累其心,不以宠辱更其守"的坚定信念。

此后,其官转青州,有诗作如下:

登表海楼

一带林峦秀复奇,每来凭槛即开眉。
好山深会诗人意,留得夕阳无限时。

此时的范仲淹,承受着仁宗的误解、新政流产的遗憾、保守集团的攻讦、青州灾情的重担(对,身为革命砖头的老范,又去救灾了),且病体沉疴,离谢世已不足一年。诗中却是一贯的豁达自若,无丝毫"夕阳无限好,只是近黄昏"的消沉自怜之意。

苏轼于《留侯论》中,曾有如下高论:

天下有大勇者,卒然临之而不惊,无故加之而不怒。此其所挟持者甚大,而其志甚远也!

这话用在范仲淹身上,可谓再恰当不过。

生命的最后时刻,其于《遗表》中不言家事分毫,却以最后一丝气血劝诫仁宗,望其能励精图治,实现国泰民安之盛世:

调和六气,汇聚百祥。上承天心,下徇人欲。明慎刑赏,而使之必当;精审号令,而期于必行。尊崇贤良,裁抑侥幸,制治于未乱,纳民与大中。

这既是范仲淹对仁宗的拳拳期许,也是他对自己毕生政治理想的最后总结与展望。

但得葵心长向日……犹济疮痍十万民。

所谓"不以物喜,不以己悲",所谓"进亦忧,退亦忧",范公再可谓名副其实矣!

14 皇佑四年(1052年)五月,范仲淹病逝于徐州,终年64岁。消息一出,举国痛惜。甚至偏野乡村,也多有为之哭泣者。朝廷特为其停止上朝一天,以示哀悼。连曾与其对战的西夏,也辍朝三日,敬之以国葬之礼。

此外,朝廷还将古代文臣的最高谥号"文正"赐予范仲淹,故后人又称其为"范文正公",司马光曾说"文正是谥之极美,无以复加"。

此后，历朝历代之名士，无一不将范仲淹视为儒家标杆兼人生楷模，纷纷提笔，表达追思、仰慕之情。

与其同朝为官、始终志同道合的欧阳修，赞其曰：

> 公少有大节，其于富贵贫贱、毁誉欢戚，不一动其心，而慨然有志于天下。

年轻时曾受教于范仲淹，后领导熙丰变法、对庆历新政多有取师的王安石，评价其是：

> 呜呼我公，一世之师，由初迄终，名节无疵。

与范仲淹未见明显交集的司马光，亦对其极尽溢美之词：

> 雄文奇谋，大忠伟节。充塞宇宙，照耀日月。前不愧于古人，后可师于来哲。固有良史直书，海内公说，亘亿万世，不可磨灭。

大文豪兼万人迷苏轼，更以未能拜识范仲淹为平生之恨，评价其曰：

> 出为名相，处为名贤。乐在人后，忧在人先。经天纬地，阙谥宜然。贤哉斯诣，轶后空前。

苏轼弟子黄庭坚也紧跟恩师队形，对范仲淹敬仰之至：

当时文武第一人。

南宋朱熹，更对范仲淹佩服到五体投地：

有史以来天地间第一流人物！

宋之后，范仲淹依然声誉不减：

文正范公，在布衣为名士，在州县为能吏，在边境为名将，其才其量其忠，一身而备数器。在朝廷，则孔子之所谓大臣者，求之千百年间，盖不见一二。——金末·元好问

学际天人，量扩宇宙，操坚金石者。——元·张启岩

有宋名臣谁第一？公为国家真辅翼。丰功茂烈何煌煌？信与日月争辉赫。——明·高启

行求无愧于圣贤，学求有济于天下，古之所谓大儒者，有体有用，不过如此。——清·纪晓岚

可以说，论后世评价之高、风向之一致，纵观有宋一代，几乎无能出范仲淹之右者。

古往今来，多少读书人，口口声声喊着为国家为理想而奋斗，其实不过为光宗耀祖，当官发财。而像范仲淹一样，真正大公无私、以天下为己任者，本就凤毛麟角，更为难得的是，其并非空有"先忧后乐"的理想主义，而是自身也完全具备与之相应的能力及素质——

一生才兼文武，出将入相，是集政治家、军事家、改革家、教育家、慈善家、文学家于一身的史所罕见的全能式人物，接连创下种种传承千年的奇迹，事业功绩可与日月争辉，道德文章堪称无懈可击，人格魅力则足为万世师表！

最后，更将自己践行终生的理想与信念，凝结为一句格局高远、震古烁今的"先天下之忧而忧，后天下之乐而乐"，为中华民族增添了一份绵延千年的精神财富，激励着一代代仁人志士为民效力、为国奋斗。诚可谓"有史以来天地间第一流人物"！

功名富贵如流水，唯思想精神可永流传。

范仲淹任职睦州时，因仰慕东汉隐士严光的高洁之风，为其写过一篇《严先生祠堂记》，结尾的十六字，也恰是他自己一生精神风范的最佳写照：

云山苍苍，江水泱泱。
先生之风，山高水长。

终

周公子每期一问

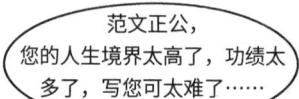

1. 范文正公，您的人生境界太高了，功绩太多了，写您可太难了……

2. 如果你觉得写那些境界普通、庸庸碌碌的凡夫俗子更容易，这种人一抓一大把，又何必非要写我呢？！

3. 呃……

4. 唉，都怪咱们境界太低了！

晏殊

晏殊：没有十全十美的人生，只有值得珍惜的当下

01

北宋明道二年（1033年），垂帘听政十一年的刘太后宾天归西。

二十三岁的宋仁宗终于知晓了自己的身世——原来自己的生母是一年前去世的李宸妃，而非刘太后。

李宸妃原为刘太后之侍女，由于刘太后未有生育，便派李氏侍寝于真宗，借腹产子后，对外宣称婴孩儿乃刘太后所生，宫中无人敢言。

直到太后去世，皇族中方有人告知仁宗实情，惊天秘密就此浮出水面。此即后来民间广为流传的"狸猫换太子"之故事蓝本。

乍知身世的仁宗如遭晴天霹雳，"号恸累日不绝"，对满朝文武隐瞒实情、令自己未能在李宸妃生前与其母子相认而深感愤怒。

其中，时年四十二岁、任职参知政事（掌管行政的副宰相）的晏殊更首当其冲，处在了风口浪尖。

因李宸妃的神道碑文乃由其所撰，文中只言"生一女，早卒，无子"，仁宗乃质问晏殊：为何不在文中直言朕乃庄懿太后（李宸妃追封之谥号）所生，使天下知之？

晏殊回曰：碑文破题便是"五岳峥嵘，昆山出玉；四溟浩渺，丽水生金"，已暗示庄懿太后诞育圣躬，只是陛下一直以章献明肃太后（刘太后）为亲母，臣实难明言。

可惜，此番解释并不能消除仁宗对生母之愧疚及对群臣之怨愤，晏殊就此获咎，被贬以礼部尚书知亳州（今安徽亳县）。

两年后，深盼回京的晏殊接到了迁官陈州的调令，在同僚们为其举办的送行宴上，因助兴的歌妓唱了一句"千里送行客"，晏殊怫然作色道："我平生调任，未尝远离京都五百里，何来千里送行客？！"

歌妓乃是按词唱曲，并无实指，见晏殊忽然动怒，惶恐行礼赔罪。在座的同僚们则或斥责歌妓选曲不慎、或试图岔开话题缓解尴尬的气氛。无一人觉得晏殊小题大做。毕竟，过往四十几年，晏大人一直都是天选之子式的人物，仕进之路，顺遂无比，此次被贬出京，于他而言，的确已算极大的人生挫折。

02 宋太宗淳化二年（991年），晏殊出生于江西抚州的一个基层武吏之家。虽家境普通，其远祖却鼎鼎大名——据晏殊之子晏几道所修家谱考证，其先祖乃是春秋时期齐国著名政治家、思想家、外交家晏婴。

小学课本里的晏子使楚、南橘北枳的故事，相信大家一定都还有印象。

如果只说这些，大家还没感受到晏殊的这个远祖有多厉害的话，我们就再补充一点。

晏婴是太史公马迁都极为推崇的人物，其曾在《管晏列传》中抒发对晏婴的无限仰慕之情：

假令晏子而在，余虽为之执鞭，所忻慕焉。

意思是说，如果能有机会追随晏婴，即便做其马夫，执鞭坠镫，任由差遣，亦是吾所甘愿。

啧啧，这话基本可以对标郑板桥叹服徐文长的那句"愿做青藤门下走狗"了。能让太史公都崇拜到如此地步，可见晏婴有多牛。也怪不得，一千多年后还要被人硬拉出来做祖宗。

晏殊这份遥远的祖宗世系如今虽已真假难辨（出人头地后，认同姓的前代大神做祖宗，也算古人的惯例了），但晏殊同学颇有晏子风采，自幼聪颖过人、善读诗书确是史有所考。

《宋史·晏殊传》中记载其"七岁善为文"，欧阳修为其撰写的墓志铭中也说"公生七岁，知学问，为文章"，《晏氏宗谱》更夸耀其五岁时便能即景赋诗，且出语老成：

白塔诗

白塔青松古道栖，塔高松矮不能齐。
时人莫讶青松小，他日松高塔又低。

小小年纪看问题即如此辩证有深度，一时名震乡里，号为神童。

03

十四岁时，原丞相张知白巡视江西，得闻其名，遂荐举其参加朝廷的神童举。晏殊就此跳过州试、省试，直接和通过了省试的千余名成年士子一起参加殿试，得睹天颜。

据史书记载，廷试过程中，十四岁的晏殊毫不怯场，"神色不慑，援笔立成"，且文辞敏捷华赡。宋真宗深为叹赏，当即赐其同进士出身，并擢升为秘书省正字，就读于秘阁。

"秘书省正字"是从九品下的寄禄官。从九品下大约相当于现在的副科级，所谓寄禄官则指据此品级享受俸禄，并不掌管具体事务。

也就是说，在今天的孩子们刚刚升入初中的年纪，晏殊已挂名副科级，留在国家图书馆公费读研，宋真宗更钦点直史馆（类似国家的历史文献研究室）的一代大儒陈彭年做其专向导师。

此时，比晏殊年长两岁的北宋名臣范仲淹还在山东埋头苦读，十年后方才得中进士；已年过二十的词人柳永还在四处冶游浪荡，离中进士大概……还有近三十年。

而同样出身平凡、并无背景的少年晏殊却如宋人汪洙《神童诗》中所述，"朝为田舍郎，暮登天子堂"，从此青云直上，一路开挂——十五岁任太常寺奉礼郎，十七岁升光禄寺丞，十八岁为集贤校理，十九岁迁著作佐郎……二十三岁轮值礼院；二十四岁则由宋真宗钦点为皇子赵受益（即后来改名为赵祯的宋仁宗）的伴读侍官。

要知道，当时赵受益乃真宗皇帝的独子（前面几个哥哥都早夭了），立为太子是早晚之事，真宗如此安排，显然是在为下一任皇帝培养宰辅级别的股肱之臣。

二十岁出头，当绝大多数读书人还在科举考试这条独木桥上竞争得头破血流时,晏殊已站在了如此高度。而这,也不过是其仕途上的一个小小节点。

04

天禧二年(1018年),九岁的升王赵受益被立为皇太子。东宫伴读的晏殊自然一荣俱荣,不到两年间便官拜翰林学士兼太子左庶子。

不得了!

翰林学士乃皇帝之机要秘书,凡宫中发出的重要文件几乎均由其草拟。如觉诏令有不妥之处,翰林学士还有权"论奏贴正"、提出不同意见,是皇帝最亲近的政治顾问。

北宋前期的翰林学士,承袭唐朝,起先未设品级,为兼任之职。宋神宗元丰改制后,翰林学士定为正三品。例如,北宋文坛的扛把子苏轼就任过翰林学士知制诰,可饶是有才如老苏,也是年过五十才担此要职。

在宋代,翰林学士几乎是宰执的预备队。真宗朝近一半的宰相、参知政事、枢密使都出自翰林学士,晏殊之后的名臣欧阳修、王安石、司马光也都是经此职位晋升为副宰相。

这意味着,三十岁,晏殊就已摸到了宰相的门槛。与之同时,三十二岁的范仲淹还在地方上做基层推官,九年后才在晏殊举荐下调入京城;三十七岁的柳永还在科考和礼部试中苦苦挣扎(已数次名落孙山),徘徊在官场之外……

再看晏殊兼任之太子左庶子。此职位为东宫属官，随侍太子左右，"驳正启奏"，负责将太子的言行上达天听。

啧啧，你瞅瞅，跟皇帝、太子最亲近的职位晏殊全占到了，这是什么神仙官运。

之前还只是太子侍读，这下恨不能只要醒着都跟太子泡一起，天长日久，互相之间的感情绝非其他臣子可比。异日太子登基，晏殊前途怎可限量！

05

公元1022年，真宗驾崩，年仅十二岁的赵祯登基为帝，是为宋仁宗。

此后几年间，晏殊继续加官晋爵、扶摇直上——

仁宗继位当年，三十二岁的晏殊官拜右谏议大夫兼侍读学士，为皇帝讲读经史，成为名副其实的帝王师。

三十三岁，又判太常礼院，掌管礼乐制度、仪式等事，在尊孔崇儒的封建王朝中，此属朝廷要职之一，直接向皇帝负责。五十多年后，位列唐宋散文八大家之一的曾巩也被任命为与此职务同部门的"判太常寺兼礼仪事"。只不过，彼时曾巩已年届六十，离谢世仅余四载。

同年，晏殊还参与编修《真宗实录》，能为前任天子编修史书实录，乃何等荣耀之事！

三十四岁，其又迁任礼部侍郎、知审官院，负责考核六品以下京官的业绩，并据此提出相应的职位调遣方案。

三十五岁，晏殊升任枢密副使（掌管军事的副丞相），成为当朝宰执之一，两个月后又兼任刑部侍郎（从二品）……

啧啧，这十级顺风相送、升官如同坐火箭的人生履历，简直让人怀疑晏殊不是中国古代的文人臣子，而是小说的男主角。

毕竟，把中国古代文曲星们的生平集中在一起看的话，基本就是一场花式比惨大赛。

例如，大唐"一哥"李白，毕生梦想就是成为帝王师或宰相。结果，上天入地折腾了一辈子也没实现，最后还稀里糊涂锒铛入狱，冤得要"死"……

还有与李大哥齐肩的杜甫，人家晏殊三十五岁都当副宰相了，他可好，这个年纪才奔赴长安找工作。落魄十载，孩子都饿死一个，四十好几岁才得了个看管兵器库的小官，结果上岗没几天就发生安史之乱了……

写下"慈母手中线，游子身上衣"的中唐诗人孟郊，蹉跎半生，四十五岁才中进士；以"春水碧于天，画舫听雨眠"精准描摹出江南神韵的晚唐诗人韦庄更惨，五十八岁才中进士……

大家可能要说了，唐朝进士录取率奇低，的确不好混。那我们再来看下北宋的两位顶级高手——在对比唐代科举大幅扩招的情况下，欧阳修、苏轼这一对师生，都是二十几岁中进士，然后几经起落，一个五十三岁官拜副宰相，一个五十一岁成为翰林学士知制诰。

这才是相对正常的节奏嘛。

而晏殊年仅三十五岁，就已将人臣之极的帝王师和宰辅之职尽收囊中，而且看起来似乎毫不费力，完全摆脱了"文学成就高的人必定命途坎坷"的人生剧本；什么"文章憎命达""才命两相妨"，什么"穷而后工""天以百凶成就一词人"，在晏殊身上通通失效……

其三十五岁前顺遂至极、颇具传奇色彩的人生际遇，真是李白、杜甫看了会流泪，欧阳修、苏轼听了忍不住要发问：

晏大宰相，敢问您这是在哪个庙里烧的高香啊？！

06

其实，晏殊烧的这炷高香与古往今来所有的幸运者没什么不同，无外乎六个字：天时、地利、人和。

先说天时。

大家都知道，每个王朝伊始，为了积攒家底，都会来一波休养生息、缓和社会矛盾、发展经济之类的有益举措，大宋也不例外。

晏殊出生时，北宋王朝已在太祖、太宗两兄弟的接力赛下渐趋繁荣。至其成长为青少年的真宗时期，全国人口已从太宗时期的四百余万户激增至近九百万户，全国州、府级别的大中城市及人口超过五十万的城市均为唐代的两倍。都城东京更是"人烟浩攘，添十数万不加多，减之不觉少，所谓花阵酒池、香山药海，别有幽坊小巷，燕馆歌楼，举之数万"。

当时大宋的财政收入阔到什么程度呢：

> 国朝混一之初，天下岁入缗钱千六百余万，太宗皇帝以为极盛，两倍唐室矣。天禧之末，所入又增至二千六百五十余万缗。

你看,宋太宗时期就岁入两倍于唐朝,到真宗末期,又翻了近一倍。以至于"京城资产百万者至多,十万而上,比比皆是",所以才有了《东京梦华录》里那歌舞升平、繁华至极的盛世之景:

> 太平日久,人物繁阜。垂髫之童,但习歌舞。班白之老,不识干戈。时节相次,各有观赏。灯宵月夕,雪际花时,乞巧登高,教池游苑。举目则青楼画阁,绣户珠帘。雕车竞驻于天街,宝马争驰于御路。金翠耀目,罗绮飘香。新声巧笑于柳陌花衢,按管调弦于茶坊酒肆。八荒争凑,万国咸通。集四海之珍奇,皆归市易;会寰区之异味,悉在庖厨。花光满路,何限春游;箫鼓喧空,几家夜宴?

此外,为避免黄袍加身式的事件重演,宋代本就有重文轻武的基本国策,再加上这下家里趁钱了,就更想追求文化艺术以提升王朝格调,于是大肆扩招科举人数。

宋太宗即位三个月内,就录取了近两百个进士,且授官极为优厚,进士第一、二等俱通判诸州(从五品或正六品,掌管一州之粮运、家田、水利和诉讼等事项,且对州府长官有监察之责),史称"宠章殊异,历代所未有也"。后来,又将中进士者列名发榜于尚书省的做法,改为殿前唱名、皇帝钦赐登第之制。这下厉害了,中进士者直接成了"天子门生",荣耀空前。

对比唐代,进士每次仅录取二三十名,例如白居易参加科考的那次,才录取了十七个;更要命的是,在唐代考中进士只是万里长征第一步，此后还须通过吏部筛选方能为官（且一般授官较低）。比如大文豪韩愈，中进士后因三试吏部而不得，又做了足足十年的布衣百姓。相形之下，北宋堪称读书人的黄金时代。

到了晏殊生活的真宗、仁宗时期，尊儒崇文有过之而无不及。真宗还尤喜神童举（更有装点盛世之效吧），宋太宗在位二十余年，神童举仅两次，而到了真宗朝，神童举竟多达十二次。

不仅如此，真宗更以九五之尊亲自为"读书求功名"摇旗呐喊、站台劝学：

劝学诗

富家不用买良田，书中自有千钟粟。
安居不用架高堂，书中自有黄金屋。
出门莫恨无人随，书中车马多如簇。
娶妻莫恨无良媒，书中自有颜如玉。
男儿欲遂平生志，六经勤向窗前读。

你看，后世劝人读书时，说得最多的"书中自有黄金屋""书中自有颜如玉"就出自这位大宋天子之口。

我们的主人公晏殊，就是在这样的时代背景下，通过神童举鲤鱼跃龙门，实现了人生的大跃迁。

07

说完天时，再看晏殊同学所占地利。这事儿放今天看，其实纯属封建迷信，此处权且一聊，供读者一乐耳。

传说晏殊的曾祖父晏延昌是个风水师，临终前其用毕生之学为自己觅了一处风水吉穴，期望以此换得晏氏子孙飞黄腾达、光宗耀祖。

据说，晏延昌临终前，交代儿孙在其所选穴址上挖到青石板即停，家人不解其意，晏延昌却只言天机不可泄露。

到了下葬当日，挖掘墓穴时果然被一块青石板挡住，大家便停下工来，准备落棺事宜。期间，有位工人好奇心起，偷偷把青石板撬起一角，想看看这风水宝地有何玄机，发现石板下乃是一汪清水，内有两尾白鳝游弋其间，便忍不住用手中工具向水中拨弄。结果，一只白鳝受惊，突然窜起，跃进了旁边的水潭中，不见踪影。工人情知闯了祸，匆忙把石板放下，装作无事发生。

此后几十年，晏家的子孙们依然寂寂无闻，无任何大富大贵之迹象。直到晏延昌的重孙一辈，家里一下出了两个名镇十里八乡的神童——一个是晏殊，一个晏殊之弟晏颖。

看来之前选定的风水宝地，劲儿全使在这哥俩儿身上了。

据史料记载，晏殊中举留京后，真宗闻听其弟晏颖也一样警悟早慧，于是亦召其参加神童举，赐进士出身，留京与晏殊同读于秘阁。可惜晏颖于十八岁即不幸早逝，临终前还留下一首仙气飘飘的诗：

江外三千里，人间十八年。
此时谁复见，一鹤上辽天。（《临蜕遗诗》）

坊间均传晏颖之早夭，乃是当年的风水吉穴惊走了一条白鳝之故。这自然是无稽之言，多半是晏殊的成名路太过顺遂，后人强行附会出的一些传奇色彩而已。

08 说完上面那玄玄乎乎的地利之因，再看最后一项：人和。晏殊的科举、仕进之路之所以顺遂如斯，是因为一路都有贵人相助。先是钦差大臣张知白荐举其参加科考，后来辅导其秘阁读书的陈彭年又是其江西老乡，对其不仅悉心教诲、关爱有加，还常在同僚及真宗面前对晏殊之聪慧稳重花式夸赞。

不过要说晏殊一生中最大的贵人，还要属真宗皇帝。

神童举后，真宗赐其同进士出身时，名相寇准曾出言阻拦，说晏殊是江南人，出自蛮夷之地，不宜重用。真宗却不为所动，回曰："唐代名相张九龄还是广东人呢，更靠南！"此后，他对晏殊的喜爱只增不减。

景德二年（1005年），朝廷举办南郊祭祀，明确规定老弱病残者不得参与。晏殊不想因年龄小而错失良机，便主动上奏申请参加。结果，真宗不仅予以批准，还直接为了他把"低于十五岁者不能参与"的门槛给撤掉了。

后来，晏殊因父亲去世回乡守孝。可没过多久，宋真宗便因过于思念他而下旨令其回京，并特意令淮南发运使派船前往迎接。

三年后，晏殊之母辞世。这次真宗直接"夺服"（丧期未满，官员应诏除去丧服，出任官职）处理，让晏殊处理完丧事即刻返京。

再之后，晏殊的弟弟晏颖少年早亡，宋真宗更亲自题写"神仙晏颖"四字赐之，以示哀荣。

除此种种外，还有前文已述的不断提拔升迁的官衔……

在封建时代，至高无上的皇帝能对一个臣子喜爱依赖至如此，仿佛片刻不能分离，名为君臣，情似父子，这是多少人臣穷其一生、梦寐以求的礼遇啊！

不过，打铁还须自身硬。晏殊之所以能得真宗如此倚重，除却过人的才华外，其淳直诚实、审慎持重的性格也占很大因素。

09

再把时间倒回到晏殊参加神童举之时。

话说真宗赐其同进士出身后，没过几日，又感过于草率。为了再次验证其才学，便把晏殊叫来，另行出题，命他写诗、词、赋各一篇。

晏殊接过试题一看，发现所出题目自己私下曾练习过。这要换一般人，考公押对了题，还不得脸上不动声色、内心狂喜不已，三下五除二答完卷子，跑出考场掀拳裸袖、一蹦三尺高，再欢呼几声："天助我也！"晏殊却毫不犹豫地坦诚以告，请真宗另行出题。

后来，真宗要为太子挑选侍读官员，见其他大臣业余时间皆往歌馆酒肆中宴饮取乐（朝廷是准许的），唯晏殊谨厚勤学、整日留在家中与弟弟讲习诗文，就选中了他。

晏殊知道原因后，又据实对真宗道："我留在家中读书，并非不喜游乐，而是因为没钱消费。如果有钱，我也会出去玩。"

这些举动充分展示了晏殊为人之坦荡真率，真宗每次听罢，都感其德才兼备，喜爱更甚。

在侍读太子（即后来的宋仁宗）过程中，晏殊也依然保持着一贯的淳朴诚实。

当时太子年纪尚幼，嬉玩成性，不愿读书。有次宋真宗要来突击检查学业，小赵祯慌了神，央求晏殊代作文章，晏殊却"不识抬举"，死活不肯答应。另一位名叫蔡伯俙的侍读，却赶紧抓住这个机会溜须拍马，代赵祯写了篇锦绣文章。

可真宗哪是好糊弄的，一眼看出了蹊跷，追问之下，晏殊如实禀奏。真宗因此狠狠训斥了赵祯。

这下赵祯可火了，咬牙切齿地对晏殊道："好你个姓晏的，敢告我的状，等我当上皇帝，砍你的头！"

晏殊却不为所惧："就是杀头，我也绝不弄虚作假！"

随着年龄增长，赵祯渐渐明晓是非，登基后非但没有杀晏殊的头，反而对其一路提拔，对当年"够义气"帮他当枪手的蔡伯俙却渐渐疏远，一直未有重用。

10 说完耿介诚实，再看晏殊性格之审慎持重。

据欧阳修为晏殊所撰墓志铭记载，宋真宗常在方寸小纸上向晏殊咨询机密之事，晏殊答完后，每次都是连同真宗的纸条一并奉还，以示信息绝无外泄。

还有一次，宋真宗召晏殊入宫，令其撰写一连串重要职位的任免文件。晏殊当时还不是翰林学士，只是"外制"知制诰，而草拟皇帝诏书应是翰林学士、"内制"知制诰的职责。晏殊于是连忙提醒真宗，真宗听罢才反应过来自己叫错人了（这是有多喜欢晏殊），于是另召当时的翰林学士钱惟演来拟写。

当晚，晏殊为避免走漏诏书内容之嫌，直接没回家，住在了学士院，等到诏书公布后方才离开。

不仅在官场上沉谨老成，日常生活中，晏殊也一向低调朴实。

二十几岁时，其第一任妻子因病去世，当时他是真宗皇帝跟前的红人，又是太子的侍读，数不清的高官大族向其抛出橄榄枝，愿以女相嫁。晏殊却统统拒绝，后来续娶了老家江西一个普通知县的女儿。

这种不攀附豪门、不加盟任何利益团体的做法，再次令真宗深为嘉叹。

晏殊主要以词人留名后世，内心敏感细腻自不必言，但就以上事迹可见，其亦兼具一个成熟政治家的理性与智慧，否则也不可能仅凭文学才华在三十几岁就高登相位。

对比唐代的李白，四十多岁时成为翰林待诏，得以随侍唐玄宗左右。结果，日常画风是这样的：

温泉侍从归逢故人

汉帝长杨苑，夸胡羽猎归。

子云叨侍从，献赋有光辉。

激赏摇天笔，承恩赐御衣。
　　逢君奏明主，他日共翻飞。

　　这首诗说的是李白陪唐玄宗到骊山打猎，归来路上，碰到一位老朋友（也许只是一起喝过酒吹过牛），心情好，就给人家写了首诗。诗大意是：西汉的杨雄曾陪伴汉武帝在长杨苑打猎，今天我也陪着皇上在骊山羽猎，还献上了一篇文采翻飞的文章。皇上对我的生花妙笔激赏不已，当即就赐我御衣一件。改天我一定向皇上举荐你，咱们哥俩儿一起飞黄腾达！

　　你看，通篇洋溢着八岁孩子式的天真与张扬。

　　尤其是最后一句：逢君奏明主，他日共翻飞——随便一张口，就敢拍胸脯打包票，说会帮人家向皇帝要官，荣华富贵，不在话下。玄宗看到怎么想？

　　从文学角度讲，这份极致的天真与张扬固然是极为珍稀宝贵的人格特质，也是李白能成为诗仙的重要因素；可倘若以此性情行走在复杂的政治场域，则必如羊入虎狼之群，寸步难行。也就难怪，入宫不足两年，李白就被唐玄宗赐金放还。

　　（此处绝无贬低李白之意，仅从为官之道的角度来分析性格利弊，中国历史上有数不清的宰相，璀璨夺目的诗仙却仅此一位，李白没能成为政客，是他个人的不幸，却是中国文学史和万千华人的万幸。）

11

晏殊之仕途虽较其他古代文学家来说堪称顺遂之极，但三十五岁后，也曾经历过三次波折。

天圣三年（1025年），垂帘听政的刘太后提拔淮南节度使张耆为枢密使，身为枢密副使的晏殊上书极力反对：

> 枢密与中书两府，同任天下大事，就令乏贤，亦宜使中材处之。耆无它勋劳，徒以恩幸，遂机宠荣，天下已有私徇非材之议，奈何复用为枢密使也？

意思是说，枢密使这么重要的职位，就算一时找不到特别优秀的人上岗，也应该选拔个中等偏上、各方面说得过去的人来担任。张耆无功无劳，仅凭太后恩宠，已经为官不低，天下人早都对此议论纷纷，怎么可以再提升他为枢密使呢？

一番话惹得刘太后相当不高兴。

至于刘太后为何甘遭天下非议去提拔一个无能之辈，这要从其身世说起。

刘太后原名刘娥，出身寒微，早年跟随一个四川银匠到京师卖艺讨生活。当时真宗尚为皇子，听说四川多美女，便令左右人帮助寻觅，王府属官张耆便把刘娥介绍给了真宗。

不久，此事被宋太宗知晓，认为真宗纳江湖女子为侍妾很不像话，下令将刘娥逐出王府。真宗哪里舍得？便将刘娥金屋藏娇于张耆家中，不时约见；直到十几年后登基为帝，才将刘娥迎入宫内，封为美人，后又升其为修仪、德妃，直至将其立为皇后，母仪天下。

刘娥得势后,对帮助自己改写命运的张耆一路大力提拔,这才有了任用其为枢密使之事。

晏殊公然站出来反对后,情知已开罪于刘太后,于是事事处处都更加小心谨慎,力求不落把柄。

一年后,晏殊陪同仁宗到玉清昭应宫,仆从送笏板(大臣上朝时所持手板)姗姗来迟。晏殊急怒之下,用手板打了仆从一下,击落了其一颗牙齿。御史以此弹劾晏殊"忿躁无大臣体",刘太后便顺水推舟,将晏殊贬为宋州(今河南商丘)知州。

唉,千小心万小心,还是没躲过。

这次贬官外放,是晏殊自十四岁踏入仕途以来,第一次到京城之外任官。黯然离京的他没有想到,在宋州,竟有三大意外收获在等着他。

一是外放期间,他写出了著名的个人代表作《浣溪沙·一曲新词酒一杯》:

> 一曲新词酒一杯,去年天气旧亭台。夕阳西下几时回?
> 无可奈何花落去,似曾相识燕归来。小园香径独徘徊。

全词语言圆转流利,清丽自然,既有"无可奈何花落去"的伤春惜时之感,又有"似曾相识燕归来"的欣慰达观之情,结句"小园香径独徘徊"透露出无限的思索意味,启迪着读者去体悟花开花落、人生终究有涯而春去燕归、宇宙无尽循环的深广命题,哲思满满。

王国维在《人间词话》中说:

> 词以境界为最上。有境界，则自称高格，自有名句。

用来评价此词，殊为恰当。

第二个收获是他在应天府看到五代以来历经战乱，学校荒废，就着力大兴教育，拉开了宋朝兴学的序幕，史称"自五代以来，天下学废，兴自殊始"。

三是他延请了一位在当地守母丧的基层官员到应天府当校长，"以教诸生"；次年，又荐其入京，担任秘阁校理。

这位官员，就是未来领导庆历新政、写出光照千古的《岳阳楼记》的一代名臣范仲淹。

因感念晏殊的知遇之恩，比其还年长两岁的范仲淹终身对其执门生之礼。

12

外放商丘两年后，三十八岁的晏殊奉召回京，又历任御史中丞、兵部侍郎、三司使（最高财政长官）、参知政事（掌管行政的副宰相），再次位高权重。

还曾知礼部贡举（即担任进士主考官），擢后来成为一代文宗的欧阳修为第一名，同榜进士中还有词史留名的张先（写"云破月来花弄影"的那位，比主考官晏殊还大一岁）、北宋四大书法家之一的蔡襄、理学先驱石介等。一众未来的北宋大咖都成了晏殊的座下门生。

可惜五年后，太后去世，风波再起。

文首已述，晏殊因未在李宸妃的神道碑文中道破仁宗身世而再遭贬谪，以礼部尚书知亳州。

这次被贬，晏殊觉得十分委屈——刘太后当政期间，满朝文武，皇亲贵胄，无一人敢挑破仁宗身世，帝王的家事即国事，如贸然道出惊天秘密，难以预料会掀起怎样的惊涛骇浪，实非我晏殊胆小怕事！

其实仁宗又何尝不知晏殊是替刘太后背锅而已，只是亲母与刘太后都已亡故，自己内心对亲母之愧疚、对刘太后之怨怒，总要找个出口宣泄。

五年后，四十八岁的晏殊又被召回京师，并一路升迁至同中书门下平章事（掌管行政的宰相）、集贤殿学士兼枢密使（最高军事长官），抵达其一生仕途的巅峰。

1040年，西夏与大宋交战。

晏殊先是推荐能臣范仲淹、韩琦到边关为将，又废除军队中内臣监兵、以阵图制约前线指挥官等制度，使边关将帅能及时主动地根据敌情来决定攻守策略。此外，晏殊还积极筹措军费，甚至协调动用宫内财物、资助边关，终于使得西夏主动求和，签订盟约。

此时，晏殊高居相位，和仁宗的君臣之谊也早已修复如初，已故的三代祖宗（父亲、祖父、曾祖父）全都被追封为太师、中书令之类的高官，仁宗更为晏氏家庙亲笔题写"衮绣堂"的匾额。

真真可谓一人得道，祖辈升天，光耀门楣，风光无两。这样位高权重、圣眷优渥的日子又过了六年，最后一次、也是对晏殊打击最大的一次贬谪到来了。

13

公元1043年,范仲淹领导的庆历新政登场,革新派和守旧派产生激烈碰撞。

为避免党争愈演愈烈,维持政局稳定,晏殊将革新派中锋芒毕露、冲在斗争第一线的怼人小能手欧阳修调离京城,外放为河北都转运使。

革新派中的其他人早就对晏殊的审慎圆融、在新旧斗争中站队不够旗帜鲜明而心存不满,见他外放欧阳修,于是掉转枪头,把炮火对准了他——当年的弟子门生、大书法家蔡襄撰写檄文,弹劾其役使官兵修建私人宅第。

晏殊因此罢相,以工部尚书知颍州(今安徽阜阳)。

宰辅之臣役使手下兵丁在当时其实是被容许的,不得以此论罪。而晏殊依然被贬,很大程度上是因为当时革新派、守旧派都看他不顺眼,革新派嫌他站队不清晰、对改革的支持力度不够生猛主动;而在守旧派眼里,革新派骨干(范仲淹、欧阳修、富弼、韩琦)哪个不是晏殊提拔起来的人啊,他明明就是幕后大佬!

对此情形,晏殊感到有口难言,革新的最终目的不是为了国富民强吗?可这样争来斗去最终只能是两败俱伤、朝堂紊乱……事缓则圆,为什么就不能迂回推进、以柔克刚,以最小的代价去争取最大的成果呢?毕竟,斗争不是目的,把事情做成才是正解啊!

可惜自己的弟子门生们都太年轻了,血气方刚、做事激进的他们认定自己就是明哲保身、闭眼和稀泥的圆滑之人,自己的良苦用心又该何处诉说呢?

带着被弟子门生们攻讦和误解的伤痛,五十三岁的晏殊第三次离开京城,历经颍州、陈州(今河南周口)、永兴军(今西安),外放十年之久。其笔下那首看淡名利、叹息知音难求的词作《喜迁莺·花不尽》应出自此时期:

> 花不尽,柳无穷,应与我情同。觥船一棹百分空,何处不相逢。 朱弦悄,知音少,天若有情应老。劝君看取利名场,今古梦茫茫。

此词明写离情,但表面的洒脱豁达之下掩饰不住宦海沉浮的疲惫与无奈,名利如梦,转头即空,何如放眼当下,寄情山水诗酒?

在西安任职期间,他已年过六十、去京八年,偶然间听到一个歌女自述悲苦身世,不禁有了"同是天涯沦落人"的感触,为之赠词一首:

山亭柳·赠歌者

> 家住西秦,赌博艺随身。花柳上、斗尖新。偶学念奴声调,有时高遏行云。蜀锦缠头无数,不负辛勤。 数年来往咸京道,残杯冷炙谩消魂。衷肠事、托何人。若有知音见采,不辞遍唱阳春。一曲当筵落泪,重掩罗巾。

这首词可以说是宋朝版的《琵琶行》,记叙的是歌女前后经历、遭遇落差之大,表达了对其无比的同情,但字里行间又何尝不曾注入晏殊自我晚年流落边关的悲戚之情?诚可谓借他人酒杯,浇自我胸中块垒也。

仁宗至和元年（1054年），六十三岁的晏殊因病获准返回汴京疗养。仁宗念他是东宫旧臣，许他五日一朝前殿，仪从如宰相。次年正月晏殊逝世，享年六十四岁。仁宗亲临祭奠，并下诏辍朝两天以示哀悼。

14

虽仕途上有如上三次波折，但晏殊每次外放均官衔不低，较中国古代文学史的其他人物，依然称得上是人生顺遂的典范；因其一生均在太平盛世，所以政治上并无极为突出之建树，主要还是以词人身份而留名史册。

"词"兴起于中晚唐与五代，期间曾涌现出温庭筠、韦庄、冯延巳、李煜等一大批优秀词人。而从五代后期至宋初的百余年间，由于战争不断、社会动乱，词的创作发展陷入颓势。直至宋代的真宗、仁宗两朝，经过半个多世纪的休养生息，文化才又逐步振兴。

晏殊就是在如此背景下登上历史舞台，担负起将词从晚唐五代过渡到北宋的重任，成为一个承前启后的关键性人物——因其历任高官，与众多文人学士往来唱和，众星捧月，是当时名副其实的词坛盟主。

终生与晏殊交好、凡有词作必请晏殊雅正的词人宋祁（写"红杏枝头春意闹"的那位，人称"红杏尚书"）曾在笔记中盛赞晏殊道：

> 相国(晏殊)不自贵重其文,凡门下客及官属解声韵者,悉与酬唱。

意指晏殊不摆官架子、也不吝啬笔下诗词,无论是同僚还是后辈,只要雅好声韵,都乐意与其交游酬唱。

当时晏家的文学沙龙"空杯宴"声名远播——晏殊喜宴宾客,但事先并不特意准备,客人来了,则每人置空杯一只,斟酒以后,陆续上点简单的果蔬小菜,宾主间便纵谈风雅;宴罢则铺纸研墨,挥洒辞赋,再相互点评品鉴……

啧啧,好一个太平盛世、诗酒风流。

15

太史公司马迁认为古今文学皆是"圣贤发愤之所为作也"。而晏殊的作品恰恰相反,其少年得志、终生富贵显达,发而为词,则多"富贵之声""娴雅之语";文辞珠圆玉润、温润秀洁,气度雍容华贵、清俊疏朗。

其词作有如下几个显著特点。

一乃吟咏富贵而不言金玉,重在气象。

宋人笔记《青箱杂记》中说,真宗朝有位进士名曰李庆孙,其曾作《富贵曲》曰:

> 轴装曲谱金书字,树记花名玉篆牌。

说富贵人家的曲谱都是金字写就，花草树木的名字则均篆刻在玉石之上。晏殊看了却摇头道：

此乃乞儿相，未尝谙富贵者。

故晏殊每吟咏富贵，不言金玉锦绣，而唯说其气象。若"楼台侧畔杨花过，帘幕中间燕子飞""梨花院落溶溶月，杨柳池塘淡淡风"之类是也。"穷儿家有这景致也无？"

欧阳修《归田录》中也有类似记载，说晏殊评寇准的"'老觉腰金重，慵便枕玉凉'，未是富贵语，不如'笙歌归院落，灯火下楼台'（白居易），此善言富贵者也。"

从上可见，晏殊反对在诗词中堆金彻玉以显富贵，主张略貌取神——不停留在事物的表面，而应抓住事物的精神气质，于神采风韵、情致气格中自然展现。

说到底，富贵的最高境界乃是内在修养与审美情趣。例如其笔下的一首《浣溪沙·小阁重帘有燕过》：

小阁重帘有燕过。晚花红片落庭莎。曲阑干影入凉波。
一霎好风生翠幕，几回疏雨滴圆荷。酒醒人散得愁多。

通篇无金玉之词，而富贵之象自显——先不说普通人家哪里有重重幕帘的小阁、片片落红的庭院、曲阑干影的池塘，为生计忙碌奔波的人可能连"酒醒人散"的闲愁都未必有时间去体味。

富贵娴雅的生活还使得晏殊之词往往色彩缤纷、华美明丽，例如：

红鸾翠节，紫凤银笙。玉女双来近彩云。(《长生乐·阆苑神仙平地见》)

此叶此花真可羡。秋水畔。青凉伞映红妆面。(《渔家傲·荷叶初开犹半卷》)

金风细细，叶叶梧桐坠。绿酒初尝人易醉，一枕小窗浓睡。(《清平乐·金风细细》)

你看，"红""翠""紫""银""彩""青""金""绿"，诸多明艳色彩，穿插其词。就连大部分人眼中凄清萧瑟的秋日，在晏殊笔下也是无比之灿烂明媚：

一霎秋风惊画扇。艳粉娇红，尚拆荷花面。(《蝶恋花·一霎秋风惊画扇》)

芙蓉金菊斗馨香，天气欲重阳。远村秋色如画，红树间疏黄。(《诉衷情·芙蓉金菊斗馨香》)

高梧叶下秋光晚，珍丛化出黄金盏。还似去年时。傍阑三两枝。(《菩萨蛮·高梧叶下秋光晚》)

晏殊词的第二特点为雍容和缓、哀而不伤，感性与理性并行，淡淡的忧愁中时而透露出自我解脱的气度。其笔下最能代表此特点的作品当属以下这首《浣溪沙·一向年光有限身》：

> 一向年光有限身。等闲离别易销魂。酒筵歌席莫辞频。
> 满目山河空念远，落花风雨更伤春。不如怜取眼前人。

你看，上阕前两句刚表达了时光飞逝、友人别离的伤感之情，不等旁人宽慰，晏殊就在最后一句给出了自我解脱的方法：莫若今朝有酒今朝醉，痛快地喝一杯吧！

下阕也一样，前两句还在伤春怀人，感性满满，然笔锋一转，晏殊的理性就已上线：与其徒劳惦念远方之人，何如好好珍惜眼下之人？

晏殊这一词作特点在文学作品中极具辨识度，因为多数文学家都是感性有余而理性不足的。例如李煜，叶嘉莹先生说李煜对痛苦的情绪常常是沉溺其中、往而不返，毫无解脱的办法、且似乎也没打算从中解脱：

> 离恨恰如春草，更行更远还生。(《清平乐·别来春半》)

> 问君能有几多愁，恰似一江春水向东流。(《虞美人·春花秋月何时了》)

> 胭脂泪，留人醉，几时重。自是人生长恨水长东。(《相见欢·林花谢了春红》)

唐代的李商隐也一样，从来是一往情深而执迷不悟的：

暮秋独游曲江

荷叶生时春恨生，荷叶枯时秋恨成。

深知身在情长在，怅望江头江水声。

你看，深知身在情长在——只要一息尚存，李商隐就永远是以情为骨、以泪为心，绝无可能解脱的。

而晏殊之词，常以旷达的胸怀和圆融的理性去化解感性上的忧愁，所以既无凄厉之音，亦无决绝之语，多风流娴雅，和婉明丽。

诚如薛砺若《宋词通论》中所述："其最特异之处，即在能于一切平易之境，含有一种极舒缓闲适的情绪。如微风之拂轻尘，如晓荷之扇幽香，令人暴戾之气为之顿消。"

晏殊词作的第三个特点是咏叹爱情含蓄蕴藉、情意浓挚，无轻佻淫亵之语。类似的词作有很多，如以下《蝶恋花·槛菊愁烟兰泣露》：

槛菊愁烟兰泣露，罗幕轻寒，燕子双飞去。明月不谙离恨苦，斜光到晓穿朱户。　　昨夜西风凋碧树，独上高楼，望尽天涯路。欲寄彩笺兼尺素。山长水阔知何处？

再如《玉楼春·春恨》：

绿杨芳草长亭路。年少抛人容易去。楼头残梦五更钟，花底离情三月雨。　　无情不似多情苦。一寸还成千万缕。天涯地角有穷时,只有相思无尽处。

还有"多少襟情言不尽,写向蛮笺曲调中,此情千万重""红笺小字,说尽平生意。鸿雁在云鱼在水,惆怅此情难寄",也都是字字深情,写相思情爱而不流俗秽。

此特点的反面案例是同时代的柳永,其笔下部分爱情词作如"镇相随,莫抛躲,针线闲拈伴伊坐""留取帐前灯,时时待、看伊娇面"都过于露骨俗艳,而无触动人心的情感力量。

对此,叶嘉莹先生曾评曰,晏殊的情爱之词"所唤起人的只是一份深挚的情意,而此一份情意虽然或者乃因儿女之情而发,然而却并不为儿女之情所限,较之一些言外无物的浅露淫亵之作,自然有高下、雅鄙的分别。而其形成此一差别的缘故,则正是因为一者是写其心灵上的感受,而一者则是写其感官上的感受。所以大晏之不屑于琐琐记金玉锦绣,喋喋叙狎昵温柔,大部分该是由于他的天性使然"。

晏殊词作的第四个特点乃是常常慨叹时光飞逝、人生有涯的无奈。这在诗词歌赋中虽是极为常见的吟咏主题,但在晏殊词中出现的频率之高,依然令人咋舌。翻开《珠玉词》,表达光阴促迫的语句可谓俯仰皆是:

春花秋草,只是催人老。(《清平乐·春花秋草》)

暮去朝来即老,人生不饮何为。(《清平乐·秋光向晚》)

所惜光阴去似飞,风飘露冷时。(《破阵子·忆得去年今日》)

可奈光阴似水声,迢迢去未停。(《破阵子·湖上西风斜日》)

燕子归飞兰泣露,光景千留不住。(《清平乐·春去秋来》)

急景流年都一瞬,往事前欢,未免萦方寸。(《蝶恋花·南雁依稀回侧阵》)

说起这一点,也与其人生际遇分不开。晏殊虽仕途显达顺遂,终其一生,却饱尝与至亲生离死别的极苦——早在其二十几岁时,其弟、其父、其母、其妻就在四年内接连离世;及至中年,长子和第二任妻子又先后病故。这不可避免地让晏殊对人生无常、生命短促产生极其强烈的感触,从而对有限的生命产生无限的珍爱之心,尽最大努力乐享当下的每时每刻:

人生乐事知多少,且酌金杯。(《采果子·樱桃谢了梨花发》)

座有嘉宾尊有桂,莫辞终夕醉。(《谒金门·秋露坠》)

  新酒熟，绮筵开，不辞红玉杯。(《更漏子·菊花残》)

  劝君莫做独醒人，烂醉花间应有数。(《玉楼春·燕鸿过后莺归去》)

  浮生岂得长年少。莫惜醉来开口笑。须信道。人间万事何时了。(《渔家傲·画鼓声中昏又晓》)

  这种在理性冷静的状态下所做出的"人生苦短，及时行乐"的举动，并非一时的消极颓废，深藏其内的恰是晏殊对生命的热爱，对人生无常的抗争，对超越苦难的努力——既然生命的长度无法增加，那我就要尽己所能地去增加它的密度和浓度。

  晏殊之词的最后一个特点，则是其词作往往情中有思，余韵悠长，常会触发读者对整个人生产生一种并无答案的哲想与思索。

  最典型的便是前文已提及的"无可奈何花落去，似曾相识燕归来。小园香径独徘徊"三句。

  如叶嘉莹先生之所评，其实晏殊"也未尝有心于表现什么'思致'，只是读这三句词的人，却自然可以感受到它所给予读者的，除去情感上的感动外，另外还有着一种足以触发人思致的启迪……其所触动者已不仅为读者之感情，而且更触动了读者有关整个人生的一种哲想，因此大晏词乃超越了其表面所写的人生之一面，而更暗示着人生之整体。"

  以下这首《踏莎行·小径红稀》，在我看来，亦属此类：

> 小径红稀,芳郊绿遍,高台树色阴阴见。春风不解禁杨花,濛濛乱扑行人面。　翠叶藏莺,朱帘隔燕,炉香静逐游丝转。一场愁梦酒醒时,斜阳却照深深院。

一场愁梦酒醒时,斜阳却照深深院——结句分明弥散着一缕莫名的与整体人生相关联的淡淡哀愁与忧伤,令人心中涟漪不断,却又难以清晰明了地道出这哀愁与忧伤因何而来,指向何处。

而晏殊之词因何会蕴含如此情思,程千帆先生在《两宋文学史》中给出了极为精准之答案:"优裕的物质生活并不能满足他渴求着探索人生奥秘的心灵,他心灵的触角常常是其来无端地伸向人心的深处,而又没有找到自己所寻觅的东西,于是一缕轻烟薄雾似的哀愁就上升到了他的笔头,化成为幽怨动人的小词。"

由此得见,品读晏殊之人生与诗词的最大意义,或许就在于,它会让我们明白世上并无十全十美的人生,即使顺遂显达如晏殊,也无法摆脱世事的无常、生命的短促,也依然会对人生的真谛有着不尽的惶惑与探寻。

面对莫测而又没有答案的人生,我们唯一能做的,便是活在当下。

诚如法国作家阿尔贝·加缪所言:对未来的真正慷慨,是把一切都献给现在。

終

周公子每期一问

1. 晏大宰相，您这是什么锦鲤体质啊，太令人羡慕嫉妒了吧！

2. 事业一路开挂的同时，丧父、丧母、丧弟、丧妻、丧子……这样的人生，你要交换吗？

3. 呃……那还是算了吧，普普通通的也挺好……

4. 人生啊，哪有什么十全十美？各有各的遗憾罢了……

欧阳修：一代文宗是如何炼成的？

01

北宋天圣八年（1030年），春，都城汴京。

尚书省内，三年一次的进士科礼部试即将进行。试场四周帷幕高挂，正前方的香案上，灯烛通明，香烟漫绕。等候多时的举子们手提饮料、饭食，经由胥吏一一唱名，搜检衣物后有序入场。不多时，考生全然落座，帷幕垂放，试题出示。

这一年的赋诗题目，叫作《司空掌舆地图赋》。知举官则是早年即以神童闻名的御史中丞晏殊。

依照试场规则，如举子对考题有所疑义，可请教于主考官。陆续有举子起身请示又一一归座，晏殊却眉心微蹙，轻轻摇头。

此时，又一位举子来至其座前："敢问知举官，司空一职，周朝及两汉均有设置，然职责却不尽相同，本次赋题是写周代司空还是汉代司空？"

晏殊凝视着眼前这位身形瘦削却面色沉稳的年轻人，不禁颔首微笑："今日所有考生，唯你一人真正认清题目，考题所指正是汉代司空。"

待到尚书省放榜，这位青年举子果不出晏殊所望，被擢为省试第一。

而在此之前，他已连获广文馆选试第一、国子监解试第一，紧跟其后的金銮殿试虽未夺魁，但也名列前茅，进士之荣就此纳入囊中。

这位给晏殊留下深刻印象的年轻举子，并非等闲之士，正是后来领袖北宋文坛长达三十年的欧阳修。

02

一位日后的文坛领袖在科考之战中一路开挂,貌似不足为奇。然而事实并非如此,这已是欧阳修第三次参加进士考了。至于前两次其因何铩羽而归,那就要从头说起了。

在唐宋八大家中,欧阳修童年的命苦程度,可谓仅次于韩愈。其四岁丧父,家无余资,跟随寡母寄居叔父家以赖生计。因家境窘迫无力聘请塾师,又买不起纸墨笔砚,母亲便带他在河边以荻草为笔,借沙盘作纸,日夕勤学苦练。这便是后世广为流传的"画荻教子"之故事。

而欧阳修也不负其母所望,自小聪明颖慧,悟性极高。日常四处借书抄诵,往往书未抄毕,已能成诵,以致小小年纪便已下笔老成,诗赋文章,不见稚嫩之气。

某日,其叔父读到欧阳修的日常习作,大喜过望,对其母预言道:

> 嫂无以家贫子幼为念,此奇儿也,不惟起家以大吾门,他日必名重当世。

意思是说,欧阳修是个奇才,将来不仅能重振门庭,而且一定会名扬当世,劝慰嫂子勿以家贫子幼为愁。

这话听起来是不是有点耳熟?对喽,因为前面刚讲的范仲淹也被人这样预判过,可见人优秀到一定程度,真的是鹤立鸡群,非常容易被识别。

03

大约十岁时,一件对欧阳修日后的文学创作风格和未来人生遭际产生重大影响的事件,以一种极为日常的形式发生了。

欧阳修幼年生活的随州,城南有一户李姓大户人家,家中藏书甚丰。欧阳修与李家的几个孩子年龄相仿,常在一起嬉戏玩耍。

一次,几个玩伴又在李家院落间追逐打闹,欧阳修无意间在墙角壁柜中拉出一个装满旧书的破筐,发现有部残缺不全的《昌黎先生文集》杂驳其中。

欧阳修随手翻阅,旋即被韩愈雄辩滔滔、汪洋浩瀚的文风与气势所吸引,于是便向李家借阅了这部"书页脱落颠倒无次序"的旧书,从此倾心沉醉于韩愈古文,为将来引领北宋文坛改革预埋下一颗蓄势待发的苗壮火种。

然虽欧阳修一心慕习韩愈作品,奈何韩愈倡导的古文运动在晚唐即告衰落,在欧阳修的成长时代,骈文早已全面复辟。所以,欧阳修的科考之路,与韩愈有着惊人之相似:都因文风平实古朴,不被骈文风行的时代所接纳,导致科场屡番受挫。

两次落榜后,急于获取功名以改变生活状况的欧阳修,不得不违心习作骈文,迎合考场风气。

聪明的人,学什么都快。

懂得在科考上投其所好后,第三次参试,欧阳修终如文首所述,轻轻松松取得进士资格,就此开启了官场从政之路。那么家境苦寒,上有老母,且三次科考才终于取到仕途入场券的欧阳修,行走官场是否会如履薄冰、战战兢兢,不敢有丝毫行差踏错之举呢?

事实恰恰相反。

欧阳修不仅继承了韩愈的为文之道，也同样被韩愈豪迈果敢、无所畏惧的人格所引领，宦海沉浮数十载，始终保持着刚直不屈、一以贯之的勇者姿态。

04

让我们一起来到北宋明道二年（1033年）的西京洛阳。此时，新上任的西京留守王曙正在官衙内与一众部下商讨政务。

各项事宜一一梳理完毕后，王曙离席欲去。

一众府僚见领导转身，姿态瞬间放松，伸腰抻臂间嬉笑互议晚间往何处饮酒游乐。此时，一只脚已跨出房门的王曙骤然转身，面色沉郁，如炬似电的目光将座中部下一一扫过后，厉声发问："你们日日如此纵酒享乐，难道不知寇准公晚年是如何招致灾祸的吗？！"

寇准乃是王曙岳父，虽为一代名相，然晚年生活奢靡，豪饮无度，因此被弹劾贬官，落魄而死。

众人听罢，唯唯不敢作声。场面陷入尴尬之际，一位年轻官员霍然起身，朗声应道："依属下之见，寇准公晚年遭难，并非因此得罪。"

众人心中立时稍安：呵，还好有大才子在，救场有望！

然而，年轻人接下来话锋一转，口吐利剑："其招致灾祸的真正原因，不在杯酒，而在年老不知身退也。"

此语一出，字字化作滚滚炸雷，不仅响在了一众僚属的头上，更劈在了王曙心口。因此时王曙已七十一岁，亦属高龄在位（朝廷规定的退休年龄是七十岁,你品,你细品)。

一句话磕碜了领导翁婿两人,小伙子厉害了。

众同僚听罢,心中叫苦不迭,脑袋垂得愈发低了:大哥你可行行好吧,想死不要拉上我们啊!

05

这位胆气超群,勇抒己见,敢于跟顶头上司叫板且出手便是一剑封喉的小伙子,便是刚刚踏入官场两年,时年二十七岁,任职西京留守推官的欧阳修。

他运气不错,王曙虽为人严厉却是个有德长辈,听罢默然而去,并未与其为难。

然不久之后,二人再次产生碰撞。

当时有位士兵从服役地逃回洛阳,按律当斩,案子由欧阳修负责。

几日后,王曙碰到欧阳修,问起案情:"那个士兵因何还未判罪?"

欧阳修据实以答:"此案尚须进一步调查,应送其回服役地复审为妥。"

王曙一声冷笑:"这种案子,本官不知断过多少,焉有如此复杂?年轻人做事,未免太过缩手缩脚!"

欧阳修却完全不买账:"此案如由您负责,立判斩首,属下亦无异议。可既然在我职下,便须依法处置,相公所言,恕不能从命。"

王曙听罢,拂袖而去。几日后却星夜急召欧阳修,再次确认案件是否定罪。

得知尚未定罪后，他才深吁一口气："甚幸甚幸，几至误事……"原来王曙接到上峰公函，该士兵果属情有可原，罪不至死。

从此，王曙对欧阳修大为改观。听闻其不久前做过的另一件"怪事"后，更认定此年轻人不仅刚直耿介，更是位不可多得的忠心体国之人。

06 此"怪事"要从当年四月，范仲淹回京任职右司谏说起。回京不足月余，范仲淹便接到了一封由洛阳寄来的《上范司谏书》。

没错，信乃素未谋面的欧阳修所书。范仲淹启而阅之，但见对方开篇明义：

> 司谏，七品官尔，于执事得之，不为喜，而独区区欲一贺者，诚以谏官者，天下之得失、一时之公议系焉。

您任职的右司谏，乃七品芝麻小官，得到了也没啥可高兴的。可我却要向您表达由衷之祝贺。为啥呢？因为谏官一职，关乎天下之得失、舆论之导向，官小责任大！

> 谏官虽卑，与宰相等。……天子曰是，谏官曰非，天子曰必行，谏官曰必不可行，立殿陛之前，与天子争是非者，谏官也。

谏官品级虽低,重要性却可媲美宰相。

一件事,天子说对,而谏官说不对;天子说可行,而谏官说不可行,在大殿之上有权跟天子争是论非者,唯有谏官。

> 宰相、九卿而下失职者,受责于有司;谏官之失职也,取讥于君子。有司之法,行乎一时;君子之讥,著之简册而昭明,垂之百世而不泯,甚可惧也!夫七品之官,任天下之责,惧百世之讥,岂不重邪!非材且贤者不能为也。

宰相或其他官职如果做不好,只会被有司追责;而谏官若是失职,则为君子所不齿。有司追责不过一时而已,而君子不齿,则会书于史册,垂之百世而不泯!你说可不可怕?!

所以说,一个七品官,却要负起天下重担,经受千秋万代之考验,这么重要的官职,可谓非贤能之士不可胜任也。

看到这,大家可能既纳闷又着急:说来说去,欧阳修也没讲清楚写这封信到底意欲何为,难道仅是为了拍七品谏官范仲淹的马屁?

别急,前面种种,皆为铺垫。接下来,我们的欧阳修同学又要祭出"一剑封喉"的绝招了:

> 近执事始被召于陈州,洛之士大夫相与语曰:"我识范君,知其材也。其来,不为御史,必为谏官。"及命下,果然,则又相与语曰:"我识范君,知其贤也。他日闻有立天子陛下,直辞正色,面争廷论者,非他人,必范君也。"拜命以来,

翘首企足,伫乎有闻,而卒未也,窃惑之。岂洛之士大夫能料于前而不能料于后也,将执事有待而为也?

从您自陈州被召返京城,洛阳的士大夫们就奔走相告:"以范仲淹的才华,这次返京不做御史,必为谏官。不信,咱们等着瞧。"

到右司谏的任命发布,大家更是额手称庆:"范仲淹不仅才华高,关键还是难得之忠臣,日后能在天子跟前义正词严、据理力争的人,除了他,没别人!"

自从您走马上任,我们大伙儿是日日翘首踮脚,一心等着您手撕奸臣,脚踢小人,轰轰烈烈地大干一场。结果您可倒好,这都一个多月了,愣是啥动静都没整出来。怎么的,是我们洛阳粉丝团错看您了?还是您自有计划、蛰伏憋大招呢?

看出来了没,这才是欧阳同学修书一封的真正底牌。

不是闲聊,更非拍马屁,而是指责前辈范仲淹在谏官任上不抓紧时间上谏书、提意见、为国为民谋福利。

部分朋友看到这可能疑惑了:这素不相识,又非一个部门,直接写信非议人家工作,欧阳修不会是打着公忠体国的幌子借题发挥、有意攻击范仲淹吧?

这倒真不是。

能够证明欧阳修此信是对事儿不对人的证据,就是很快他又做出了为范仲淹挺身而出、两肋插刀的义气之举。

07

由于得到王曙举荐，欧阳修洛阳任职期满后，被调入京。两年后，已任职开封府尹的范仲淹为推动改革向仁宗进献《百官图》，触怒宰相吕夷简，被贬官饶州。

一时朝野激愤。

而一位名叫高若讷的谏官，不仅不挺身而出、在御前直言相救，反在一场聚会中公然讥讽范仲淹之举是谋求升进、论事狂直，理合该贬。

不幸，当时欧阳修也在场。于是其义愤填膺，以笔为刀，当即龙飞凤舞，写下了震撼朝野的著名檄文《与高司谏书》。

让我们挑其中的一些精华段落来见识一下什么叫作"得罪谁都不要得罪会写文章的人"：

> 夫人之性，刚果懦软，禀之于天，不可勉强。虽圣人亦不以不能责人之必能。今足下家有老母，身惜官位，惧饥寒而顾利禄，不敢一忤宰相以近刑祸，此乃庸人之常情，不过作一不才谏官尔。虽朝廷君子，亦将闵足下之不能，而不责以必能也。

本段先是以退为进，试以设身处地之立场来理解和怜悯高若讷：人之性格，刚正果敢也罢，怯懦柔弱也好，都是天生娘胎里带的，无法强求。你家有老母，爱惜官位，既怕挨饿受冻，又贪钱财利禄，不敢和宰相对着干，也属人之常情。如果你仅是默不作声，只能说明你是个庸人兼不成器的谏官而已，大家也并不会因此苛责于你。

一番看似宽容善良的分析后，欧阳修却笔锋一转，开始挟风带雨、言辞犀利地揭示对方连"庸人""愚者"都不如的卑劣本质：

> 今乃不然，反昂然自得，了无愧畏，便毁其贤，以为当黜，庶乎饰己不言之过。夫力所不敢为，乃愚者之不逮；以智文其过，此君子之贼也。

结果没想到，你却连庸人的底线都守不住！胆小怕事、不敢为范仲淹辩护也便罢了，居然还有脸大言不惭地公开诋毁人家，想靠这种把戏来掩饰自己身为谏官却不敢忠言极谏的过失，简直就是人人得而唾之的小人、贼了！

考虑到高若讷看到这，可能会以"范仲淹不贤，所以我才出言讥讽"来狡诈自护，欧阳修再一次以退为进，用一个漂亮的二难推理，将高若讷彻底逼迫到一个无可辩驳的死地：

> 足下身为司谏，乃耳目之官，当其骤用时，何不一为天子辨其不贤，反默默无一语；待其自败，然后随而非之。若果贤邪？则今日天子与宰相以怫意逐贤人，足下不得不言。是则足下以希文为贤，亦不免责；以为不贤，亦不免责，大抵罪在默默尔。

假设范仲淹乃不贤之臣，当初皇上任命他时，你为何不加以阻拦？当时一句话不说，等人家落难后，才跳出来叫嚣人家不贤、活该被贬，这是不是小人行径？反之，如果说范仲淹是个贤良君子，那他如今遭人陷害，你身为谏官，为何却又似缩头乌龟，不敢为其仗义执言？所以说，不论范仲淹贤与不贤，你都没尽到一个谏官应尽的职责，由此可见，阁下真乃没脸没皮之小人也。

啧啧，什么叫骂人的最高境界，就是我不仅骂你，我还骂得理所当然，逻辑谨密，面面俱到，让你张不开嘴，还不了口。

接下来欧阳修一鼓作气，乘胜追击，将欧阳氏"一剑封喉"之独门绝技运用到炉火纯青之境，以一句"不复知人间有羞耻事尔"将对方的无耻之行盖棺定论，让其遗臭万世：

> 昨日安道（余靖）贬官，师鲁（尹洙）待罪，足下犹能以面目见士大夫，出入朝中称谏官，是足下不复知人间有羞耻事尔！

余靖和尹洙不是谏官，却都能为范仲淹上疏辩护，如今一个被贬，一个待罪。你身为谏官却毫无作为，竟还有脸出门见人，甚至穿梭朝堂以谏官自谓，说明阁下真是全然不知人间还有羞耻二字了！

整篇檄文辞辣气盛，论证严密，层层推进之中给对方以排山倒海、摧枯拉朽式的猛烈抨击，千载之下读来仍感大快人心，且不得不为之拍案叫绝：什么叫作一只纤纤细笔，胜过千军万马，这就是。

08

篮球之神迈克尔·乔丹说过一句话：我从来不要求队友去做我做不到的事情。

那么这话换算到欧阳修身上就是：他对范仲淹、高若讷身为谏官的表现都颇为不满，如果有天这职位落他自己身上，他能确保一定做得比别人好吗？毕竟这是个专门挑剔朝政失误、指摘君臣过错的岗位，虽历朝历代都赋予谏官挑刺无罪、找碴儿有理的特权，但实际干起来，还是相当得罪人啊！

你别说，这一天还真就来了。

风水轮流转，今年到你家——1043年，欧阳修终于也被委以谏官之职。让我们一同来看看其战绩如何。

欧阳修上任后第一次入朝议事，就上奏了《论按察官吏札子》。内容通俗点讲，就是建议仁宗搞一个中央特派组，到地方上去搞稽核、查政绩，能干的提上来，不行的统统撸下马。

你看看，一上场，就放出了计划砸无数人饭碗的超级大招。就这还嫌力度不够，对官场中的无能奸邪之辈更辅以各种指名道姓、事无巨细的弹劾：《论凌景阳三人不宜与馆职奏状》《论苏绅奸邪不宜侍从札子》《论李淑奸邪札子》《论赵振不可将兵札子》《论郭承祐不可将兵札子》《论李昭亮不可将兵札子》《论止绝吕夷简暗入文字札子》……

短短一年的谏官生涯，类似以上令各路昏官庸吏闻风丧胆的札子，欧阳修写了足足九十五篇！

如果单纯看奏章名字还不足以令你颤抖，那就再来见识一下奏章中欧阳修那"磕碜死人不偿命"的凌厉措辞。

比如弹劾某不才之臣应退职让贤，他是这么写的：

> 最号不才，久居柄用。柔懦不能晓事，缄默不能建明，且可罢之，以避贤路……陛下思国家安危大计，不必顾惜不才之人，使妨占贤路。

如此字字扎心、毫不留情地砸人饭碗，容我不恰当地问一句，假设这奏疏弹劾的是你，你想不想操起菜刀跑去找欧阳修拼命？！

所以在谏官之职上，欧阳到底开罪了多少官场同僚，树立了多少政敌对立面，说是不堪计数也毫不夸张。

09

欧阳修在谏官任上干得热火朝天之际，范仲淹倡导的庆历新政也在如火如荼地开展中。

二位贤哲一向政见相近，于是欧阳修又义不容辞扛起了为革新大业全力打辅助的历史重担。

当时保守派们为保护自身阶层的既得利益，对革新派群起攻之，污其"朋比为奸、结党营私"。

所谓君子群而不党。自古以来，皇帝们最怕的就是大臣抱团，威胁皇权。所以，"朋党"一词历来都是保守派排斥打击革新势力的撒手锏。

果不其然，此论一出，本大力支持改革的宋仁宗顿时左右摇摆，心生疑窦。而恰恰此时,范仲淹又在应对政敌朋党论的攻击中出现失误,令仁宗的猜忌更进一步。

当时,范仲淹是这么回应的:

> 方以类聚,物以群分,自古以来,邪正在朝,未尝不各为一党,不可禁也,在圣鉴辨之耳。诚使君子相朋为善,其于国家何害?

意思是,不管哪个朝代,大臣们都是有忠有奸,这是没法杜绝的事儿,关键在于皇上要能辨别忠奸。君子们即便结为朋党,也只会做好事儿,这对国家又何害之有呢?

范仲淹这话,站在他自己的忠臣角度来看,确实没毛病。但换成仁宗的皇权角度,那就大不相同了:君子结党,只做好事,那如果你们觉得我这个皇帝不称职,造反把我替换掉算利国利民的大好事,那你们是不是也会做?!

看到没,皇帝最在乎的,不是你干的是好事坏事,也不是对国家有利没利,而是首先要确保皇权在握,天下姓赵。所以范仲淹这个回应的致命之处就在于:既没有消释仁宗的疑虑,还等于间接承认了自己就是在纠结朋党。

好比保守派为革新派挖了个坑,范仲淹本来是去填坑的,最后不仅没填成,还稀里糊涂又给掘深了两铲子……

在此新旧两派激烈交战、生死存亡之际,但见辅攻小能手欧阳修不畏枪林弹雨,挺身而出,再一次以其滔滔辩才与卓绝见识向奸邪小人们猛烈开炮，挥洒出彪炳史册的《朋党论》：

>臣闻朋党之说，自古有之，惟幸人君辨其君子小人而已。

文章开篇便对范仲淹的朋党之语，做出了大大方方的承接，看似平平无奇。

然而接下来，欧阳修却笔锋一转，正面迎敌，劈空来了一句：

>大凡君子与君子，以同道为朋；小人与小人，以同利为朋，此自然之理也。

好一个以子之矛，攻子之盾！

咋的，就许你们守旧派污蔑革新派结党，我们就不能把同样的帽子扣你们头上吗？

漂亮！

接下来为彻底打消仁宗的疑虑，欧阳修又对这一观点做出了精彩绝伦的细致阐述：

>然臣谓小人无朋，惟君子则有之。

意思就是说，在我看来，其实小人根本结不成"朋党"，只有真正的君子才能结"朋党"。

这话猛一看，是不是惊出大家一身冷汗：妈呀，这么说，不比范仲淹的失误还大？！别急，大招在后面（欧阳同学的一贯风格）：

> 其故何哉？小人所好者，禄利也，所贪者，财货也。当其同利之时，暂相党引以为朋者，伪也；及其见利而争先，或利尽而交疏，则反相贼害，虽其兄弟亲戚，不能自保。故臣谓小人无朋，其暂为朋者，伪也。

小人因利益钱财而聚在一起，当利益没了，他们也就作鸟兽散了。

> 君子则不然。所守者道义，所行者忠信，所惜者名节。以之修身，则同道而相益；以之事国，则同心而共济；终始如一，此君子之朋也。

而君子不同，君子是因道义而聚在一起（道义就是忠君爱国），行的是忠信之事（坚决忠于皇帝和大宋），惜的是气节名誉（绝不会造反和叛国）……

你看看，欧阳修对君子之朋的这番论述高不高——因为皇帝的疑虑是万万不能挑破的，革新派绝不造反的口号更是没法明着喊出来。但又要把这两点都在文中表达出来，好让皇帝彻底安心。这么高难度的事儿，欧阳修以其超世之才做到了。

这番"君子之朋"的论述，字字句句都像是在朝仁宗挥手呐喊：赵老板，您放心，我们革新派生是您的人，死是您的鬼，您就是我们君子同盟的领袖大哥大。彻底解除了皇帝的担忧后，欧阳修又不忘使

出"一剑封喉"的平生绝学,给保守派狠狠补上一刀:

> 故为人君者,但当退小人之伪朋,用君子之真朋,则天下治矣。

老板,只要您摒弃保守派那帮小人,相信我们革新派这群君子,则天下大治,指日可待!

啧啧,这反攻力度。我忍不住反手就给一万个赞!

不过,所谓刚者易折。这篇文章虽帮革新派打了一个漂亮的翻身仗,却也将欧阳修推到了整个保守派的长枪短炮之下。

再加上其在谏官任上得罪的那一篓子死对头,使得欧阳修后半生成为一个箭垛式的人物,承受着来自四面八方的密集攻击,避无可避。

10

庆历五年(1045年),开封府尹杨日严在浏览下级的工作日报时,对一桩已婚女子与家中男仆的私通案,展现出极大兴趣。

因涉案女犯,从卷宗信息看,竟是欧阳修的外甥女!

想到自己曾因贪污渎职被欧阳修狠狠弹劾,杨日严把案宗翻来覆去研究,想找个突破口,顺带把欧阳修拉下水。结果发现,这个外甥女属欧阳修妹妹的继女,和欧阳家并无血缘关系。欧阳修妹妹早年丧夫后,可怜继女无依,便携其依附兄长欧阳修生活。这令杨日严深感天赐良机，不容错过：

无血缘关系，又自小在欧阳修家长大，现下犯的又是通奸案，这不正是往男女关系上做文章的绝佳素材吗，且此类桃色新闻，最能满足围观群众的猎奇窥探之欲，传播最快，而被污蔑的当事人又极难自证清明，实在是损人声誉、泼人脏水的"绝佳妙招"！

于是杨日严责令手下对这个外甥女张氏严刑审讯，威逼诱供，迫其胡言乱语，说婚前寄养在欧阳修家中时，曾与其发生过污秽暧昧之事。

朝堂上下，不知有多少人欲置欧阳修于死地而后快。风闻此事，个个摩拳擦掌，添油加醋，一门心思要把事情搞大。

如谏官钱明，在宰相陈执中授意下，立即上疏弹劾欧阳修与外甥女有染，且意欲霸占张氏家财。

哼，就算扳不倒你，也要搞臭你！

为了让自己的言论取信于人，钱明还煞费苦心地从欧阳修作品中挑出一首词，作为呈堂证据：

江南春·江南柳

江南柳，叶小未成荫。人为丝轻那忍折，莺嫌枝嫩不胜吟。留著待春深。　　十四五，闲抱琵琶寻。阶上簸钱阶下走，恁时相见早留心。何况到如今。

真行。

一首对烂漫少女表达无限怜爱的清新小词，到了无耻之徒眼里，竟演变成了一桩通奸大案的文字证据。

呵呵，把想象当推理，视断案如儿戏。真是滑天下之大稽！

在工作层面找不到人家纤毫瑕疵，便在道德私事上无事生非，深文周纳，何其卑劣！

为确保此事万无一失，一众仇家还刻意安排一位与欧阳修有过节的宦官参与此案复审。

可惜他们千算万算，却没算到那位宦官竟是位正派之人，坚决不肯同流合污。最终，此事因证据不足，未能罗织成案。但在无罪情况下，欧阳修依然被降级处分，外贬滁州。

自河北贬滁州入汴河闻雁
阳城淀里新来雁，趁伴南飞逐越船。
夜岸柳黄霜正白，五更惊破客愁眠。

经受如此重大的人格打击，贬途中的欧阳修于夜半被孤雁的哀鸣惊醒，心绪苍凉，再难成眠……

11

到了滁州，政务之外，满身疲惫的欧阳修把自己投放到了山水泉林间，以此涤荡前事遗留在心头的重重乌霾。

远离了钩心斗角的朝堂，他性格中浪漫多情的一面渐得释放，迎来了一段文学创作的高峰期。例如，春日，他幽谷种花：

浅深红白宜相间,先后仍须次第栽。

我欲四时携酒去,莫教一日不花开。(《谢判官幽谷种花》)

夏日,则倾听啼鸟:

百转千回随意移,山花红紫树高低。

始知锁向金笼听,不及林间自在啼。(《画眉鸟》)

冬日,便踏雪寻梅:

南山一尺雪,雪尽山苍然。

涧谷深自暖,梅花应已繁。

使君厌骑从,车马留山前。

行歌招野叟,共步青林间。

……(《南山》)

滁州的秀丽山水与淳朴民情,疗愈着身心受创的欧阳修,也催生出他笔下那篇脍炙人口的散文代表作《醉翁亭记》。

文章写得实在太好,优美娴雅、格调清丽,又兼强烈的抒情性,特此全文录入:

环滁皆山也。其西南诸峰,林壑尤美,望之蔚然而深秀者，琅琊也。山行六七里，渐闻水声潺潺而泻出于两峰之间者，酿泉也。峰回路转，有亭翼然临于泉上者，醉翁亭也。作亭者谁？山之僧智仙也。名之者谁？太守自谓也。太守与客来饮于此，饮少辄醉，而年又最高，故自号曰醉翁也。醉翁之意不在酒，在乎山水之间也。山水之乐，得之心而寓之酒也。

若夫日出而林霏开，云归而岩穴暝，晦明变化者，山间之朝暮也。野芳发而幽香，佳木秀而繁阴，风霜高洁，水落而石出者，山间之四时也。朝而往，暮而归，四时之景不同，而乐亦无穷也。

至于负者歌于途，行者休于树，前者呼，后者应，伛偻提携，往来而不绝者，滁人游也。临溪而渔，溪深而鱼肥。酿泉为酒，泉香而酒洌；山肴野蔌，杂然而前陈者，太守宴也。宴酣之乐，非丝非竹，射者中，弈者胜，觥筹交错，起坐而喧哗者，众宾欢也。苍颜白发，颓然乎其间者，太守醉也。

已而夕阳在山，人影散乱，太守归而宾客从也。树林阴翳，鸣声上下，游人去而禽鸟乐也。然而禽鸟知山林之乐，而不知人之乐；人知从太守游而乐，而不知太守之乐其乐也。醉能同其乐，醒能述以文者，太守也。太守谓谁？庐陵欧阳修也。

文章第一段，起笔即见功力。区区五字，便将滁州群山环抱的地理环境一笔勾出。

接下来，镜头收缩，由山而峰，由峰及泉，由泉至亭，一步一景中逐步引出醉翁亭。

然后，以两个自问自答之句自然转向叙事抒情，点出"醉翁之意不在酒，在乎山水之间也"的全文主旨，句句衔接，不落痕迹。

中间两段，先分述山间朝暮四季的变幻之美，观察入微，笔触如丝。再转到吏民同游、共乐山水的太平祥和之景，欢乐喧嚣之情溢于纸面。

最后写宴会散而众人归，借禽鸟之乐过渡到人与太守之乐，完成最后的总结和抒情。

全篇凝练精粹而又有往复百折的层次感，平易流畅却兼具一唱三叹的音律美，使人读来如同跟随一台高清摄像机，由远及近，层层推进，在山水泉林间俯仰流连，观朝暮变幻、赏四时美景、享同游之趣……

且此文和前面叙及的那些纵横捭阖、笔锋老辣的檄文奏章，风格可谓迥异。一刚一柔，前者侧辩论，好似滚滚波涛；后者喜抒情，恰如潋滟秋波。

以一人之力，将此两类文章风格都写至巅峰水平，除证明欧阳修的文字之功已臻化境外，也让我们认识到其刚柔并济的性格底色。

非此，不能两擅其美也。

《醉翁亭记》不仅在后世被叹为"欧阳绝作"，一经问世，亦即风靡大宋。

天下莫不传诵，家至户到，当时为之纸贵。

因文章写就后，即便刻石立于亭侧，于是全国各地读者纷纷跑来打卡，谋取拓本。以致山上琅琊寺中的库存毡子全被拓碑用尽，最后连和尚们日常睡觉用的毡子也不得不拿出来，供狂热的游客们拓碑使用。

更为夸张的是，还有很多商人前来拓印，游走四方做生意时，遇到关卡，将此拓本送与官员，竟有免税过关之奇效。

有人说，挫折是老天在帮你规划更长远的东西。对欧阳修来说，贬官滁州就是对这句话的绝佳验证。神作《醉翁亭记》一举奠定其文坛宗主之地位，为欧阳修日后革新科场文风打下了坚实基础。

12

离开滁州十载后的嘉祐二年（1057年），欧阳修被任命为礼部进士试主考官。

当时的北宋文坛，正流行着一种生僻怪涩，以与众不同、博人眼球为创作宗旨的不良文风，号称"太学体"。对此深恶痛绝的欧阳修，下定决心要趁这次担任主考官的机会，改革科场风气，推行自己平实自然、言之有物的文学主张。于是其在批阅试卷时，凡是发现为文奇崛险怪者，一律大笔画掉，毫不手软。由此遭到无数落榜举子的疯狂报复。他们怒不可遏，趁着欧阳修上早朝时，聚众上千围攻他的车驾，公然谩骂侮辱，一时声势颇大。

甚至还有些极端之人写《祭欧阳修文》，投入其家中，咒其该死；

至于那些翻出陈年旧闻制造流言蜚语、诋毁其人品私德者，就更是多不胜数了。

然而，历经风雨的欧阳修对此早有预料并已做好充分心理准备，任你风吹浪打，我自岿然不动，誓将文体改革进行到底。

事实终归胜于雄辩。

历史的进程，证明了欧阳修改革的正确性。经此一役，北宋文坛的文体、文风皆发生巨变，且不再回潮。而更能直观展现欧阳修改革成果的，则是此次科举考试，获取人才之盛，堪称空前绝后：

文坛上的苏轼、苏辙、曾巩（"唐宋八大家"中的"宋六家"，一下占了三人）；

政坛上的吕惠卿、章惇、曾布、王韶、吕大钧（都是后来王安石变法中新旧党争的风云人物）；

学坛上开创"程朱理学"的程颢、程颐，"关学"的创立者张载……

全在这场科考中脱颖而出，被欧阳修擢为进士。

一场科考，几乎将北宋中后期文坛、学坛、政坛的精英人物网罗殆尽，欧阳修具何等之慧眼也！

13

可惜，在道德、文章、官位皆已步入巅峰的晚年，欧阳修竟再历风波，身心巨创。

事情要从仁宗去世，英宗继位说起。

因仁宗没有子嗣，英宗是其从皇族中挑选过继的儿子。那么，关于英宗继位后该如何称呼自己亲爹这个问题，朝堂上下产生了激烈争议。

绝大多数人认为英宗既已过继给仁宗，以前的爹就不能认了，应该喊皇伯（大爷），一小部分人觉得两个爹都认也行，可以喊皇考（老爹）。

在我们现代人看来，争论这种"管自己亲爹叫爹还是大爷"的事简直就是吃饱了撑的，而在古代，则是关系人伦纲常的大事（明代嘉靖朝掀起狂澜巨波的大议礼，与此如出一辙）。

在这件事里，欧阳修站队少数派，认为可以喊爹（其实主要是英宗想喊爹，推欧阳老师出来打头阵）。

就这样，作为"喊爹派"的台柱子兼第一辩手，欧阳老师一时间又站在了风暴中心，四面受敌：

伏见参知政事欧阳修首开邪议，妄引经据，以枉道悦人主，以近利负先帝……伏请下修于理（恳请把欧阳修扔进大理寺监狱，严刑伺候！），以谢中外。

最后更激化到要对他"乞行诛戮以谢祖宗"。

哎，这都是在替英宗背锅挡箭啊，心疼欧阳老师一波。

最后，虽"喊爹派"取得了胜利，英宗如愿以偿认了亲爹，但两派之间的梁子可算结下了。

在这次名分之争中,有个叫蒋之奇的人,是欧阳修的门生。为了谋求前程,他跟着自己老师站队英宗,事后,被欧阳修举荐为监察御史(在古代,举子考中进士后跟主考官会自动形成师生关系,此人跟苏轼是同年进士,所以算欧阳修座下门生)。

因当时朝堂上大部分人都是皇伯派,故蒋之奇虽然升了官,却遭到同僚排斥孤立。又加上英宗很快过世,神宗上位,蒋之奇更认为自己押错了宝,站错了队,悔之不迭。

恰在此时,欧阳修夫人的堂弟因事要被贬官,他仗着自己姐夫身居高位,认为欧阳修一定会出手捞自己。结果没想到欧阳修不仅没帮他,还特意要求朝廷秉公办理,导致其被罢官免职。

这位堂弟由是对欧阳修恨之入骨,到处散播谣言,诬欧阳修与自己的长媳吴氏关系暧昧,似有乱伦之嫌。

这事儿传到蒋之奇耳朵后,他立时决定借此倒戈,与欧阳修划清界限,让官场同僚重新接纳自己。于是其独身上殿,向神宗弹劾自己的恩师"帏薄不修",并伏地不起,坚请神宗降旨,将欧阳修立判处斩,暴尸示众。是的,你没看错,蒋之奇伏地不起,要求将欧阳修——立判处斩,暴尸示众!

为谋一己私利,在无任何调查和实证的情况下,就欲置对自己有师生之名与提携之恩的人于死地而后快!其心肠之恶毒,人品之卑劣,实令人为之发指!

而对欧阳修而言,迟暮之年,再次蒙受如此奇耻大辱,其愤怒惨淡的心境可想而知——于一个月内连上十三道奏折,坚请神宗彻查此事,还己清白:

之奇诬罔臣者,乃是禽兽不为之丑行,天地不容之大恶。臣若有之,万死不足于塞责;臣若无之,岂得含胡隐忍,不乞辨明……

苟有之,是犯天下之大恶;无之,是负天下之至冤。犯大恶而不诛,负至冤而不雪,则上累圣政,其体不细。由是言之,则朝廷亦不可含胡不为臣辨明也!

同样的屎盆子被人扣头上两次,是可忍,孰不可忍啊!

最终,此事以蒋之奇"我没证据,我也是道听途说"为结论,落下帷幕(道听途说你就想把人家处以极刑、暴尸示众?!简直丧尽天良到极致了!)。

而对欧阳修来说,此番枉遭大辱,几陷不测,再加上已身老体衰,他再也无心恋战朝堂,决意急流勇退,退休致仕。

此后,他不断上书请辞,四年后,终以观文殿学士、太子少师致仕,退居颍州。

自此,他自号"六一居士",与一万卷藏书、一千卷金石遗文、一张琴、一局棋、一壶酒相伴悠游,并着手对平生作品做最后的整理选编。

一年后,《居士集》定稿,一代文豪平静谢世。

14 欧阳修是北宋时期极为重要的政治家、文学家、史学家。于政坛而言,他最高官至参知政事(副宰相),参与诸多国家重大政治活动与改革事件。

文学上,欧阳修是宋代第一位兼擅诗、文、词、赋的大家,其纵横文坛、领袖群伦三十年,对北宋一代文学思潮及文学发展脉络产生巨大且深远影响。

唐宋八大家中的宋六家,除他自己外,其余五个要么是他的门生(苏轼、苏辙、曾巩),要么曾得到过他的提携举荐(苏洵、王安石)。

个人创作上,其散文从容娴雅、情韵邈远。针对其文章之美学特色,文学史上甚至产生了一个专有形容词,叫作"六一风神"(因其自号六一居士)。

"六一风神"意指欧阳修散文蕴含着一往情深的情韵之美,一唱三叹的往复之美,及一波三折的摇曳之美。《醉翁亭记》即这一风格的典型代表作。

诗歌上,欧阳修反对雕琢浮艳的西昆体,主张用语自然平易:

晚泊岳阳

卧闻岳阳城里钟,系舟岳阳城下树。
正见空江明月来,云水苍茫失江路。
夜深江月弄清辉,水上人歌月下归。
一阕声长听不尽,轻舟短楫去如飞。

例如这首《晚泊岳阳》,以平易流畅的语句描绘出一幅清丽明快的洞庭夜景图，委婉含蓄地表达了旅中思归之情。

词的成就，则比诗又更进一层。如早年洛阳任职时，其笔下的一些表达离情别伤之词，即已颇见水准，在此附录两首：

玉楼春·尊前拟把归期说

尊前拟把归期说。未语春容先惨咽。人生自是有情痴，此恨不关风与月。　离歌且莫翻新阕。一曲能教肠寸结。直须看尽洛城花，始共春风容易别。

浪淘沙·把酒祝东风

把酒祝东风，且共从容。垂杨紫陌洛城东。总是当时携手处，游遍芳丛。　聚散苦匆匆，此恨无穷。今年花胜去年红。可惜明年花更好，知与谁同？

总的来说，其词以抒情为主，风流蕴藉，用语真切。比如以下这首闺怨名作，情景交融，浑然一体，曾被李清照反复点赞：

蝶恋花·庭院深深深几许

庭院深深深几许，杨柳堆烟，帘幕无重数。玉勒雕鞍游冶处，楼高不见章台路。　雨横风狂三月暮，门掩黄昏，无计留春住。泪眼问花花不语，乱红飞过秋千去。

而另一首《蝶恋花·谁道闲情抛弃久》，上半阕自设问答，形式

极为新颖,被梁启超推崇为"文前有文,如黄河伏流,莫穷其源":

> 谁道闲情抛弃久?每到春来,惆怅还依旧。日日花前常病酒,不辞镜里朱颜瘦。　河畔青芜堤上柳。为问新愁,何事年年有?独立小桥风满袖,平林新月人归后。

当中,也不乏描绘男女相思慕恋的爱情词作,如以下这首朴实自然、饶有韵味的《生查子·元夕》:

> 去年元夜时,花市灯如昼。月上柳梢头,人约黄昏后。
> 今年元夜时,月与灯依旧。不见去年人,泪湿春衫袖。

史学方面,他负责编撰了著名的《新唐书》《新五代史》,其中《新五代史》更是其耗时近二十年,以一人之力独自完成。在二十四史中,以一人之力主持编撰两部史书者,乃是空前绝后,绝无仅有。

此外他还是著名的经学家,对《诗经》《周易》《春秋》皆有深入研究;更是金石学的开山鼻祖,所著《集古录》一书是中国现存最早的金石学著作。

退休后的花甲之年他亦耕耘不辍,以随笔、漫谈的形式,品评赏析前人诗歌,题为《六一诗话》——开我国笔记体文学评论之先河,此后继之而起的历代诗话不可胜数,还有随之衍生的词话、曲话、赋话、文话等文学评论的新体制蜂拥而来,一直绵延影响到近现代。

综合来看，欧阳修可谓是中国历史上极为罕见之文化全才兼学术巨匠。

一代宗师，可谓实至名归也。

至于其因何能取得如此高远丰硕之人生成就，不唯在其才高，更在其自来立志高远也：

> 草木鸟兽之为物，众人之为人，其为生虽异，而为死则同，一归于腐坏、澌尽、泯灭而已。而众人之中，有圣贤者，虽死而不朽，逾远而弥存也。其所以为圣贤者，修之于身，施之于事，见之于言，是三者所以能不朽而存也。

生而为人，如若不想死后像草木鸟兽一样泯灭无迹，则唯有成为圣贤之人，立德，立功，立言，将自己的思想火炬永远传递下去，唯此可"死而不朽，逾远而弥存也"。

欧阳修毕生以此终极人生意义自我鞭策，出身孤寒却具凌云之志，一生多历患难却始终不改勇者本色，为官以忠，治学以勤，终以一代文宗、政坛名宦、学术泰斗等多重成就当之无愧地位入圣贤之列，光耀百代而垂范千古也。

伟哉，欧阳公！

终

周公子每期一问

1. 欧阳老师，那些污蔑你的人实在太可恶了，气死我了！

2. 别生气，咱们生气就是着了他们的道了。

3. 可我咽不下这口气啊！

4. 上天让他们成为卑劣的人，就是对他们最大的惩罚；让我们做个好人，就是对我们最好的奖赏。

5. 还是欧阳老师境界高啊，受教了！

6. 走，喊上苏轼，咱们一起喝酒去~
好嘞！

王安石：千古名相，还是乱臣贼子？

01 北宋熙宁七年（1074年），天下大旱。至四月份，全国大部分地区已长达十个月滴雨未落。宋神宗忧急如焚。

这一年，他二十六岁，已登基七年，与王安石携手的变法革新也迈入了第五个年头。朝中诸多重臣都认为天灾系变法不得民心所致，纷纷上书请求罢黜新法。神宗左右为难。

就在此时，一幅叫作《流民图》的画作送呈御览，年轻的皇帝被画中的景象深深震惊了：只见画卷上是成群结队、流离失所的灾民，他们个个面如菜色、身无完衣，挤满了京师街道。有的甚至双脚拴着铁链在伐树挣钱，以偿还政府的青苗贷款……

与画作一同呈上的，还有一封奏疏。里面说严重的旱灾使得百姓民不聊生，很多人靠吃草根树皮充饥，还有的人卖儿卖女，砍桑拆房。在这样的情况下，政府竟然还在追缴赋税！图中所示，还仅为皇城门外的景象，天子脚下，已然如此，千里之外的惨状，岂非更加不可想象！

阅罢图文，神宗潸然泪下：自己登基以来，励精图治，不曾懈怠，革新变法明明是为富国强兵，为何却落得如此局面……

当夜，神宗将画卷携入寝宫，皇后和太后看罢，也纷纷哭诉王安石误国。

次日，神宗下令停止推行新法。

极富戏剧性的是，诏令一出，当天开封地区即天降甘霖，万众欢腾。

然而，一众变法派的心情却难以飞扬：数年之功，废于一旦，惜哉！痛哉！

02 很多人看完上一段，可能会纳闷：不都说宋朝是中国古代经济最繁荣、文化最昌盛、人民生活最富裕的朝代吗？小日子过得如此红火，为啥还要瞎折腾，搞什么变法革新呢？

没错，宋朝的确经济文化空前繁荣，但开国百年后，一切都成了表面浮华，内里早已是一副积贫积弱的烂摊子：冗官、冗兵、冗费，三大弊病缠身，大宋帝国的身躯已然摇摇欲坠，再不加以救治，随时都可能轰然倒下。

二十岁的神宗一上台，面临的就是如此局面。他太需要一个靠谱的人来到身边，帮助一起诊治帝国的沉疴顽疾了！

为此，神宗发布了诚意满满的纳谏召集令，大致意思是希望文武百官畅所欲言，只要是对国家和人民有所裨益的自己都会采纳。

新老板都发话了，那还等什么，大臣们纷纷上书献计献策，狂刷存在感。但说来说去，无非都是那些宽泛空洞的老话、套话：什么虚怀纳谏，赏罚分明，近贤臣远小人之类，说了等于没说。

就连司马光、富弼这样的元老重臣，给出的建议也没能跳出这个大框架。神宗失望至极：哥要的不是这些假大空，谁能给朕来点解决问题的实操性建议啊！

关键时刻，有人举起手来：王安石能，找他吧！

03

推荐王安石的人叫韩维,是神宗皇帝的老师,他为什么如此笃定王安石是改革朝政的好人选呢?让我们从1041年说起。

这一年科举考试后,一群年轻的举子正在汴京街头的酒馆欢饮狂歌。一名官府小吏驰马而来,向座中一名举子耳语几句后,举子随即脸色大变,拍案怒骂:"是谁抢了我的状元郎!"

这位举子名叫杨寘,因为哥哥杨察是当朝宰相晏殊的乘龙快婿,所以通过内部渠道提前得知了名次:位列第四。

几天后正式放榜,杨寘发现自己竟然高居榜首,第四名则换成了王安石,立时大喜过望。

为什么会有这样的变化呢?

事出必然有因:这次科考本来主考官们一致圈定王安石为第一,交由皇帝做最终裁夺时,却出了一个小插曲。因为王安石的答卷中,用了一个叫作"孺子其朋"的典故,取自周公对周成王说的一句话,意思是:你这个孩子啊,以后要和大臣们打成一片,像朋友一样和谐相处。

周公是周成王的叔父,这句话属于一个长辈对晚辈的教诲。

但王安石当时才二十二岁,却用这么老成的语气教育年长于自己的皇帝,惹得宋仁宗非常不高兴。一不高兴就取消了王安石的状元名次,而第二名、第三名都属于在职干部参加科考,按规定不可取为状元,所以就把第一名和第四名做了对调。

照咱们一般人的想法,因为一个典故就丢了风光无限的状元郎,还不得后悔得直拍大腿或者意不能平、委屈之至啥的。

然而,王安石的反应是这样的:

> 荆公生平未尝略语曾考中状元。

意思是说，王安石这辈子压根儿都没提过自己曾考中状元这回事。

所谓科举，在他眼里不过是实现人生理想的一个小阶梯，名列第几并不重要，因为人家的目标可比这些都要远大得多：

> 此时少壮自负恃，意气与日争光辉。
> ……
> 材疏命贱不自揣，欲与稷契遐相希。(《忆昨诗示诸外弟》)

看到没，王安石从年轻时代，就立志做一个与日月争辉之人，要成为如同尧舜禹时代的稷、契那样的治世能臣，区区一个科举名次，是何等微末之事焉！

成大事者，不拘小节。

后来，他在京城为官期间，前辈欧阳修因赏识其才华，曾写诗相赠：

赠王介甫

翰林风月三千首，吏部文章二百年。
老去自怜心尚在，后来谁与子争先。
朱门歌舞争新态，绿绮尘埃拂旧弦。
常恨闻名不相识，相逢樽酒盍留连？

诗意乃是夸赞他的文采可与李白（曾任翰林待诏）、韩愈（曾任吏部侍郎）比肩，自己已经老了，以后文坛上怕是没人能与王安石一较高下了。欧阳修这话，细细品来，颇有几分要将手中文坛盟主的接力棒传给王安石之意（当时苏轼还在老家四川读书，尚未登上历史舞台），可以说是很高的称誉和认可了。

结果，王安石却并不买账，认为欧阳修并不懂自己的鸿鹄之志，在回诗中写了这么两句：

它日若能窥孟子，终身何敢望韩公？（《奉酬永叔见赠》）

哪天我能够达到孟子的高度我就心满意足了，哪敢跟韩愈比呢？这是句反话。

王安石的真实意思是说，欧阳修小看了他，自己的人生目标可不是做韩愈那样的文学家，而是要做像孟子一样影响千秋万世的圣人。

04

既然王安石胸怀如此不凡的人生抱负，那踏入官场后，想必一定十分追求上进吧。可奇怪的是，恰恰相反，王安石人生的上半场，居然是以不爱升官而驰名朝野。

庆历二年（1042年），王安石进士登第后，被安排到扬州任节度判官。期满后，按照规定，他可以通过考试选拔到中央任职。能到中央谁愿意在地方啊，离皇帝越近前程越远嘛。可出人意料的是，王安石居然主动放弃了这次选拔资格。

此后，他一直扎根基层，离开扬州后先到鄞县（今浙江鄞州）做县令，一干就是五年，期满后又到舒州做通判。鉴于政绩优异，期间中央高官多次向朝廷举荐他到京城任职，都被王安石一一谢绝。可王安石越辞官，上层就对他越惦记。

> 由是名重天下，士大夫恨不识其面。朝廷常欲授以美官，惟恐其不肯就也。

舒州通判期满后，朝廷干脆强来。直接下了一道谕令，让王安石到集贤院做校理（相当于皇家图书馆的高级研究员），不仅免考，而且还破例给他提高官阶，享受更高的薪资待遇。

换作一般人，有这等好事，还不马上飞奔入京。可王安石居然连上四道辞呈，坚决拒绝。这就令人纳闷了：王同学既然能考中状元，人应该不傻，行为这么反逻辑，难道是沽名钓誉？不然实在解释不通嘛！

我们来看看，王安石自己给出的理由是怎样的：

> 臣祖母年老，先臣未葬，弟妹当嫁，家贫口众，难住京师。

怪不得，原来是嫌帝都消费水平高。

朝廷一看，既然如此，那就给你一个俸禄高、油水大的美差：群牧司判官，这下你总可以来了吧。

没想到王安石还是不愿意去，关键时刻欧阳修出场了："你一而再，再而三地辞官，朝廷不要面子的？差不多得了呗。"实在推辞不掉，王安石这才勉为其难，走马上任。

05

其实仔细想想，王安石不愿到京师任职，绝不会仅仅是出于经济考虑这么简单。担任群牧司判官的两年里，他又向朝廷递交了十几封要求到地方任职的申请书。在写给宰相文彦博的一封信中，他是这样解释的：

我之所以想去地方，是因为只有这样才能将自己平生所学之经世致用的学问，在具体事务中加以实践和检验，才能实实在在为百姓做点儿事。反之，在京城任职，每天就是喝茶看报磨洋工，实在令人受不了啊！

原来如此。

人家王安石死活不做京官，是因为只有在地方才能更好地体察民情，制定切合实际的政策；只有担任地方一把手，才有足够的决策权去突破常规，大胆革新，为将来做大事打下坚实基础。比如在鄞县任职时，王安石就曾尝试施行公粮借贷。具体办法是在青黄不接、农户生活困难时，将政府储存的粮食借贷给农户，等秋天收粮后付息偿还。

这样一来，不仅解决了农户的温饱问题，还使公家的陈粮得以更新，顺便还能为政府创收，一举三得，皆大欢喜。

大家应该也看出来了，这就是后来正式变法中青苗法的雏形，在鄞县取得了良好的试点效果。此外在农田水利、赋税征收等方面，王安石在地方上，也都做了深入的走访调查和革新探索。

登飞来峰

飞来峰上千寻塔，闻说鸡鸣见日升。
不畏浮云遮望眼，只缘身在最高层。

这首诗就是他在鄞县任满后回乡探亲，途经杭州时所写。从中不难看出，虽然身在基层，但当时的王安石早已是心怀天下，对未来的变法强国充满信心。

调入朝廷工作后，王安石也抓住一切机会实践自己的革新理念。比如任职知制诰时，他反对官府垄断茶叶买卖，主张让茶商、茶民自行贩卖，国家征收茶税即可。如此一来，茶叶贩卖完全实现了市场化，茶叶质量提高了，民众和国家的收益也都有所增加，政策一出，好评如潮。

这件事极大地鼓舞了王安石，于是他趁热打铁，给仁宗皇帝上了一封万言书，将自己在地方任职十多年的观察、调研做了一次全面系统的呈现，以及力陈自己的改革设想。可没想到，奏疏呈上后，仁宗没有任何回应。

王安石不死心，紧接着又上了一封火力更猛的短书，告诫皇帝再不厉行改革，等到大宋王朝病入膏肓时才后悔，那可就来不及了！可没等大宋王朝病入膏肓，年老体迈的仁宗先行撑不住了。

王安石上书后不到两年，仁宗就撒手西去。新上位的英宗，干了不到四年，也追随老爹仁宗而去，把帝国的烂摊子留给了年轻的宋神宗。

06

神宗登基的第三天，三司使向其上交了一份财政报告，里面是触目惊心的八个字：

百年之积，惟存空簿。

意思就是说：你爹可没给你留家产，账上现在没有一分钱。

你说神宗上不上火，着不着急，要不要变法？！所以当他最信任的老师力荐王安石后，神宗立刻下诏邀其进京，共商大事（当时王安石在南京守母丧）。

就这样，一个年轻力壮有决心，一个人到中年有方案，君臣二人一拍即合，轰轰烈烈的变法运动就此展开。

元日

爆竹声中一岁除，春风送暖入屠苏。
千门万户曈曈日，总把新桃换旧符。

这是王安石在变法伊始时，写下的一首诗，行文轻快明朗，喜气洋洋,一句"总把新桃换旧符"以新年喻新法,充满了除旧布新的喜悦与期望。

还有以下这首《浪淘沙·伊吕两衰翁》:

> 伊吕两衰翁,历遍穷通。一为钓叟一耕佣。若使当时身不遇,老了英雄。 汤武偶相逢,风虎云龙。兴王只在谈笑中。直至如今千载后,谁与争功!

此词鉴古论今,说商朝名臣伊尹本躬耕于田间,后得到汤王的重用成为开国元勋;姜子牙也曾于渭水之滨垂钓,遇见西伯侯姬昌,被拜为太师,后又成为周国军事统帅,辅佐周武王消灭商纣,建立周朝。

王安石借这两位古代名臣"历遍穷通"的遭际和名垂千载的功业,抒发了自身获神宗知遇,希冀开展变法、大展宏图的豪迈情怀。

是啊,为了这一刻,王安石已积聚了二十多年的力量。富国强兵,在此一举,加油干吧!

不知道写下这两首诗词时,他是否预料过自己的变法将会遭遇怎样的阻力与斗争。

毋庸置疑,变法的初衷是好的,过往在基层试点也取得了不错的效果。可到了在全国推行,就出现了诸多弊端。比如争论最激烈、名气最大的青苗法,地方为追求政绩出现强制摊派,贪官污吏提高利率从中揩油,缴纳利息不收粮食只收钱币超出了北宋的经济发展水平等。

还有保甲法，令普通民众人心惶惶以为要派他们去打仗，很多壮丁纷纷自残身躯以求免于教阅，逃亡事件更是层出不穷。

朝堂上下也因此分裂成了针锋相对的两派，双方就变法内容展开了激烈的论辩和争斗，由此拉开了北宋"新旧党争"的序幕。

07

当时围绕变法的斗争，到底激烈到什么程度呢？我们一起来看几个瞬间。

新法政策还在讨论中，尚未有一项政策正式出台时，就有谏官跳出来弹劾王安石"大奸似忠，祸国殃民"。还言之凿凿地为其罗列了"十大罪状"，连什么气死大臣、不团结同事之类都拼来凑数。更有甚者，还有人跑到王安石办公室指名道姓地骂，谁劝连谁一起骂！这已经足够夸张了吧，结果还有比这更夸张的。

某天退朝后，有位谏官不经皇帝允许，从袖中抽出卷轴便高声朗读，内容全是控诉王安石的"不法行为"，还多达六十多条。

皇上几次三番要求打住，结果人家愣是不听，还越读越激动，每读完一条，就指着王安石嚷嚷：我说的对不对，是不是这么个情况？！

等到读完后，真正令人叹为观止的时刻到来了——这位愤怒的谏官居然指着御座，对宋神宗说道："皇上要是不听微臣所言，这个座位我看您也坐不久！"

语罢扬长而去，只剩下目瞪口呆的神宗皇帝和相顾失色的侍卫大臣。

厉害了，虽说大宋开国以来不杀文人士大夫，但当朝恐吓皇帝，这胆儿也忒肥了！

后来更发展到，王安石在元宵节进宫陪皇帝赏灯时，居然被守门卫士阻止，还动手殴打了王安石的马匹和随行仆从……区区侍卫竟敢对当朝宰相动粗，必是背后有人指使了。

就这样，朝堂之中反对王安石的浪潮是愈演愈烈，明枪暗箭，防不胜防。从元老重臣的司马光、欧阳修到后起之秀的苏轼、苏辙，甚至连王安石自己的亲弟弟，都坚决地站在了变法的对立面。

面对如此强大的阻力，王安石撑得住吗？

08

要回答上面这个问题，必须先了解下王安石的个人性格。

晚唐诗人杜牧曾写过一首关于项羽的诗：

题乌江亭

胜败兵家事不期，包羞忍耻是男儿。

江东子弟多才俊，卷土重来未可知。

诗的大致意思是对项羽兵败自刎提出批评和惋惜：胜败乃兵家常事，怎可打了败仗就寻死？大丈夫当能屈能伸，先逃回江东，重整旗鼓,他日带着人马卷土重来,才是真英雄。

可王安石不这么看,针对杜牧的观点,他写了一首《叠题乌江亭》:

> 百战疲劳壮士哀,中原一败势难回。
> 江东子弟今虽在,肯与君王卷土来?

意思是说,上百次的战争已使士兵们心衰力竭,中原之争的失败已是大势所趋,经历了"鸿门宴"未杀刘邦的失误及垓下之围的众叛亲离,就算江东子弟还在,也未必肯为项羽卖命了。

从这首翻案诗中可见,王安石是极具独立思考能力的人,坚定有主见,并不人云亦云。

除了写诗,其在为官行事中也是如此执着、有原则。三十几岁任职群牧司判官时,王安石和司马光是部门同事,长官则是大名鼎鼎的包拯包大人。

时值三月,芳菲满园。某日,群牧司衙门内举办了一场牡丹宴,大家置酒赏花,不亦快哉(论文人风雅,真是没谁比得过宋朝了)。

酒席上,包拯向同僚们一一敬酒,连平时不善饮酒的司马光也勉强作陪。只有王安石,不管大家怎么劝,死活就是不肯喝。

包拯想给他倒酒,他挡起酒杯,坚持说自己一向滴酒不沾——说不喝就不喝,领导出面也不好使。

别说领导了,王安石认定的事儿,有时连朝廷也拧不过来。

话说有一年,朝廷委托他对开封府的一桩案件进行复审,案情是这样的：有个开封少年养了一只鹌鹑，其朋友看到后心生喜爱，想借来玩玩，少年不同意，朋友便趁其不备抢了就跑。少年恼怒追打，一脚踢到了哥们儿肋下，结果用力太大，居然把人踢死了！少年因此被开封府判为死刑。

王安石复审此案，认为少年的朋友未经允许抢走鹌鹑行如盗窃，少年反击则属于"捕盗自卫"，罪不至死。

结果开封府不服，案子又提交给大理寺裁决，最终是维持原判。按规定，王安石"败诉"，应该到开封府登门道歉，或者递交检讨书。结果王安石坚持认为自己没有错，死活不肯向开封府低头。朝廷再三发出公函督促，他都不予响应，最后朝廷也只得将他调换岗位，不了了之。

这下大家应该都明白王安石为什么被人称作"拗相公"了吧，他就是这样一个执拗倔强，设定了原则就绝不妥协的人。

所以他认准的事儿，那绝对一万头牛也拉不回来。

09

凭着超强的主见和定力，王安石在汹涌的反对声浪中急流勇进，坚定地推动着革新事业。不仅不妥协，还喊出了振聋发聩的革新口号：

天变不足畏，祖宗不足法，人言不足恤！

在他看来，重症必须下猛药，要做大事，就不能墨守成规，畏惧天命人言。要推行变法，就必须以铁面相对、以铁腕相争。

可惜对于大宋王朝，王安石毕竟掌握不了百分之百的决策权。上面，还有一个宋神宗。

客观来说，针对变法，神宗的确给了王安石足够的信任和尽可能的最大支持。但站在神宗的位置上，他不可能做到像王安石一样决绝。

首先，"天变不足为畏"他就不可能彻底做到。

在封建迷信大行其道的古代，老天爷发怒可是不得了的大事情，变法是为了强国，如果老天爷生气了，直接把天下从我们老赵家手里拿走，那变法还有什么意义？

所以当天气持续大旱，反对派们甚嚣尘上将之与变法联系起来后，神宗开始动摇了。加上那段时间又发生了一系列华山山崩，彗星出现等自然异象，真是天不助变法啊！

在这种时机下被呈送御前的《流民图》，一下子成了压垮新法的最后一根稻草，新法废除，王安石罢相归家。

虽然后来在变法队伍苦口婆心的争取下，神宗又恢复了变法的诸项政策，还特地下诏邀王安石回京。但经此一役，双方之间的信任关系已不可避免地出现了裂痕。

返京路上，心情复杂的王安石在客船中仰望着夜空中的一轮圆月，写下了那首"超然迈伦，能追逐李杜陶谢"的七绝名篇《泊船瓜洲》：

京口瓜洲一水间，钟山只隔数重山。
春风又绿江南岸，明月何时照我还？

此时的他，多么希望新法推行的形势能够尽快稳定下来，自己好退出这纷纷扰扰的名利场，归隐还乡，享受无忧无虑的田园生活。

是啊，王安石也是人，反对派不好直接开骂宋神宗，就把所有的脏水和指责都泼向他，在这种长期的人身攻击和变法推行的高压工作下，终于他也感到疲倦了。

回到朝堂后，不仅君臣之间的默契不如从前，变法派内部也出现了各种问题：比如为了争名夺利，互相内斗，王安石的弟子吕惠卿为独揽大权，更是各种想方设法陷害王安石。

屋漏偏遭连夜雨，这期间他的长子王雱又因病去世……心力交瘁的王安石再也不想在朝廷久留，不到两年，五十七岁的他再次辞去宰相一职。

谁似浮云知进退，才成霖雨便归山。(《雨过偶书》)

10

回到江宁（今江苏南京）后，王安石放归田园，日常生活十分低调，与普通百姓无异，就算出门，也只是骑一头毛驴而已。

远离了波云诡谲的朝堂纷争，他开始潜心于文学创作，比如那首著名的《梅花》就出于此时：

墙角数枝梅，凌寒独自开。

遥知不是雪，为有暗香来。

这首小诗清新朴素，看似平实，却又自有深致，那凌寒独放的梅花不正是王安石对自身品格的最好寄语吗？

还有下面这首《书湖阴先生壁》，也是脍炙人口的佳作，描绘了其归隐生活的闲适清幽：

茅檐长扫净无苔，花木成畦手自栽。

一水护田将绿绕，两山排闼送青来。

难道离开了朝堂，王安石就真的能心如止水，种菜赏花，将变法事业尽数忘却吗？答案当然是否定的。

虽然退居南京期间他写了很多含蓄深婉、雅丽精绝的绝句诗篇，但我认为下面这首词作，才是他当时心境的真正折射：

桂枝香·金陵怀古

登临送目，正故国晚秋，天气初肃。千里澄江似练，翠峰如簇。归帆去棹残阳里，背西风酒旗斜矗。彩舟云淡，星河鹭起，画图难足。　念往昔、繁华竞逐。叹门外楼头，悲恨相续。千古凭高，对此谩嗟荣辱。六朝旧事随流水，但寒烟、衰草凝绿。至今商女，时时犹唱，《后庭》遗曲。

晚秋时节，天气飒爽清凉，千里澄江宛如一条白练，苍翠的山峰聚集在一起耸立江岸，如血的残阳中，归航的船只缓缓行驶，如同在淡云中浮游，白鹭好似在银河里飞舞，王安石在这丹青妙笔也难描摹的壮丽秋色中临江览胜，凭吊古今：遥想当年，故都金陵何等繁盛堂皇。可叹定都在此的六朝君主一个个地相继败亡，自古多少人在此登高怀古，对历代荣辱嗟叹感伤。六朝旧事已随流水消逝，唯余寒烟惨淡、绿草衰黄。时至今日，歌女们还常常吟唱陈后主的遗曲《后庭花》。

退居江宁的多数时间里，他的心情该是和这首词作的意境一样苍凉失落吧：笔下写的是浮沉过往，心中念及的何尝不是纷乱当下？

王安石一生作词不多，但仅凭这首《金陵怀古》就足以在两宋词坛中占据一席之地。这首词完全可以叫板苏轼的《赤壁怀古》，从雄浑阔大，感慨深沉来讲，甚至有过之而无不及。

苏轼本人也确实对此作十分拜服，读罢曾连连赞叹："此老真乃野狐精也！"（狐狸精也能是夸人的话，老苏你真行）

11

王安石罢相八年后，年仅三十七岁的神宗去世，司马光复出为相，尽罢新法。

王安石得知后，初时极为平静，直到听说即使连守旧派都十分认可的免役法也未能保留时，才愕然失声，良久喃喃自语道："亦罢至此乎？此法终不可罢，安石与先帝议之两年，乃行，无不曲尽。此法一罢，天下事尚可为乎？尚可为乎？"

知道司马光上台一定会罢黜新法，但没想到，连这项颇得民心的政策也不能被容忍……深受打击的王安石次年辞世，追随神宗而去。

临终前写就一首《新花》诗，字里行间充满了理想覆灭的痛苦与绝望：

> 老年少忻豫，况复病在床。
> 汲水置新花，取慰此流芳。
> 流芳秖须臾，我亦岂久长。
> 新花与故吾，已矣两可忘。

老年人还有什么喜怒哀乐呢，何况我已病卧在床。给新栽的花儿浇水，在芬芳的花香中获得些许安慰。可花儿的生命不过是须臾之间，而我也将不久于人世，不管是花儿还是我，都终将会被人们遗忘。

我始终认为革新变法没有错，可为什么会是这样的结局？

12 不仅生前就饱受争议，死后更是褒贬两重天，用康震的话说，王安石的身后名是集"古今中外，赞不绝口"与"身后骂名，空前绝后"于一身。

从南宋开始，在封建士大夫主流论调里，对其一直是讨伐为主：比如南宋皇帝赵构直接将北宋亡国之罪甩锅给王安石，认为天下大乱都是拜变法所赐！

宋人杨时亦曰：

> 今日之祸（靖康之难），实安石有以启之。

还有人将其与秦桧相提并论：

> 国家一统之业，其合而遂裂者，王安石之罪也。其裂而不复合者，秦桧之罪也。

到了明朝大才子杨慎的口中，王安石则更是成了集王莽、曹操、司马懿等所有奸臣于一体的天下第一奸邪之人：

> 安石之奸邪，合莽操懿温为一人者也。……宋之南迁，安石为罪之魁。求之前古奸臣，未有其比。

近代撰写《历朝通俗演义》的蔡东潘也评价如下：

> 上有急功近名之主，斯下有矫情立异之臣。如神宗之于王安石是已。

> 沽名钓誉，厌故喜新，安石一生，只此八字。

说是"骂名空前"丝毫不为过，那肯定王安石的又是哪些人呢？最著名的，当属近代改革家梁启超，他从变法至人品全面肯定王安石，赞其胸怀如千里湖泊，气节似万仞高山，誉其曰：

> 若乃于三代下求完人，惟公庶足以当之矣。悠悠千年，间生伟人，此国史之光，而国民所当买丝以绣，铸金以祀也。

意思是说，从夏商周到现在，四千多年历史中，王安石堪称古今第一完人！

清代颜元则评价其：

> 荆公廉洁高尚，浩然有古人正己以正天下之意。及既出也，慨然欲尧舜三代其君。

不仅在国内争议空前，王安石还有极大的国际影响，比如俄国的列宁十分赞同王安石的土地国有政策，称其为"中国十一世纪的改革家"。

美国副总统华莱士也称赞王安石是中国推行新政第一人，认为美国经济危机时发放农业贷款即是受到王安石青苗法的启发，对挽救美国经济起了很大作用。

说了这么多，骂的人挺多，夸的人也不少，王安石变法究竟是对是错，时至今日，仍未盖棺定论。但不可否认的是，在变法之外，王安石的私人品德近乎无可挑剔。

唐宋时期，官员士大夫纳妾成风，王安石曾两度担任宰相，钱权皆有，终生却只有一位妻子。他的夫人曾悄悄花九十万文钱为他买来一位美貌侍妾，王安石见到后，便询问女子来历，了解到女子原有家庭，其丈夫乃是负责押运粮船的小官，结果船翻粮失，赔偿不起，方才将妻子卖了抵债。王安石听了十分难过，不仅没要回夫人支出的九十万文钱，还额外又送了他们一些钱财，并嘱咐那位丈夫，以后再困难也不能卖老婆啊！

众所周知，北宋是中国古代官员俸禄最高的朝代，尤其是京官。王安石任宰相时，月薪约五十万文钱，折合人民币超十万，但其生活却异常简朴。

宋人笔记中曾记载，有一次，王安石儿媳妇的娘家亲戚来京城游玩，王安石邀请其来家中吃饭。那位萧公子一听，大宰相请吃饭，必是山珍海味，特意换了一身华丽服饰前往赴宴。结果到了王安石家，招待他的只有几张胡饼，四块烧猪肉，一碗饭，一杯酒，一份菜汤，没了。萧公子大失所望，拿起胡饼把中间有馅的地方象征性吃了几口，然后将饼放在了一边。结果，令他目瞪口呆的事情发生了，王安石居然极其自然地将他吃剩的胡饼拿起来吃掉了。萧公子见状，羞愧难当，溜之大吉。

而王安石之所以能够克服人性的弱点，对奢侈享乐无任何兴趣，究其根本，还是在于其志向高远、胸怀天下之大义。

王安石初与神宗讨论变法事宜时，认为对神宗而言，汉文帝、唐太宗都不值得被效仿；对他自己而言，则诸葛亮、魏徵也不是最高目标。意思就是他期望神宗和自己的功业能超越过往那些公认的明君贤臣，成为君臣遇合、功垂千秋的新标杆。

撇开政治立场不谈，北宋黄庭坚认为王安石：

> 余尝熟观其（王安石）风度，真视富贵如浮云，不溺于财利酒色，一世之伟人也。

南宋朱熹虽对王安石变法有异议，但对其德、才、智、识也是赞不绝口，认为王安石之品德远超扬雄和韩愈，甚至不输颜回与孟子：

> 若论其（王安石）修身行己，人所不及。

> 王介甫为相，亦是不世出之资。

最后，让我们再读一首王安石的诗：

凤凰山

欢乐欲与少年期，人生百年常苦迟。
白头富贵何所用，气力但为忧勤衰。
愿为五陵轻薄儿，生在贞观开元时。
斗鸡走犬过一生，天地安危两不知。

如果人生可以选择，王安石也愿意活在无忧盛世，斗鸡走狗，戏谑一生，多轻松啊。

说到底，富国强兵、革新变法并不是他必须担起的责任，他也并非不知道那是一条无比艰难的路，可他依然选择了负重前行。

因为这样的事，总要有人做。

至于生前身后名，当他迈出第一步时，就注定已将其置之度外。

可惜风流总闲却，千秋功过任评说。

㊝

周公子每期一问

1
— 荆公,你说我的写作有什么需要变法或革新的吗?

2
— 你的问题啊,就在于读书太少而想得太多。

3
— 好吧,那我闭关读书去了!

4
— 唉,要是当年反对派们也这么好说服就好了……

苏轼：北宋全能之王的那些事儿

01 公元705年，神龙政变。

宰相张柬之率禁军诛杀武则天男宠张易之、张昌宗，包围长生殿，武则天被迫退位，中宗复辟。

这是历史脉络中清晰可见的大事件，而在历史的褶皱深处，还潜藏着无数生动的枝蔓与细节。比如，在这一年的元宵节，诞生了一首美丽的元宵诗：

正月十五夜

火树银花合，星桥铁锁开。
暗尘随马去，明月逐人来。
游伎皆秾李，行歌尽落梅。
金吾不禁夜，玉漏莫相催。

此诗乃歌咏神都洛阳元宵夜"端门灯火"之盛况，首联写灯火辉煌，成语"火树银花"即由此而来；颔联写人流如织，明暗相间；颈联写夜游之乐，突出歌伎之艳若桃李；尾联写人们通宵畅游、乐而忘返之情。全诗词采华艳，韵致流溢，好似一幅古代节庆风俗画，让人百看不厌。

在辛弃疾的《青玉案·元夕》问世前，这首应该算是元宵诗榜上的龙头之作。诗的作者，名为苏味道，武则天时期曾官至宰相。在初唐,这位老兄与杜审言、崔融、李峤并称为"文章四友"。

大家都知道,杜审言后来有个十分厉害的孙子,名为杜甫。而苏味道的后人,在整个唐代诗坛都再没翻出过什么水花。那么,苏氏一脉的诗才,就止于这首《正月十五夜》了吗?令人欣慰的是,答案是否定的。

事实上,这一家只是反射弧比较长,属于厚积薄发型——三百年后,苏氏一门人品大爆发,祖坟集体冒青烟,因为他们的后人中出现了以下三个名字:苏洵、苏轼、苏辙。

父子三人随便扯出一个来,都是光耀当世、垂范千古的重量级人物。当然,其中光芒最盛者,还要数苏轼。

02

宋仁宗景祐三年(1036年),四川省眉山市内草木丰茂、秀丽多姿的彭老山一夜之间花草凋零,树木枯萎。同年,当地一个中产地主家庭迎来一位新生儿,就是我们本期的主人公苏轼。

相传,彭老山的钟灵毓秀,从此就附着在这个五千年方得一遇的文化巨人身上了。

二十年后,苏家父子三人赴京赶考。

嘉祐二年(1057年)的这场科考,可能是整个中国科举史上知名度最高的一场,因为考生阵容实在太过豪华:除苏轼、苏辙外,还有同样位列"唐宋八大家"的曾巩,后来都做到宰相的曾布、吕惠卿和章惇，以及"程朱理学"的开创者程颢、程颐两兄弟，"关学"的创立者张载等。主考官则是大名鼎鼎的文坛盟主欧阳修。

这是一场直接影响了北宋历史的考试，因此号称"千年科举第一榜"，又称龙虎榜。而我们的主人公苏轼，在这场千年来竞争最为激烈的厮杀中，一举脱颖而出，差点儿考了个全国第一。

为什么说是差点儿呢？

事情是这样的，宋朝科考和唐朝大不一样，唐代科举不糊名，走后门、托关系的比比皆是。而宋朝就公平多了，不仅糊名，考完后还派专人将答卷重抄一篇，连阅卷老师根据字迹放水的可能性都没有。

话说主考官欧阳修读罢苏轼的卷子后，连呼妙文，立时就想取为第一。方提笔欲圈，心中忽闪一念：这么出彩的答卷，十有八九是自己的弟子曾巩所为，若将其圈为第一，恐遭非议。

于是转手就给了个第二，苏轼就这样与状元郎失之交臂。

03 塞翁失马，焉知非福。

苏轼虽错失第一，却也由此给欧阳修留下了深刻印象。

试卷解封后，欧阳老师立即对其青眼以待，并抑制不住欣赏之情发了条朋友圈："此人可谓善读书，善用书，他日文章必独步天下"，还@了很多同事；后来读到苏轼的《谢欧阳内翰书》后，更是感慨连连：读苏轼来信，竟喜极汗下，果然后生可畏，老夫当让出一条路，让年轻人出人头地。

不仅如此，欧阳修还曾对自己的儿子说：再过三十年，不会再有人提起你老爹的名字啦。意思是长江后浪推前浪，到时自己已被苏轼拍死在沙滩上了。

其实不用说三十年，被当时的文坛领袖如此赞誉，苏轼在科考后就火遍京师。从一个籍籍无名的川娃子，华丽转身成为北宋文坛上的一匹强力黑马，从此每有新作必刷屏。

欧阳老师每篇必点赞，还留言说每读到他的文章都会开心一整天。皇帝的侍从也说，只要皇上在吃饭中途放下筷子，必定是在读苏轼的奏表。

而苏轼的科考战绩，并不止于此。

三年后，他和苏辙又一同挑战难度最高的制举考试——由皇帝特别下诏，并亲自主持的特科招考，选出来的那绝对都是人中之龙。

两宋三百年历史中，考中制举者仅四十一人，而考中进士的有四万多名，相差一千倍，含金量完全不在一个档位。

在这次考试中，苏轼再一次震惊世人，破天荒地取得了第三等的好成绩！

我猜大家此时肯定嘘声一片：吁，才三等就吹成这样了？！

朋友们有所不知，这个级别的考试，一二等纯属虚设，整个宋朝都没人考中过。

就连三等，大宋开国一百年来，在苏轼之前也仅一人曾获此殊荣，而且所考的科目还与苏轼不同。所以，在这一次的制举科目中，苏轼是响当当的全国第一兼开国第一。苏辙比哥哥差了点，得了第四等（苏辙：哎，没办法，有这么个才华逆天的哥哥，也只能一辈子活在他的阴影里了)。

据说殿试后，宋仁宗兴冲冲地跑回宫中，对皇后说："朕今天为子孙得了两个太平宰相！"

不得不说，领导看人就是准。

后来苏辙最高官至门下侍郎，相当于副宰相，而苏轼也曾距宰相之位仅一步之遥。

04

那么，问题来了：苏轼才华满格，又有领导看好，为什么终究没能做到宰相呢（同届考生中可是出了一打宰相）？

哎，一句话，都是"口无遮拦"惹的祸。

熙宁二年（1069年），著名的王安石变法开始启动，北宋新旧党争也由此拉开序幕。

苏轼认为变法应徐徐图之，不该急躁冒进，所以一开始他站队保守派。但很快保守派集体遭到排挤，欧阳修退隐林泉，不久辞世。司马光则闭门不出，埋头撰写《资治通鉴》。苏轼执着地上了几篇言辞犀利的万字奏章后，发现势难挽回，于是也自请外调，选择到地方上发光发热。

从这个阶段开始，文人身上亘古不变的规律，开始在苏轼身上兑现：每每政治失意时，便也是他文学创作佳篇翻飞的高光时刻。

任杭州通判期间，他写出了那首脍炙人口、"遂成为西湖定评"的经典七绝：

饮湖上初晴后雨

水光潋滟晴方好,山色空蒙雨亦奇。
欲把西湖比西子,淡妆浓抹总相宜。

此诗前两句既写了西湖的水光山色,也写了西湖的晴姿雨态。首句写晴日映照下的潋滟湖波,次句写烟雨笼罩下的霭霭群山,后两句则略貌取神,以西施喻西湖,空灵贴切,堪称妙手偶得的神来之笔。

在密州(今山东诸城),他初试豪放词风便出手不凡:

江城子·密州出猎

老夫聊发少年狂,左牵黄,右擎苍。锦帽貂裘,千骑卷平冈。为报倾城随太守,亲射虎,看孙郎。 酒酣胸胆尚开张,鬓微霜,又何妨!持节云中,何日遣冯唐?会挽雕弓如满月,西北望,射天狼。

这首词上篇写出猎的雄姿,苏轼左手牵黄犬,右臂架苍鹰,随从的将士也是个个锦帽貂裘的行猎装束,千骑同奔,平冈驰骋。为报答倾城前来围观的百姓们,我一定要像三国的孙权那样,亲自弯弓射虎!

酒酣之后,词人胸胆开阔,兴致益浓,虽鬓边已有白发,却依然胸怀壮志。汉文帝时,云中太守魏尚抗击匈奴有功,但因夸大军功,获罪削职,后来文帝又派冯唐持符节去赦免了魏尚。苏轼借此表示,如果朝廷也能派我到边疆抗敌,我定会挽弓如满月,将侵扰大宋的西夏和辽国打败!全篇可谓"狂"态毕露,一词即出,便横扫昔日词坛上的软骨媚气,充满阳刚之美。

自此,苏轼开宗立派,将词从专写花间月下、男女相思的促狭范围中解放出来,诗词一体,词亦言志,极大拓展了宋词的境界和表现功能。

这期间的某个中秋,他因思念七年未见的弟弟苏辙,欢饮达旦,才情爆发,大醉中写下那阕绝唱古今的中秋词:

水调歌头·明月几时有

丙辰中秋,欢饮达旦,大醉,作此篇。兼怀子由

明月几时有?把酒问青天。不知天上宫阙,今夕是何年。我欲乘风归去,又恐琼楼玉宇,高处不胜寒。起舞弄清影,何似在人间。　　转朱阁,低绮户,照无眠。不应有恨,何事长向别时圆?人有悲欢离合,月有阴晴圆缺,此事古难全。但愿人长久,千里共婵娟。

此词全篇皆佳句,上阕凌空而起,由实入虚,借明月自喻清高,下阕波澜层叠,自虚转实,以月圆衬托离别。整首词既道出了对人间悲欢离合的无奈,又展现了对宇宙人生的哲思追寻,前半段极具李白的潇洒仙逸之姿,结尾处却又回归烟火俗世的温馨祝福。

千百年来,激赏者无数。其中,尤以宋人胡仔《苕溪渔饮丛话》中的评价最具代表性:"中秋词,自东坡《水调歌头》一出,余词俱废。"

不过,当时的苏轼,不仅是个大刀阔斧的文学改革者,更是个身

在地方而心忧天下的赤诚人臣。

在他笔下，除了这些歌唱人生感慨的千古大作，更有不少针砭时弊、不写不快的"政治吐槽诗"。

比如讽刺新法与民争时，他写了"赢得儿童语音好，一年强半在城中"，意指新法手续繁杂，农民们为了办理这些贷款手续，一年中有大半年的时间耗在城里，耽误了生产劳动，孩子们倒是因此学会城里话了；针对朝廷垄断盐业，盐价过高，导致山民长期淡食，他写了"岂是闻韶解忘味，迩来三月食无盐"……

只不过苏轼万没想到，这些为民呼号的随手之作，却差点给自己惹来杀身之祸。

05

元丰二年（1079年），盛夏七月，一艘从湖州至京城的官船停泊在太湖的芦香亭下。是夜，月到中天，繁星点缀。

一个身材颀长的中年人悄然步出船舱，眉头紧蹙地望着微风拂动的湖面，很显然，他不是来对月吟诗的。事实上，他正在纠结是否该一跃而下，将自己的生命付诸清风流水，如此便可不再拖累家人友朋，也不用遭受牢狱审讯的侮辱。

一只脚已踏上船舷，耳畔却忽然传来弟弟的一声急喝："我兄，万不可以死服罪！"声音是如此真切，仿佛子由就在自己身后，猛然回首，却只有微风拂过。难道是手足连心？

一阵怅惘之后，他猛然醒悟：是啊，子由说得对，如果此刻放弃生命,岂不等于伏法认罪?而我又何罪之有?!是的,不能死,活着才能洗刷冤屈。

我们要感谢苏辙,正是因为对他的手足情深,最终让苏轼在被捕途中打消了自寻短见的念头。

话说,只是写写诗,发几句牢骚而已,怎么就会落到下狱治罪的地步呢?呵呵,政治斗争,从来不能只看表面。

元丰年间的政局与熙宁年间已大不相同。新法的推行深陷泥沼,变法派唯恐大权旁落,荣华尽失,急需找一个突破口压制蛰伏待起的保守派力量。是的,此时的政治斗争已不完全是变法问题,更多的是官场利益的互相倾轧。而苏轼正是在这个节骨眼上,撞在了变法派的枪口上。

彼时他密州任期已满,调任湖州太守,按照惯例要给皇上写感谢信。好巧不巧,在这封《湖州谢上表》里,他写了如下几句"阴阳怪气"的话:

> 知其愚不适时,难以追陪新进;察其老不生事,或能牧养小民。

意思是:皇帝知道我愚昧不合时宜,难以追随那些升迁迅速的官场新贵,也知道我年纪大了不会胡来,所以安排我到小地方照顾老百姓。这几句暗含讥讽的话,算是彻底捅了马蜂窝。

因苏轼名气高,诗歌传播度广,变法派早就对这个整天唱反调的"大喇叭"咬牙切齿,正愁找不到地方下手,这下好了,你自己递上了小辫子!太好了,就拿你开刀,把你们保守派一窝端!

变法派中的得势小人们,就此轮番上阵弹劾苏轼,从《湖州谢上表》追查到个人诗集,控诉苏轼在诗文中处处抨击新法,蔑视朝政,最后居然言之凿凿地列出了四大该杀之罪。

苏轼就此锒铛入狱,这就是大名鼎鼎的"乌台诗案",也是苏轼一生的分水岭。在狱中,他受尽折磨,御史台为了逼其认罪,动辄辱骂甚至扑打,还经常通宵审判,令其不得休息,企图击溃他的心理防线。

当时,关押在隔壁牢房的一位犯官曾写诗记录苏轼遭受的非人待遇:

> 遥怜北户吴兴守,垢辱通宵不忍闻。(吴兴守:湖州太守)

让同为囚犯的人都起了同情之心,可见苏轼当时处境有多惨。不过,万幸的是,虽然小人们处心积虑,誓要致苏轼于死地而后快,可神宗到底还是怜惜苏轼的才华。再加上太后和一些元老重臣纷纷求情,关押四个多月后,苏轼终于虎口脱险,免于一死。

这其中,特别令人动容的是,为苏轼上书辩护的竟还包括昔日的政敌王安石。彼时,王安石也已被小人构陷退休,却特地给神宗写信:

> 岂有圣世而杀才士者乎?

这句话为营救苏轼起了至关重要的作用。同时也让我们看到了君子和小人的真正区别：君子和而不同——你我虽政见不同，但不影响我对你的欣赏和处事决断的公正。

06 死罪可免，活罪难饶。

苏轼就此被贬为黄州团练副使，这是个空头虚职，本质就是由黄州政府代为看管的罪人一枚，如果擅离黄州都算违法。

此时苏轼四十五岁，人到中年，却深陷低谷。

初到黄州，他常整天闭户不出，只有晚上才一个人悄然出门，在溶溶月色下独自散步。朗月清辉下，天地间是如此安宁美好，只有在这种时刻，他才能稍稍忘却心中的恐惧与伤痛。

一天夜里，他信步走到了长江之畔，伫立江边，静听风涛阵阵。远处，一钩残月斜挂在梧桐树梢。忽而，一只受惊的孤鸿从云中掠出，在江岸树丛盘旋良久，却终究不肯择枝栖息，最后悲鸣一声，飞越江水，轻轻地落在了江心那片寂寞的沙洲之上……

苏轼被深深地触动了。这孤傲的鸿雁与自己何其相似。都是心有悲恨无人领会，也都是品格清高不肯与世沉浮，想到这，一首托物自喻的《卜算子·黄州定慧院寓居作》自然流出：

　　缺月挂疏桐，漏断人初静。谁见幽人独往来，缥缈孤鸿影。　惊起却回头，有恨无人省。拣尽寒枝不肯栖，寂寞沙洲冷。

"乌台诗案"的确给苏轼留下了相当大的心理阴影。最初,他给朋友写信,末尾大多是这样:

> 信笔书意,不觉累幅,亦不须示人。

> 拙诗一首,聊以记一时之事耳,不须示人。

> 看讫,便火之,不知者以为讦病也。

你看,要么是叮嘱不要给别人看,要么干脆让对方阅后即焚。彼时的苏轼,如同一只惊弓之鸟,深恐哪句不合时宜的话再被好事小人揪住大做文章。他曾向朋友自述当时心态:

> 得罪以来,深自闭塞,扁舟草履,放浪山水间,与樵渔杂处,往往为醉人所推骂,辄自喜渐不为人识。

自被降罪以来,我一心闭门思过,不与外界往来。常乘小舟,穿草鞋,放浪于山水之间,跟渔民樵夫混杂相处,常被醉汉推搡怒骂。从前名满天下,现在无人识得,心里反倒暗自高兴,做个普通人不也挺好的嘛。

除了对陌生环境的恐惧,当时的苏轼还承受着人情冷暖、世态炎凉的冲击:

> 平生亲友,无一字见及,有书与之亦不答,自幸庶几免矣。

往日的狐朋狗友们，谁也没有给句安慰话，给他们发消息也不回。呵呵，看来我真该庆幸自己与世隔绝，不会再惹祸上身了。

除却精神层面的痛苦，他在黄州的物质生活，也面临巨大挑战。

07

苏轼不善理财，之前虽为官多年，然"俸入所得，随手辄尽"。

到黄州后，因身属犯官，除一份微薄的实物配给外，不再有正常俸禄。这样一来，一家二十几口的衣食住行就成了大问题。在给弟子秦观的书信中，他说为了维持生计，想出了如下省钱"妙方"：

> 初到黄，廪入既绝，人口不少，私甚忧之，但痛自节俭，日用不得过百五十。每月朔，便取四千五百钱，断为三十块，挂屋梁上，平旦，用画叉挑取一块，即藏去叉，仍以大竹筒别贮用不尽者，以待宾客。

意思是他现在厉行节俭，每日消费不得超过一百五十钱。每月初，取四千五百钱，分为三十份，挂在屋梁上，每天用挂书画的长柄木叉挑下一份，就把叉子藏起（防止消费超额），每日如有结余，则放到大竹筒里存起来，用来招待客人。

可就算节约如斯，过往储蓄也仅能支撑一年。

好在天无绝人之路，关键时刻，铁杆粉丝马梦得替他向黄州政府申请了几十亩荒地开垦种植,又在黄州人民的帮助下盖了几间房屋,生活总算有了着落。

因耕种的地方位于黄州东门外,苏轼就给自己的地取名"东坡",并自号"东坡居士"。

> 某现在东坡种稻,劳苦之中亦自有其乐。有屋五间,果菜十数畦,桑百余本。身耕妻蚕,聊以卒岁也。

在日复一日的躬耕之中,苏轼参悟着生命与自然的原始意味,慢慢洗去从前的傲气与锋芒,日渐平和稳健;恐惧与畏祸的情绪渐次消退,而反思自我、直面人生的勇气却在暗行增长。

是的,逆境的最大价值就在于,它会强迫我们转过头来认清自己。

终于,在七百多个日夜的思索与沉淀中,脱胎换骨的时刻到来了。

又是一个月下漫步的夜晚,苏轼来到了赤壁矶头——相传三国时期周瑜大破曹军的古战场。

望着滚滚而逝的江水,俯仰古今,苏轼不禁心潮激荡,浮想联翩:羽扇纶巾、丰姿潇洒的周瑜风华壮年既已建功立业,而自己年近半百,却仕路蹭蹬,功业成空,怎不令人感怀忧愤!然而,放眼历史长河,即使周瑜、曹操这样的一时豪杰不也都被大浪淘去,不留一丝痕迹吗?既然千古风流人物都难免如此,那么一己之荣辱穷达又何足叹兮!

想到这里,苏轼壮怀激烈,词情奔涌,就此挥洒出北宋词坛上最负盛名的杰作:

念奴娇·赤壁怀古

大江东去,浪淘尽,千古风流人物。故垒西边,人道是,三国周郎赤壁。乱石穿空,惊涛拍岸,卷起千堆雪。江山如画,一时多少豪杰。　遥想公瑾当年,小乔初嫁了,雄姿英发。羽扇纶巾,谈笑间,樯橹灰飞烟灭。故国神游,多情应笑我,早生华发。人生如梦,一樽还酹江月。

是啊,放眼整个江山历史,谁的人生不似梦一场呢?可是,就算是做梦,也要做一个热热闹闹、轰轰烈烈的好梦啊!既然辛辛苦苦地上台,就要唱一出精彩的好戏,把每一天都过得有声有色!在惊涛拍岸的江声中,他大笑而归,就此与命运握手言和——从前的苏轼不见了,一个崭新的苏东坡诞生了。

08

从小我的忧患中抽离出来,苏轼重新焕发出对生活的无限热爱。原本就是吃货的他,在黄州研制出大名鼎鼎的"东坡肉":

黄州好猪肉,价钱等粪土。富者不肯吃,贫者不解煮。慢著火,少著水,火候足时它自美。每日起来打一碗,饱得自家君莫管。

呀呀,吃得这叫一个美。

农活干得越来越顺，闲时就研究养生或练习书画，也不忘向朋友显摆：

> 某近颇知养生，亦自觉薄有所得。见者皆言道貌与往日殊别。……兼画得寒林墨竹已入神矣，行草尤工……

最近养生有道，别人都说我越来越年轻了，耶！还有啊，我现在画树林和竹子简直已出神入化，书法也越来越厉害。啧啧，哥这一身的艺术细胞呦，藏都藏不住！

心窗已开，朋友也越来越多，官员、农夫、道士、和尚，形形色色。与友人们一起两游赤壁，又谱写出为后人所热烈追捧的前后《赤壁赋》（对于这两篇神文，没什么好说的，大家记得背诵全文就对了）。

某次，他呼朋唤友，同去相田买地。归来途中，偶遇风雨，同行友人皆狼狈奔走，唯他泰然处之，缓步而行，旷达胸襟，跃然纸外：

定风波·莫听穿林打叶声

> 莫听穿林打叶声，何妨吟啸且徐行。竹杖芒鞋轻胜马，谁怕？一蓑烟雨任平生。　料峭春风吹酒醒，微冷，山头斜照却相迎。回首向来萧瑟处，归去，也无风雨也无晴。

心态一好，则人生处处是风景。

有时晚上睡不着，还兴之所至，跑到承天寺，把那儿的朋友张怀民薅起来，一起庭中漫步，细观清月朗照，一不小心，又写出了整个宋代最令人惊喜的散文随笔《记承天寺夜游》：

> 元丰六年十月十二日夜，解衣欲睡，月色入户，欣然起行。念无与为乐者，遂至承天寺寻张怀民。怀民亦未寝，相与步于中庭。庭下如积水空明，水中藻荇交横，盖竹柏影也。何夜无月？何处无竹柏？但少闲人如吾两人者耳。

院中月光如水，松柏修竹影印其中，好似水草纵横交错。结尾的"何夜无月？何处无竹柏？但少闲人如吾两人者耳"，言已尽而意无穷，既为自己情趣高雅、善于发现美享受美而自豪；又暗含无辜被贬，壮志难伸，不得不做个"政治闲人"的自嘲之意。

一语双关，妙极！妙极！

平日，忙完农活，晚间他也常和友人在东坡雪堂喝酒撸串，嗨到半夜。

有一次大醉晚归，家中门童已鼾声如雷，怎么敲门都不应。他也不生气，索性倚在门口，赏水天相接，听江涛阵阵：

临江仙·夜饮东坡醒复醉

> 夜饮东坡醒复醉，归来仿佛三更。家童鼻息已雷鸣。敲门都不应，倚杖听江声。　长恨此身非我有，何时忘却营营？夜阑风静縠纹平。小舟从此逝，江海寄余生。

是啊，此时的苏轼已是"尚有身为患，已无心可安"——心灵的升华已然完成，只是还要为衣食身家而奔波。他多想就此脱离俗世，驾一叶扁舟，在烟波江海中了却余生……可人生有意思的地方就在于，你永远也猜不透命运下一步的安排。

居黄州四年后，苏轼"江海寄余生"的愿望没实现，倒等来了"柳暗花明又一村"的仕途飞升。

09

元丰八年（1085年），神宗病故，哲宗年幼，支持保守派的太皇太后垂帘听政。朝堂之上，风云突变。

司马光复出为相，苏轼则一路开挂，在一年半的时间里，从地处偏远的戴罪犯官一路直升到三品大员，飞跃十二个官阶，距宰相仅一步之遥。

按理说，旧党已翻身做主人，苏轼的日子该是如鱼得水了吧。结果并没有，因为他"口无遮拦"的毛病，居然又犯了！

司马光上台后，下令全面废除新法，苏轼却从旧党队伍里一个大步向前，昂首道："我反对！"

同僚们瞬间惊呆：大哥，有没有搞错，你到底站队哪一伙啊？被新党整得最惨的，难道不是你吗？！

接下来，真正体现苏同学格局和境界的时刻到了：

最初，苏轼的确是反对新法的排头兵，但经过长期观察，他发现新法也并非一无是处。所以现在他又反对一刀切式的废除，认为应"校量利害，参用所长"。

什么叫实事求是？什么叫具体问题具体分析？这就是！每每看到此处，在下对苏同学的钦佩之情，便犹如滔滔江水，连绵不绝。这是一个为了坚持真理，不惜狂打自己脸的人啊！

从前因为反对新法而九死一生，现在却能不以个人好恶和官场利益出发，只为国计民生考虑——法无新旧，唯善从之。

此何等无私之心胸也！佩服佩服！

就这样，苏轼挑完新党挑旧党，多次和司马光产生激烈争论，搞得自己"新党看他像旧党，旧党看他像新党"。里外不是人，两面不讨好。

要知道，如果他当时选择只为个人仕途着想，唯司马光马首是瞻的话，他是极可能在司马光去世后荣登相位的。

当然，果真如此，苏轼也就不是我们心目中的苏轼了。

最终，在新旧两党的夹攻下，苏轼被迫再次申请外放，又历任多地"一把手"职位，政绩卓著。

其中最具代表性者，莫过于他任职杭州时，对西湖的治理改造。不仅造福了北宋百姓，还为后人留下了风景如画的"苏堤春晓"与"三潭印月"。

在为人民服务的过程中，还有很多妙事可一窥他的仁慈和宽厚：

杭州张三卖扇为生，结果整天下雨开不了张，没钱还债，被人告到衙门。他了解原委后，泼墨挥毫在扇子上提字作画，令其卖掉还债——结果，在衙门门口，就被闻风而来的东坡粉儿们抢购一空。

还有个老书生，因冒名欺诈被逮捕：他随身携带的快递包裹上，收件人写的是京城苏侍郎（苏辙），寄件人是苏东坡。

见到苏轼，老书生羞愧不已："这是家乡父老送我去赶考的物资，为了避免被抽税，就冒用了大人名号，求原谅啊！"

没想到，苏轼听后哈哈一笑，拿来一张新的快递单，亲笔署名后递给老书生："这下就不是欺诈了，前辈，祝你金榜题名哦！"

老书生感动万分，并且真的考上了，返乡途中去拜谢他，他还留人家好吃好喝住了几天。

啧啧，这百姓之友，绝对当之无愧！

10

斗转星移，倏忽之间，十年已过。太后去世，哲宗亲政，被老人管久了的孩子，都有一颗叛逆之心。所以，哲宗一上台，马上将旧党打下去，政局再次翻天。

苏轼又一次成为新党的重点打击人物，以花甲之龄，被远贬七千里之外的岭南惠州——一路走一路贬，再次成为一个没有任何实权的戴罪犯官。

西江月·世事一场大梦

世事一场大梦，人生几度秋凉。夜来风叶已鸣廊。看取眉头鬓上。　　酒贱常愁客少，月明多被云妨。中秋谁与共孤光。把盏凄然北望。

兜兜转转，仿佛大梦一场后又跌回了最低谷。然而今时不比往日，经过中年谪居黄州的洗礼，苏轼早已练就一番超然旷达的心态：

譬如元是惠州秀才，累举不第，有何不可？！

就当我是个一直落榜的惠州老秀才呗，有啥大不了的——走起，权当公费旅游！

政敌贬他到惠州，自然是希望他吃苦受罪。结果他呢，日常生活的画风是这样的：

惠州一绝

罗浮山下四时春，卢橘杨梅次第新。

日啖荔枝三百颗，不辞长作岭南人。

朋友们，大美惠州太适合我这个吃货啦！有杨梅、枇杷、橘子等各种新鲜水果，哥荔枝都吃撑啦！

或者是这样的：

报道先生春睡美，道人轻打五更钟。(《纵笔》)

亲们，我最近盖了新房子呦，有时会在院中藤椅上就着阳光和春风睡个回笼觉，经常听到屋后寺院隐隐的钟声，悠哉。

京城的新党看不下去了：好家伙，被贬官还敢这么嘚瑟。再贬！流放海南！

这在古代算最惨的流放地了，就跟现在把你空投到原始部落一样。政敌一心想借此把苏轼彻底击垮，结果可倒好，刚踏上海南岛，人家自己就想开了：

> 吾始至南海，环视天水无际，凄然伤之，曰："何时得出此岛耶？"已而思之，天地在积水之中，九州在大瀛海中，中国在少海中，有生孰不在岛者？覆盆水于地，芥浮于水，蚁附于芥，茫然不知所济。少焉，水涸，蚁即径去，见其类，出涕曰："几不复与子相见。岂知俯仰之间，有方轨八达之路乎？"念此可以一笑。戊寅九月十二日，与客饮薄酒小醉，信笔书此纸。（《试笔自书》）

这段话意思是说，初到海南时，他环视天水茫茫，内心非常伤感，担忧有生之年还能不能出岛。后来仔细一想，九州大地都被大海包围，那不相当于人人都在岛上嘛。自己现在的处境，就像路上泼了盆水后，一只蚂蚁附在小草枝上，茫然四顾，不知要飘向何方。不一会儿，水干了，蚂蚁径直而去，见到同类，哇哇大哭：呜呜呜，差一点就再也见不到你了！

想到自己就如同这只蚂蚁，为如此小事凄凄惨惨，不是很可笑吗？

站在天地宇宙的宏观角度去俯视小我处境，使苏轼得以超越苦难，继续保持随缘任运的乐观精神。

垂老投荒到了海南后（已年逾六十），政府一分钱工资不再发，政敌们还唯恐苏轼过得太舒坦，派人把他从官舍里轰出来，多亏黎族人民帮着在桄榔林里盖了几间房，他才有了栖身之所。

当时的海南物资匮乏，吃饭都成问题（北船不到米如珠），苏轼为了写东西自己制墨，还差点把房子烧掉。更有一篇文章记录他和儿子靠吞咽阳光来充饥，估计是玩笑话，但足以证明处境艰辛。

可即便如此，也没能改变苏轼的达观本色。

登岛后，他发现"此间食无肉、病无药、居无室、出无友、冬无炭、夏无寒泉"，给朋友发消息却说：我想到京城每年不知有多少人死在庸医手里，觉得自己真幸运，哈哈。

后来他又发现海南的牡蛎很好吃，于是跟小儿子逗乐说：宝贝，这儿的牡蛎太好吃了！咱们千万不能让朝中官员知道，我怕他们跑来跟我抢。

> 东坡在海南，食蚝而美，贻书叔党（苏叔党，东坡第三子）曰：无令中朝士大夫知，恐争谋南徙，以分此味。

闲来无事，他还别出心裁把椰子壳加工成"椰子帽"，引领时尚风潮；顺便给贬居雷州的苏辙也寄了一个，苏辙收到喜欢得很，写诗说：

> 垂空旋取海棕子，束发装成老法师。（海棕子：椰子）
>
> (《过侄寄椰冠》)

啧啧，你们兄弟俩是真会玩！拜托啊两位大哥，咱们是流放啊，能不能不要这么度假风！

在海南，苏轼偶尔也会发条状态：我在这一天没人唠嗑就难受，有次跟黎族老友约好一起在桄榔树下吹牛皮，我四处找他，惊得鸡飞狗跳，跟抽风一样，哈哈哈。

东行策杖寻黎老，打狗惊鸡似病风。(《访黎子云》)

还有一条：有一天，我头顶一个大西瓜在田间边走边唱，开心得不得了。一个七十多岁的老太问我：翰林学士，你从前在朝中做大官，现在想想，是不是就像一场春梦？于是，我就给她起了个绰号叫"春梦婆"，哈哈哈！

林语堂说，苏轼是个无可救药的乐天派。是的，在任何环境中都能自得其乐，找到生活的闪光点，正是苏轼身上最具魅力之处。

11

世事总是无常。

三年后，政局再变，苏轼获释北返。

与海南人民洒泪挥别后，他扬帆而去，心中万千感慨。

渡过琼州海峡时，正值深夜。清亮的月光下，风平浪静的海面显得格外澄澈明净。想到自己曲折坎坷、毁谤交加的一生，他禁不住提笔赋诗：

六月二十日夜渡海

参横斗转欲三更，苦雨终风也解晴。
云散月明谁点缀？天容海色本澄清。

空余鲁叟乘桴意,粗识轩辕奏乐声。

九死南荒吾不恨,兹游奇绝冠平生。

好一个"九死南荒吾不恨,兹游奇绝冠平生"!是啊,虽然在荒僻的岭海历尽磨难,九死一生,但得以饱览奇景异俗又何尝不是生平难逢之快事!这样的乐趣和人生感悟,是朝堂上那些汲汲于名利的小人永远不可能懂的。

北返途中,东坡所到之处,无不引起轰动效应。各地官员纷纷为其设宴洗尘,兼陪游山玩水,无数粉丝找他写字、题诗、求合影。到镇江时,数千民众夹岸欢迎,争睹文豪风采。

遗憾的是,由于天气酷热兼舟车劳顿,苏轼在归途中染疾,到常州一个月后,病情不见好转,他知道自己大限将至。

最后的时刻,回望此生,他觉得了无遗憾:

我曾位极人臣,也曾耕种于山林,不论在巅峰还是低谷,我一直坚持初心,对国家和人民,我尽了赤诚之心。对家人,我做到了手足情深,家庭和睦。对朋友,我做到了仗义、友爱,偶尔搞怪。对后世,我留下了两千七百多首诗,三百多首词,四千八百多篇杂文,还有传世书法《寒食帖》……唯一可叹的,就是没能再见我亲爱的弟弟子由一面,下辈子吧,咱们还做好兄弟。

最后,他对齐聚身侧的儿孙们说:我一生未做坏事,自信不会下地狱。语罢,溘然而逝。

"小舟从此逝,江海寄余生。"

有人说,这个世界好看的脸蛋太多,有趣的灵魂太少。

幸好,天地间,有过一个苏东坡。

12 古人云：人生有三不朽，立德、立功、立言。这三点，苏轼全都做到了。

论德，如王国维所言：三代以下诗人，无过屈子、渊明、子美、子瞻（苏轼）者。此四子者，若无文学之天才，其人格亦自足千古。

康震评价说，苏轼代表了古代知识分子最健全、最融通，也最为后人所仰慕的一种人格模式。在他身上，有李白旷逸超凡的神仙气，有杜甫执着坚守的忠义气，也有陶渊明东篱采菊的悠然情怀。

论功，终其一生，苏轼不论居庙堂之高，还是处天涯之远，都始终追求"兼济天下"，且功绩卓著。

做地方官，他身先士卒，灭蝗救灾，抗洪筑堤，兴修水利。更曾以一己之力劝服朝廷免去十几万农民的贷款利息，并首开慈善事业和公立医院之先河。

即使老年贬居惠州和海南，他也没闲着，在水利、教育、民生等诸多方面都为当地做出了影响深远的贡献，因此有"一自坡公谪南海，天下不敢小惠州"之说，海南更因有他大力推广中原文化，才有了考中进士的历史。

论言，元好问曰："自东坡一出，情性之外，不知有文字，真有'一洗万古凡马空'之气象！"

是的，诗、词、散文，苏轼样样登峰造极，取得的文学成就不仅是北宋顶峰，亦堪称集中国文化之大成！

除此外，他还是北宋第一书法家，名列"苏黄米蔡"四大家之首；论绘画，他笔下的墨竹或枯木怪石被视为稀世之珍。

再次，苏轼在农业、水利、医药、军事、音乐、烹饪、养生等领域也创造极广，是极为罕见的天才型多面手。

泱泱中华五千年历史，苏轼堪为古今第一文艺全才！

他身上的丰富性无人可及，林语堂誉其一生是"人生的盛宴"。

苏东坡是个秉性难改的乐天派，是悲天悯人的道德家，是黎民百姓的好朋友，是散文作家，是新派的画家，是伟大的书法家，是酿酒的实验者，是工程师，是假道学的反对派，是瑜伽术的修炼者，是佛教徒，是士大夫，是皇帝的秘书，是饮酒成癖者，是心肠慈悲的法官，是政治上的坚持己见者，是月下的漫步者，是诗人，是生性诙谐、爱开玩笑的人。

而这一切，可能还不足以勾勒出苏轼的全貌。

是啊，苏轼像一片浩瀚璀璨的星空，是中华文化中取之不尽的宝库。

"唯大英雄能本色，是真名士自风流。"世间焉得更有此人！

最后谨借"苏门六君子"之一李廌之语，致敬心中永远的苏东坡：

  道大不容，才高为累。
  皇天后土，知平生忠义之心，
  名山大川，还千古英灵之气。

终

周公子每期一问

1. 老苏,我穿越回去给你做门童怎么样?

2. 不管你回来多晚我都等,绝对不会"鼻息已雷鸣"~

3. 在黄州太穷了,没钱给你发工资啊。

4. 谈钱多伤感情啊,一起吃顿东坡肉就好了嘛~

5. 这样就行啊,本来还想赠你一幅《寒食帖》哒~

6. 赠你一幅《寒食帖》哒~ 《寒食帖》哒~

宋徽宗：一个被皇帝耽误的全能艺术家

01

北宋政和二年（1112年），宋徽宗执掌大宋帝国已十二个年头了。

这一年的正月十六，汴京上空突然彩云缭绕，低映在皇宫宣德门周围。彩云之上有群鹤翔集，长鸣如诉，经时不散，其中还有两只落在宫殿左右两个高大的鸱吻之上，相对而立，姿态闲适。

一时之间，引得皇城宫人和往来市民争相驻足，讶叹纷纷。

亲睹此情此景，狂热道教徒宋徽宗更是兴奋异常：彩云仙禽，乃祥瑞之兆，我大宋必可兴盛万载！

欣之所至，他随即挥洒丹青妙笔，将此祥瑞之象绘于绢素之上，这幅画就是大名鼎鼎的《瑞鹤图》，是徽宗笔下难得的诗、书、画俱为上乘的珍品佳作。

当徽宗同学志得意满地在画作上签下"天下一人"的花押时，估计他怎么也不会料到，此时距离繁华落幕的"靖康之耻"只有区区十五年了。

02

宋徽宗赵佶的人生，从开始就充满传奇和宿命的意味。

熟悉历史的都知道，大凡天子降世，往往会天生异象，比如狂风暴雨、紫气东来之类。

其中的典型代表有刘邦，传说其出生时有蛟龙自天外破窗而入，盘旋于产床之上（吹得太过了，产妇吓都吓死了，还怎么生娃）；还有赵匡胤，生来就满身香气，皮肤还是金色的（八成是新生儿黄疸）；朱元璋出生时也是满室红光，邻居还以为他家失火了。

以上人物虽出生状况各有不同，但暗示的含义都是一致的：哥是有天命在身的，是注定要做皇帝的（都是套路，大家懂的）。

而宋徽宗出生时的传说，就比较个性了：据说，在他降生前，其父宋神宗曾到秘书省观看南唐后主李煜的画像，对这位亡国之君的儒雅风度极为心仪，随后就生下了徽宗。徽宗之母生产前，也曾梦到李煜来谒，恳请其多多关照。

这就尴尬了：人家都是生来就是真命天子，我生来注定是亡国之君？！

这类野史传说，自然不可深信。但不得不承认，宋徽宗和李煜的人生历程实在太过相似。除了都有文采风流和亡国之君的标签外，就连他们登上皇位的缘由，几乎都堪称雷同。

03

前文已讲过，李后主本来是无缘、也无心皇位的，可惜他的一群好哥哥跟商量好了一样，全都早早去世了。李煜这才无奈登基，成为一个弱国之君。

宋徽宗的情况，与李煜如出一辙。

原本富贵闲人的王爷做得好好的，可惜十八岁那年，二十四的哥哥宋哲宗英年早逝，身后无子。在各种政治力量的角逐下，本来在皇位候选人中只能排第三位的赵佶同学，一下子由端王成为一国之君宋徽宗。

传闻消息传来时，他还正在绿茵场上和小伙伴们玩蹴鞠。

在这场皇位争夺战中，时任宰相的徽宗反对派代表章惇（他支持哲宗的同母胞弟赵似）说过一句非常著名的话：

端王轻佻，不可以君天下。

虽然章惇也算不上什么好人（就是他把人见人爱的苏东坡同学踢到了惠州和海南），但我们必须承认此人能谋善断，看人的眼光着实老辣：他的这句话，简直就是后续徽宗执政二十几年的完美备注。

不过在当时，徽宗同学应该是不服的：谁说哥轻佻不能君天下？我偏励精图治给你看！

04

大家要相信，没有哪个皇帝一上台就是立志要做昏君的。就像我们兴冲冲开始一份新工作时，谁都不会去考虑如何把这份工作搞砸。宋徽宗也一样，刚登帝位时，也是鸡血满满打算要干出一番成绩。

而且不光想，他还真的做到了。比如上位之初，他主张不搞无谓的派别之争，保持中正公允，还把诸如司马光、苏轼、范纯仁（范仲淹之子）等在变法过程中遭受打击迫害的成员统统予以平反（苏轼因此得以避免客死海南）。

再者就是广开言路，虚心纳谏。不论职位高低，也不管你说的话是顺风还是逆耳，都可以放马过来，提得好立马有赏，提得不好也绝不追究。

> 凡朕躬之缺失，若左右之忠邪，政令之否臧，风俗之美恶，朝廷之德泽有不下究，间阎之疾苦有不上闻，咸听直言，毋有忌讳。

并且，他还真正做到了从谏如流：例如，他喜欢画花鸟画，日常需观察鸟的形态习性，就在宫内养了很多各地进贡的珍禽异鸟。结果，有大臣认为皇帝养鸟不像话，属玩物丧志，建议统统都驱走。

古代的文臣们有时真的很烦，多大点事儿，就上升到玩物丧志？敢问您业余就没个兴趣爱好？！

这事儿要搁我身上，我都不能忍。

可人家徽宗忍了，不仅忍了，还真的忍痛割爱，和太监一起，把禽鸟轰得一只都不剩。

还有大臣提意见说要奉行节俭，不要大兴土木。搞得徽宗整修一个过于破旧的宫殿时，特意交代工程队施工时务要避开那个大臣，以免被发觉后影响不好（装个房子还要躲躲藏藏，这样的皇帝你见过几个？）。

以上都还不算啥，这期间最有影响力的莫过于"扯龙袍事件"了。

说的是一个叫陈禾的言官，退朝后拉住徽宗提意见，结果一直聊到晚饭的点儿，还没有结束的意思。

皇帝也是人，也会饿啊，也可能内急啊！几次示意对方打住无效后，徽宗猛然起身，打算离开。没想到对方也是个高手，迅速拽住徽宗的衣袖进行阻止，结果用力过大，刺啦一下，居然把徽宗龙袍的袖子扯坏了！

这么一来，大家都懵住了，个个屏住呼吸，等待徽宗的雷霆之怒。因为在古代，扯坏龙袍的罪名堪比打死太子，事情不可谓不严重。可出人意料的是，徽宗不仅没动怒，还被陈禾的责任心打动，赐他座位并耐心听他把意见讲完（简直是宋代李世民啊！）。

这事儿传开后，朝野上下一片美誉之声。对于这段时间徽宗的执政成果，清代学者王夫之在《宋论》中曾做如下评价：

徽宗之初政，粲然可观。

你看，执政之初，徽宗同学一点都不昏，不仅不昏，还颇有明君风范。本来嘛，能名垂千古，谁愿意遗臭万年呢？

可遗憾的是，这样清明有为的时光，徽宗只维持了短短两年。之后便风云突变，向着反方向狂奔而去，再也没有回头。

05

努力一阵子不难,难的是努力一辈子。

短短两年间,徽宗就发现想做个明君忒不容易了,无趣又约束,十分不好玩。做一个好皇帝所需要的素养和特质,每一条都与他艺术家的浪漫天性背道而驰。

就在徽宗深感自己的本性受到压制时,一个助他释放自我的关键人物登场了。

想必大家已经猜到了,这个人就是后人口中的"北宋六贼"之首——蔡京。此人是一个彻头彻尾的投机主义者,靠着过人的书法才华和超级逢迎术,一步步成为徽宗的辅宰之臣、艺术知音加儿女亲家,从此权势熏天,在宰相的位置上盘踞了十七八年。

其为讨好徽宗,可谓无所不用其极。而且厉害的是,此人还能为自己的无耻逢迎和皇帝的奢侈享乐提供堂而皇之的依据。比如,他为徽宗提出了一个享乐理论,叫作"丰亨豫大"。这四个字都摘自《周易》,意思是在国泰民安的盛世,皇帝就是要尽情地吃喝玩乐,否则就是违背天意,对国家和人民不利。

还有一个理论叫作"为王不会","会"是"会计"的"会",意思就是皇帝花钱不用算计,想怎么花就怎么花。堂堂一国之君如果都要精打细算,那这个国家的百姓得穷成什么样?所以为了体现国家和人民的强盛富足,皇帝必须得随便花,可劲花!

好一个大言不惭啊!真是不怕流氓会打架,就怕流氓有文化。就这样,在蔡京这番歪理邪说的鼓吹下,徽宗之前暂时被压抑的艺术家之天性和欲望一下子被充分调动起来:对哇,这才是皇帝的正确打开方式嘛！知朕者，蔡京也！

来吧，为了国家和人民，嗨起来！

06 绝对的权力，滋生绝对的腐败。

彻底放飞自我的徽宗从此"君臣逸豫，相为诞谩，怠弃国政，日行无稽"，除了继续挥洒自己那天赋神授的艺术才情外，还变成了一个彻头彻尾的享乐主义者。

说到他的奢靡生活，首先不得不提的，就是他的风流好色。具体好色到什么程度，出示一组简单粗暴的数字，大家就明白了。

从宋太祖起，后宫嫔妃加宫女的数量一直都是几百人，到了徽宗执政，一下子激增到了一万多。从此"万花丛中过，片片都沾身"，就这还不够，还要时不时到青楼撩个京城名妓李师师之类。

有关这方面的种种野史和传闻就不细讲了，直接看结果，宋徽宗一共生了八十个子女，在古代皇帝中是力压群雄，妥妥的第一名。其中有十几个还是被金国俘虏后才生的，心是真大啊！

除了风流成性，装房子盖房子也不再躲躲闪闪了，宫殿是一个接一个地建，最后整个大内的面积几乎扩张了一倍。后来，宋朝著名画家、苏轼之子苏叔党曾被徽宗召进皇宫作画，出来后说里面的宫殿是"俯仰之间，不可名状"，就是感觉没法用语言来形容那个崇高阔大和豪华程度，而他去的还只不过是其中一个偏殿而已。

文艺青年爱热闹，所有的节假日宋徽宗都要大肆庆祝，烧钱无数。

到了他的生日就更不得了，全国各州县都要大办宴席共同祝寿，一切费用统统由国库出。史料记载，徽宗当政前国库每月支出约三十六万缗，其当政后每月暴增至一百二十万缗，涨了三倍多。

在所有的奢靡行为中，危害最大、最具徽宗特色的还当属"强征花石纲"。起因只是徽宗想要征集一些奇花异石以供观赏、写生之用，后来却愈演愈烈，各地官员争先恐后在民间疯狂搜刮。当时曾有一块石头，从江南运到开封，花费了三十万贯，相当于当时一万户中等人家一年的生活费用。不仅花费巨大，在征石、运石过程中，还出现了拆城门（石头太高过不去）、造巨船（太湖巨石，车子装不下）、挖祖坟（看中了人家坟头一棵形状奇绝的树木）等一系列荒唐事件，且前后竟持续了近二十年，最终闹出了震惊东南的方腊起义，严重损耗了大宋的国力与民心。

《宋史》对此尖锐评曰："自古人君玩物而丧志，纵欲而败度，鲜不亡者，徽宗甚焉。"

是啊，国家再富，也经不起如此折腾呐！何况内忧纷生的同时，外患也已悄然逼近。

07 在当时，和北宋同时并立的政权有辽、金、西夏等。好大喜功的徽宗为了收回要害之地燕云十六州，与金国签订了"联金灭辽"的海上之盟。

出发点正确与否暂且不论（有争议），但可以肯定的是，结果是十分糟糕的：非但没有达到预期的收复效果，还在灭辽过程中把君臣的昏庸无能、军队的渣级战斗力等统统暴露在了外交舞台上。致使金国灭辽后，转头就打起了大宋的主意：这么软的柿子，不捏白不捏啊！

而接下来徽宗的表现，可以用一句话完美概括：在其位完全不谋其政。

被金国打了个措手不及后，徽宗匆忙禅位，把一堆烂摊子撂给毫无执政经验的儿子宋钦宗，自己脚底抹油跑路了！

天呐，人家坑爹他坑娃，这是什么奇葩爹。

临江仙·过水穿山前去也
宣和乙巳冬幸亳州途次

过水穿山前去也，吟诗约句千余。淮波寒重雨疏疏。烟笼滩上鹭，人买就船鱼。　　古寺幽房权且住，夜深宿在僧居。梦魂惊起转嗟吁。愁牵心上虑，和泪写回书。

这篇《临江仙》就是写他在南逃过程中的感受和见闻，一路上他和侍从们乘小船、坐破车、住农家、宿古寺，饥一顿饱一顿，狼狈不堪……然而，稍微离汴京远了一些后，他居然还有闲情逸致泊船靠岸去赶集！是的，你没看错，到集市上去买鱼，而且还跟卖家讨价还价、以得其乐，没心没肺到这种程度，也是令人服气得很！

不仅如此，逃到扬州后，他依然吃喝享乐，令当地官员为他买土地、植花木、建行宫……

危险过去后,他又大摇大摆回到汴京做太上皇,全当出去旅游了一趟,而半年之后等到金军再次侵宋,就没这么好的运气了。

在第二次守城的关键时刻,朝廷决策层的大臣们居然迷信什么六甲神兵的道家数术,让一个妖人道士带着一群花里胡哨的乌合之众到城墙上"跳大神",汴京就这样在半打半送的荒唐闹剧中失守了。

徽宗父子本还有突围可能,偏偏又都吓破胆,抱着和谈的幻想跑到金营去亲自请降,一次不行,还去两次,结果终于都被扣下了。

哎,整个过程不堪细说,否则能气吐血。总而言之一句话,就是两个皇帝加一群高级官员犯了一系列的错,导致"靖康之耻",北宋灭亡。

题燕山僧寺壁

九叶鸿基一旦休,猖狂不听直臣谋。

甘心万里为降虏,故国悲凉玉殿秋。

"九叶鸿基"意即宋室的江山基业从宋太祖到宋钦宗已经传了九代了,如今一朝覆亡。曾经有多少忠臣向自己提出有益的建议,可惜当初为什么都没有听呢?如今被俘虏到万里之外,故国是再也无缘得见了。

此诗是徽宗于北俘途中写就,短短的二十八个字,道尽了一个亡国之君的悲怆和悔恨。回首往昔,犯下的错何其多。而最大的错,也许就是根本不该登上那个至高无上却并不适合自己的位置。

08

古往今来的皇帝那么多，如果要问最英明或最昏庸的是哪一个，好像一下子都很难给出确凿的答案。但如果要问艺术才华最高的皇帝是谁，你完全可以放心大胆地回答：宋徽宗！

没错，虽然做皇帝他是"战五渣"，但在艺术领域，人家却绝对是火力全开的天才加全才。

书法绘画、诗词歌赋、吹拉弹唱、骑马蹴鞠，甚至医学茶道、瓷器古玩，只要你能点得出的，就没有宋徽宗不会的，人称"百艺之王"！

不仅会，人家还样样都是顶尖水准。他笔下关于中医、陶瓷、茶道的专著，即使到今天拿出来，都能分分钟秒杀专业的博士论文。

书法上，他楷、行、草皆精，还独创著名的"瘦金体"，刚劲秀丽，曲金断铁，侧锋如兰似竹，美学高度旷古绝今。即使完全不懂书法的人，往往也会被其独具个性的笔法所惊艳。我们今天印刷用的仿宋体，即由瘦金体发展而来。

纵观中国书法史，二十几岁就能自成一体的书法大家，除宋徽宗外，举世恐无第二人。连金朝的皇帝完颜璟都是他书法的狂热粉丝，不断仿写描摹，直练到能够以假乱真的地步，可见宋徽宗的瘦金体魅力之大。除此外，更具说服力的是，其书法作品《临唐怀素圣母帖》2008年在香港地区的一个拍卖会上拍出了1.28亿港元的天价，是截至当时中国书画作品拍卖的最高价。

不仅书法千古独步，其绘画才能，在皇帝群体中更是无人能出其右，花鸟、人物、山水、墨竹无所不精，他曾自述"朕万几余暇，别无他好，惟好画耳"。本文文首所提及的《瑞鹤图》现藏于辽宁省博物馆，其作品《桃竹黄莺卷》《写生珍禽图》分别在2005年和2009年的拍卖会上均拍出了人民币六千多万元的价格，时至今日，其价值已难以估量。

文学创作上，徽宗虽未达到李煜的传唱度，但亡国之后也多有触动人心之作。比如《宋词三百首》开篇第一首选的就是其在北俘途中忽见杏花盛开如火，百感交集写下的《燕山亭·北行见杏花》：

裁剪冰绡，轻叠数重，淡著胭脂匀注。新样靓妆，艳溢香融，羞杀蕊珠宫女。易得凋零，更多少无情风雨。愁苦，问院落凄凉，几番春暮？　　凭寄离恨重重，这双燕，何曾会人言语。天遥地远，万水千山，知他故宫何处。怎不思量，除梦里有时曾去。无据，和梦也新来不做。

当代词学家唐圭璋曾在《唐宋词简释》中评析如下："此词为赵佶被俘北行见杏花之作。起首六句，实写杏花。前三句，写花片重叠，红白相间。后三句，写花容艳丽，花气浓郁。'羞杀'一句，总束杏花之美。'易得'以下，转变徵之音，怜花怜己，语带双关。花易凋零一层、风雨摧残一层、院落无人一层，愈转愈深，愈深愈痛。换头，因见双燕穿花，又兴孤栖膻幕之感。燕不会人言语一层、望不见故宫一层、梦里思量一层、和梦不做一层，且问且叹，如泣如诉。总是以心中有万分委曲，故有此无可奈何之哀音，忽吞咽，忽绵邈，促节繁音，回肠荡气。"

其中的故国之思、今夕之痛，与李煜的"春花秋月何时了，往事知多少"何其相似。

看到这里，大家是不是很想感叹一句：好家伙，这哥们儿是个被皇帝耽误了的全能艺术家啊!

是的,不只你这么想,撰写《宋史》的元代史官脱脱,早就曾惋叹过:

(徽宗)诸事皆能,独不能为君耳!

这句话可谓一针见血地道出了宋徽宗一生的无奈和悲哀:独不能为君,却偏偏做了君王。

千年之后,唯余一声叹息。

09

虽然亡国之君的帽子是宋徽宗永远无法逃避、也逃避不了的耻辱,但应属于他的光芒和荣耀也不能因此被掩盖。

在艺术领域,徽宗不仅自己十项全能、书画双绝,还为中国绘画的发展和传承做出了无与伦比的贡献:他当政后,广收古物与书画,扩充翰林书画院,编辑的《宣和书谱》《宣和画谱》等多本专业书画集,成为后世研究艺术的重要史籍。

此外还成立国家级的大画院,亲自选拔绘画人才和制定教学大纲,培养了一大批有为画家,堪称中国第一任中央美术学院院长。当时名不见经传的张择端,就是在徽宗的支持和培养下,创作出了传世名画《清明上河图》。

而古代青绿山水画的巅峰之作、近年来话题度超高的《千里江山图》，也与徽宗关系紧密。该画作者王希孟就是徽宗时期宣和画院的学徒，其初时并无惊人之作，并曾屡次向圣上献画不中。但徽宗并未因此忽略他，而是慧眼识珠，认为"其性可教"，亲授其法。

在顶级美术教授徽宗的神力加持下，小王同学的绘画技能日进千里，仅半年后就创作出这幅气势恢宏的近十二米长卷《千里江山图》，堪称画史奇迹。

一个在政治上失败到家的皇帝，却也是一个在艺术领域纵横驰骋的百艺之王。

唉，和李煜一样，又是一出人生错位的悲剧。

10

回到之前，交代一下徽宗被俘北上后的情况。

靖康二年（1127年）四月，金军俘虏徽、钦二帝和后妃、皇子、宗室、朝臣等三千多人，押解北上，汴京城中公私积蓄为之搜罗一空。

宋徽宗亡国后的俘虏生涯，较之李煜，凄惨和不堪更胜百倍。

在北题壁

彻夜西风撼破扉，萧条孤馆一灯微。

家山回首三千里，目断天南无雁飞。

一行人被俘北上时，正值农历四月，北方还很冷，徽宗因衣服单薄,晚上经常冻得睡不着觉,只得找些柴火、茅草燃烧取暖。此诗写途中的某个夜晚,徽宗听着萧萧西风吹打着简陋的破门,对着昏黄的灯火,度过不眠的寒夜。想起三千里外的家国,禁不住向南遥望,可是天上连大雁也看不到一只。

比起肉体的痛苦,更令人难以承受的,是毫无底线的精神摧残。一路上,金人无论宴饮还是打猎,无不拉上徽宗作陪寻开心,有时令其作诗助兴,有时更当其面调戏北宋的嫔妃女眷。

到了金国上京(今黑龙江境内),所受苦难就更加深重了。金军为炫耀自己的胜利,在金朝阿骨打庙举行献俘礼,又叫"牵羊礼"(牵羊表示顺从),命徽宗、钦宗在内的所有宋俘都身披羊裘,袒露上身,男女老少无一例外。仪式结束后,包括韦太后(宋高宗赵构的生母)和邢皇后(赵构之妻)在内的三百位女子被分到了洗衣院作为金人皇宫中的奴仆。钦宗的朱皇后不堪如此奇耻大辱,当夜便自尽而亡。

除此外,金人还给徽宗、钦宗加封侮辱性的称号,徽宗为昏德公,钦宗为重昏公。而极具讽刺意味的是,这一招,金人还是跟徽宗的老祖宗学的——赵匡胤当年灭了南唐后,曾封李煜为违命侯。

历史,总是如此惊人的相似。

11 眼儿媚·玉京曾忆昔繁华

玉京曾忆昔繁华,万里帝王家。琼林玉殿,朝喧弦管,暮列笙琶。　　花城人去今萧索,春梦绕胡沙。家山何处,忍听羌笛,吹彻梅花。

此词上片追忆昔日北宋都城汴京的繁华景象，琼林玉殿、奢华富丽，弦管笙琶之音日夜喧嚣。下片写曾经万花争艳的汴京城，如今却是人去城破、萧索冷落，虽然自己已身处黄沙漫天的茫茫胡地，但那繁华如春的汴京仍然时常萦绕在其梦中。醒来听到羌笛吹奏的《梅花落》凄凉彻骨，想到万里之外的故国，让人怎么忍心去听呢？

今人杨子才在《古今五百家词钞》中评价此词曰："往日繁华，而今凄凉，对比强烈，四十八字，浓缩覆国亡家心境。"

大家发现没有，这首词与李煜被俘北上后所写的《破阵子·四十年来家国》可谓异曲同音，相似至尽！

而历史的重复至此并没有停止，一百五十年后，宋徽宗的后代南宋恭帝赵㬎也步上了他祖宗的老路，被元人俘到大都。他也曾作诗怀念故国，悲伤凄楚：

在燕京作

寄语林和靖，梅花几度开？

黄金台下客，应是不归来。

赵㬎不敢明说怀念南宋的故都临安，毕竟南唐李煜就是因为写了"小楼昨夜又东风，故国不堪回首月明中"而被自己的祖宗赵光义毒死，所以他寄语北宋初期在西湖孤山种梅养鹤的隐逸诗人林逋（后人称其为和靖先生），隐晦地借梅花写失国之恨。最后两句，似乎是以燕昭王黄金台下之"客"比喻自己受到元朝廷的厚礼相待，不打算再回临安。其实也不过是违心之语，不然呢，难道要像李煜那样说什么

"无限江山,别时容易见时难"?那怕是要性命难保了。

历史如此轮回,正如杜牧《阿房宫赋》中所言:"后人哀之而不鉴之,亦使后人而复哀后人也",令人不禁为之沉思叹息。

对宋徽宗来说,从享乐无边的皇帝,到惶惶然如丧家之犬的囚徒,境遇的骤变不啻天堂地狱之别,这种得到之后再失去的痛苦,是最难承受的。

然而,在那近十年的囚徒光阴中,究竟是什么力量支撑着徽宗继续活下去?

据徽宗女婿蔡鞗(蔡京之子)在《北狩行录》中记载,北俘后的徽宗经常靠看书获得慰藉,尤喜读史书。有时为了买书,不惜用自己的衣服去换。他经常翻阅《春秋》,希冀从中悟得国家兴亡和君臣行为的道理,甚至精选部分内容,编纂成书。

在读了很多的史书后,他曾对蔡鞗说,他认为古往今来,像他那样命运发生如此两极逆转的帝王,史无先例。但通过阅读,他内心也燃起了由宋高宗赵构来振兴宋朝的一线希望。

这个天真的艺术家,或许一直还幻想着能够回到大宋吧。

在每一个叹息垂泪的夜晚,在无数次伫立风雪之中向南遥望的时刻,他是否能够想到,最不希望他回去的,或许不是金人,而是自己的亲生儿子,南宋皇帝赵构。

皇帝的位子只有一个,坐上去的人都不想再下来——在皇权面前,从来都没有亲情的位置。

别说赵构指望不上,同样被俘到北方的徽宗之一子一婿为了向金人立功,改善生存处境,居然捏造举报说徽宗要谋反。虽金人查实后,没有伤害徽宗，但这件事几乎彻底摧毁了他对人生的最后一丝眷恋。

为了生存，人性竟扭曲到了这种地步，这个世界还有什么值得信任和留恋的呢？

或许自己这一生，真正拥有的，唯有手中的一支丹青之笔。

已有丹青约，千秋指白头。

金天会十三年（1135年）四月，宋徽宗在五国城（今黑龙江省哈尔滨市依兰县）去世，他在遗言中请求将自己安葬在宋朝土地上，但被拒绝。直到七年后，宋高宗与金国和议，金国才将徽宗的灵柩与高宗生母韦太后送返宋朝。

今时今日，当我们提起这段不堪的历史，在哀其不幸，恨其不争之时，能略微想起一些他为当时和后世的中国艺术做出的贡献，或许就是对他最好的慰藉了。

穿过千年的风雪沙尘，仿佛有一个来自历史深处的回答：是的，愿从此以后，生生世世不复生帝王家。

只做赵佶，不做宋徽宗。

周公子每期一问

1 赵佶，我理解你的痛苦！

2 理解万岁啊，李后主！

3 当年我祖宗如此对你，不想报应在了我的身上啊！

4 唉，但愿世间再无侵略和战争！

李清照：我是喝酒打牌的山东女汉子，也是婉约多愁的词霸李三瘦

01

这期要讲的人物是宋朝第一文艺女青年——李三瘦。

为什么叫她三瘦呢？因为她写过三句带瘦的千古佳句：

知否，知否，应是绿肥红瘦。（《如梦令·昨夜雨疏风骤》）

新来瘦，非干病酒，不是悲秋。（《凤凰台上忆吹箫·香冷金猊》）

莫道不消魂，帘卷西风，人比黄花瘦。（《醉花阴·薄雾浓云愁永昼》）

这三句一句写花瘦，一句写人瘦，最后一句厉害了，花儿已经很瘦了，人却更瘦！

当年每一句问世后，都是横扫大宋词坛，屡屡问鼎年度最佳词作，"国民女神""一代词宗""千古第一才女"等各种光环头衔，更是不在话下。

九百多年后，她依然魅力空前。国际天文学会在1987年给水星上的第一批环形山命名，有十五座环形山以中国人的名字命名，其中一座的名字就是"李清照"。

近年来，南京大学出版社出版了一套大型学术丛书《中国思想家评传丛书》，搜罗了从孔子到孙中山，约两千五百年间的传主两百七十余名，为他们的生平及精神思想立传，其中有且仅有一位女性，她就是李清照。

那么，问题来了，三瘦同学为什么这么厉害，能在数以万计的中国古代智者先贤中脱颖而出，成为中国文化的象征，获得世界的瞩目和认可，又成为学术界推崇研究的古代思想家呢？

让我们一起穿越回去看看。

02

宋神宗元丰七年（1084年），六十五岁的司马光耗时十九年，终于完成了史书《资治通鉴》的撰写。

这一年，四十七岁的苏轼也结束了自己在黄州的贬谪生涯，被平调到汝州，在赶赴汝州的路上，他特地前往江宁拜望已退隐八年、时年六十三岁的王安石，成就了北宋文坛上有名的金陵之会，昔日的一对政敌就此冰释前嫌，一笑泯恩仇。

同年，咱们的三瘦同学出生于山东章丘的一个知识分子家庭。其父李格非中进士后，曾先后担任太学录、太学博士与太学正，大致相当于北宋最高学府的学官与教授。其人勤于著述，在当时其诗文被誉为"高雅条畅，有意味，在晁（晁补之）、秦（秦观）之上"，由此深受大文豪苏轼的器重赏识，位列"苏门后四学士"之一，并与其他苏门弟子多有诗文往来，交谊很深。

李格非不仅自己是文化人，两任妻子也都是名门之后，一为宰相王珪之女，一为状元王拱辰的孙女，都能识文断字。

在女子无才便是德的封建社会，三瘦的父母却为她创造了非常开明宽松的家庭环境。尤其她老爸，对于她的文学兴趣与天赋，不仅悉心爱护与指引，还专门设饭局请苏轼学生晁补之做其文学导师。所以三瘦同学的文学启蒙之路，是这样的模式：家书万卷＋父母指引＋高手点拨。装备如此，不开挂都说不过去。

天赋与环境具备，于是三瘦同学十几岁时，便在山东老家写就一首轻松明快的《如梦令·常记溪亭日暮》：

常记溪亭日暮。沉醉不知归路。兴尽晚回舟，误入藕花深处。争渡，争渡，惊起一滩鸥鹭。

你看，夏日傍晚，三瘦同学呼朋引伴，前往溪亭游玩，大家吃喝谈笑，饮酒品茗，不知不觉就耍到了天色将暮，三瘦醉得连回去的路都辨识不出，划船而返时又不小心闯入了盛放的荷花深处，一群小姐妹左划右转，把栖息在层层荷叶间的沙鸥、白鹭惊起，扑棱棱飞向远处……

全词行文流畅自然，毫无斧凿痕迹，寥寥数语就将一群荡舟荷花丛中的少女们刻画得如在目前，呼之欲出，生动展现出三瘦青春年少时的活泼野逸之气。

后来，三瘦随父迁居京城开封，少女时代的又一力作横空出世：

如梦令·昨夜雨疏风骤

昨夜雨疏风骤。浓睡不消残酒。试问卷帘人，却道海棠依旧。知否？知否？应是绿肥红瘦。

一大早，三瘦小姐姐宿醉醒来，酒劲还没完全消，头还有点沉。但是呢，一想到昨天雨下得不大，那风可是真不小，便赶紧问前来卷窗帘的侍女：哎哟，我的海棠花怎么样啦？侍女随口答道：跟昨天一样呗！三瘦扶着脑袋，翻了个白眼：你个傻丫头，海棠被风吹雨打，现在肯定是绿叶繁茂、红花稀少啦！

区区三十余字，人物、场景、对白皆有，充分显示了三瘦惊人的语言表现力。结尾以"绿肥红瘦"来形容雨打海棠后叶繁花残之状，比喻之新颖，形象之生动，堪称神来之笔。一时圈粉无数，红遍京师，"当时文士莫不击节称赏"。

宋代人王灼在《碧鸡漫志》中说李清照："自少年便有诗名，才力华赡，逼近前辈，在士大夫中已不多得。若本朝妇人，当推词采第一。"

其父李格非对此当然是欣慰有加，称赞爱女道"中郎有女堪传业"，这话表面上是推崇东汉文学家蔡邕（别号蔡中郎）的女儿蔡文姬，实际就是说我女儿不比蔡文姬差嘛！

晁补之对这个得意门生也是喜爱有加：李家有女初长成，雏凤清于老凤声啊！

啧啧，看来身边众位一流名家的叔叔伯伯们，对三瘦同学也是大写的服气啊。

三瘦：现在大家都在讲原生家庭和尊重孩子兴趣发展的重要性，千年前的我，可就是个完美范例哦。

03

由于家风宽松开明,三瘦同学不仅文采出众,对文人墨客喝酒博戏的风雅之事,也是无一不精。

她酒量应该不大,因为从她的诗词来看,她经常喝醉。不过,人家本来喝的就是一份心情,一份闲趣嘛。

这不,开心要喝:

"常记溪亭日暮。沉醉不知归路。"——这喝的都找不着北了。

伤春也要喝:

"昨夜雨疏风骤,浓睡不消残酒。"——嗯,这酒的后劲貌似有点大。

赏花则更须美酒助兴:

菊花开了——"不如随分尊前醉,莫负东篱菊蕊黄。"

梅花开了——"年年雪里,常插梅花醉。""共赏金尊沉绿蚁,莫辞醉,此花不与群花比。"

芍药也开了——"金尊倒,拚了尽烛,不管黄昏。"

相思情浓,那就更得喝了——"酒意诗情谁与共,泪融残粉花钿重。""夜来沉醉卸妆迟,梅萼插残枝。"

重阳节,和老公分居两地,不高兴,继续喝!——"东篱把酒黄昏后,有暗香盈袖。"

晚年飘零江南,国破家亡,何以解忧,唯有醉酒——"三杯两盏淡酒,怎敌他、晚来风急?""故乡何处是?忘了除非醉。"

还有什么"莫许杯深琥珀浓,未成沉醉意先融""险韵诗成,扶头酒醒,别是闲滋味"……传世共四十几首词作,其中一半跟喝酒有关。虽然整天喝得醉醺醺,但三瘦自我感觉很好,还自诩"捧觞别有娉婷",意思是捧着酒杯的女子才更有风致呢!

那可不嘛,一般人喝酒是闯祸误事,人家三瘦喝酒,却愣是喝出了词作史上的一座文学高峰呐!

04

相比不喝则已、一喝就醉的浅显酒量,三瘦同学的博戏技艺那就高超多了。

> 予性喜博,凡所谓博者皆耽之,昼夜每忘寝食。但平生随多寡未尝不进者何?精而已。

我天生喜欢博戏。一旦玩起来,就沉迷其中,废寝忘食。而且,我玩了一辈子,不管玩法如何、筹码大小,每次都赢得盆满钵满,就从来没输过。为什么呢,因为姐下的功夫深啊,哈哈。

看看,这世界是多么不公平,读书学习比大家强也就算了,连喝酒玩乐也甩我们几条街!

> 自南渡来流离迁徙,尽散博具,故罕为之,然实未尝忘于胸中也。

战火纷飞逃到南方,我的博具都丢光啦,虽然玩不成,但我这心里可一直都惦记着呢!

——哎哟喂,我说三瘦姐,这都啥时候了?留得青山在,不怕没得玩,保命要紧啊!

痴迷至此,后来干脆拿出学术态度著了一本《打马图经》,记录她开创的一种叫作"打马"的博弈游戏。有人考证称,打马就是今天麻将的前身。

好家伙,独孤求败到自创招数啊!

在序言中,她不无自豪地宣称:"使千万世后,知命辞打马,始自易安居士也。"在三瘦同学看来,玩儿,不仅要玩得专业和尽兴,还要玩得青史留名。

好一位热爱生活、全心投入的可爱玩家!

明人袁宏道说:"余观世上语言无味面目可憎之人,皆无癖之人耳。"

啧啧。有趣的人,原来都是因为他们会玩啊!

三瘦:同学们,人生苦短,不为无益之事,何以遣有涯之生。我和我的师公苏轼一样,不仅是文学家,更是善于挖掘人生乐趣的生活家哦。

05

缘分,有时候说来就来。

三瘦同学的爱情始于十七岁那一年的情人节——元宵灯会。

为什么说元宵节是古代的情人节呢?大家来看古人的朋友圈:

去年元夜时,花市灯如昼。月上柳梢头,人约黄昏后。

今年元夜时，月与灯依旧。不见去年人，泪湿春衫袖。

（欧阳修《生查子·元夕》）

哎，说好的白头不相离，这才一年啊，人呢……

众里寻他千百度，蓦然回首，那人却在，灯火阑珊处。

（辛弃疾《青玉案·元夕》）

你看，热血青年辛弃疾也出来相亲了。

在古代，待字闺中的姑娘们平时不能随便出门，但元宵节这天可以邀上三五好友，出游赏灯。其实没几个人赏灯，大家都是来找对象求偶遇的。

没错，三瘦同学和官二代赵明诚就这样在绚烂灯市中不期而遇——而这，是一场偶像和粉丝的邂逅。

彼时，三瘦同学已是名动京城的词坛红人，赵同学早就仰慕已久，如今更是一见倾心。

第二天赵明诚就跟自己老爹说自己做了个奇怪的梦，在梦中读到一本书，其他内容都不记得了，只记得三句话"言与司合，安上已脱，芝芙草拔"，然后问自己老爹这是啥意思？

赵明诚的老爹赵挺之是当朝吏部侍郎，三品大员，相当于今天的人社部副部长。只见赵挺之听罢意味深长地笑了笑，回答道："言与司合"那不就是"词"嘛，"安上已脱"则为"女"，"芝芙草拔"是"之夫"二字，合起来就是"词女之夫"。好小子，你这是看上了才女李清照,暗示老爹去提亲吧?

赵明诚见心机达成,甜蜜的笑容再也遮掩不住:是啊,老爹,咱们可赶紧的吧!

这边厢赵明诚火急火燎要提亲,那边厢三瘦小姐姐对少年英俊的赵明诚也已是芳心暗许:

浣溪沙·闺情

绣面芙蓉一笑开,斜飞宝鸭衬香腮。眼波才动被人猜。

一面风情深有韵,半笺娇恨寄幽怀。月移花影约重来。

你看,三瘦懒懒地斜靠在宝鸭香炉上,回忆起灯会初见的情景,一抹笑容便飞到了她芙蓉花一样秀美的脸庞上,她眼波流转,嘴角含笑,一下就被侍女猜中了心事。哎呀,脸上写满了相思的深情,信写到一半却又在纠结,到底要不要约他月夜再会呢?

那还等啥,郎有情,女有意,大家都是山东老乡,老爹也都在京城为官,门当户对,佳偶天成,还不赶紧顺理成章,领证结婚。

婚前,三瘦还在朋友圈发过一条很可爱的状态:

点绛唇·蹴罢秋千

蹴罢秋千,起来慵整纤纤手。露浓花瘦,薄汗轻衣透。

见客入来,袜刬金钗溜。和羞走,倚门回首,却把青梅嗅。

一大早,露水还没消呢,我荡秋千就荡出了一身汗,运动衫都湿透了。嘻嘻,是不是玩得很疯,就在这时,未婚夫赵同学突然冒出来!哎呀!来也不提前发个消息,我这花容不整的,羞得我鞋也顾不得穿,就着袜子赶紧逃,头上的金钗都跑掉了,好一个狼狈。可奔到门口,我又舍不得进去,急中生智拽过一株青梅,以嗅花做掩饰,偷瞄帅哥两眼(嗯,这株青梅长得可实在太是地方了!)。

这条状态把少女娇羞慌乱又有那么一点大胆俏皮的心理活动描绘得淋漓尽致。

而把一切过程看在眼里的赵同学,则是一脸的笑意盈盈:我这媳妇实在太可爱了,真想今天就领回家!

婚前已如此秋波暗送,婚后,那更是撒得一手好狗粮:

减字木兰花·卖花担上

卖花担上,买得一枝春欲放。泪染轻匀,犹带彤霞晓露痕。　　怕郎猜道,奴面不如花面好。云鬓斜簪,徒要教郎比并看。

婚后小两口一起压马路,在卖花担上,挑了一只含苞欲放的梅花,花枝带露,娇妍如霞。三瘦将其插在自己的云鬓上,扭头对赵明诚撒娇道:老公,花美还是我美?赵明诚听罢,伸手勾一下媳妇鼻子:明知故问,调皮!

街头秀恩爱还不算,在家互相腻歪也要发个状态出来刺激小单身和老腐朽。

丑奴儿·晚来一阵风兼雨

晚来一阵风兼雨,洗尽炎光。理罢笙簧,却对菱花淡淡妆。 绛绡缕薄冰肌莹,雪腻酥香。笑语檀郎,今夜纱厨枕簟凉。

黄昏来雨,扫尽炎热,弹完琴上点淡妆,换上新买的睡衣,冰肌玉骨若隐若现,趁机调侃一把老公:亲爱的,今晚的竹席应该很凉快哦!

这状态一发,很多程朱理学的"正人君子"坐不住了,跳起来大骂三瘦同学"不知羞耻、荒淫放肆"。前面把李清照的才华夸得天花乱坠的那个王灼更是捶胸顿足,才女滤镜碎了一地:"轻巧尖新,姿态百出,闾巷荒淫之语,肆意落笔,自古缙绅之家能文妇女,未见如此无顾忌也。"

嗨,新婚宴尔,秀个恩爱而已嘛。

看不惯就不看呗,吃你家盐了,还是挡你家网络信号了,咋这么激动呢!你看我,只管偷偷脸红,啥也不说。

三瘦:怎么的,就许你们男子三妻四妾、寻花问柳,动不动还来个"赢得青楼薄幸名",我们女子跟自家老公秀秀恩爱就成了世风日下、人心不古?!你要这么说,那我还非秀不可,就喜欢你们这些老腐朽看不惯我又奈何不了我的样子,哈哈!

06

"得成比目何辞死,愿作鸳鸯不羡仙。"他们婚姻中最幸福的时光,一是新婚蜜月期,二是赵家衰败后,他们在青州老家的十年平民生活。

两个人志趣相投,一起收集书画古董、金石碑帖,整天合伙败家。在外面看到喜欢的古物,钱不够就当街脱下衣服摘下首饰,到当铺换钱。搜罗回来宝贝,夫妻俩再一起欢天喜地地整理、鉴赏、考订。

闲来无事,两个文艺青年还会煮上一壶新茶,对着家中堆积如山的书卷,猜某个典故、某句诗在某书的哪一页,赢者先饮。俩人玩得不亦乐乎,作为常胜将军的三瘦同学,常常得意忘形得连茶碗都打翻。

但终归是凡人夫妻,有幸福甜蜜,自然也少不了苦涩烦恼。

醉花阴·薄雾浓云愁永昼

薄雾浓云愁永昼,瑞脑消金兽。佳节又重阳,玉枕纱厨,半夜凉初透。　东篱把酒黄昏后,有暗香盈袖。莫道不销魂,帘卷西风,人比黄花瘦。

他们常常分别,新婚不久,赵明诚就外出远游,收集金石碑帖,独留三瘦深闺寂寞。你看,到了重阳佳节他也没回家,薄雾浓云的阴沉天气里,三瘦深觉日长难挨,百无聊赖下,只得看着香炉里瑞脑香的袅袅青烟出神。到了晚上,玉枕孤眠,纱帐清冷,想起下午自己独自在东篱下喝酒赏菊,浸了满身香气。哎,此情此景,怎能不想他呢?西风吹起门帘,这帘子里的人儿可比菊花还更消瘦呢!

后来,因王安石变法导致的党争愈演愈烈,三瘦老爹因和苏轼走得近，被贬官遣乡，连子女也不能居住京城，三瘦被迫回到山东老家，与新婚丈夫一别就是两年。

一剪梅·红藕香残玉簟秋

红藕香残玉簟秋。轻解罗裳，独上兰舟。云中谁寄锦书来？雁字回时，月满西楼。　　花自飘零水自流，一种相思，两处闲愁。此情无计可消除，才下眉头，却上心头。

这首《一剪梅·红藕香残玉簟秋》就是三瘦在老家因思念赵明诚而作。

昔日少女时代欢笑争渡的湖中已荷残香消，凉滑如玉的竹席，透出浓浓秋意，轻提罗裙，独自登上一叶兰舟。仰头望向云天，一排排的鸿雁正在南归，皎洁的月光洒满西楼，为什么还没有他的信寄来呢？对他的思念就像花儿飘零、水向东流一样无由消除，刚刚从微蹙的眉间消失，又隐隐地爬上了心头。

"天涯地角有穷时，只有相思无尽处。"然而，爱到如此深沉，却也没能逃过中年危机。闲居青州十年后，赵明诚被重新启用，官场得意，又纳了年轻貌美的侍妾，将三瘦独自留在青州老家。

凤凰台上忆吹箫·香冷金猊

香冷金猊，被翻红浪，起来慵自梳头。任宝奁尘满，日上帘钩。生怕离怀别苦，多少事、欲说还休。新来瘦，非干病酒,不是悲秋。　休休,这回去也,千万遍《阳关》,也则难留。念武陵人远,烟锁秦楼。惟有楼前流水,应念我、终日凝眸。凝眸处,从今又添,一段新愁。

这一天,三瘦睡到很晚才起,金狮香炉中的熏香早已熄灭,床上的锦被乱如红浪,起身后三瘦也懒得梳洗打扮,梳妆匣早已积满灰尘。最近又瘦了,不是因为喝酒,也不是因为悲秋,为什么呢?纵使唱了千万遍《阳关曲》,也没留住他。唯有楼前流水,见证着我心中的离愁别恨……

一别,又是三年。

明明我们三瘦同学大大咧咧,不拘小节,为什么却成了婉约词代表?离愁太多是也!

而且,此番离别,较往日又大为不同,从前即使偶有分隔,也是你心只有我,我心只有你,而如今你却是"武陵人远""烟锁秦楼",跟汉朝的刘晨、阮肇一样,遇上了仙女,乐而不返,和他人双宿双飞了。

三年的深闺寂寞之后,三瘦独往莱州寻夫。

蝶恋花·晚止昌乐馆寄姊妹

泪湿罗衣脂粉满,四叠阳关,唱到千千遍。人道山长水又断,萧萧微雨闻孤馆。　惜别伤离方寸乱,忘了临行,酒盏深和浅。好把音书凭过雁,东莱不似蓬莱远。

途中，她独自在旅馆中听着潇潇雨声，不禁泪水涟涟。给在青州的闺蜜写信，感叹惜别之情，字里行间流露出担忧与恐慌，不知相见后丈夫是何态度。

到莱州之初，果然遭受冷遇，最终虽凭着二人在文学与收藏上的艺术共鸣重新唤回了夫妻情分，但她的心里想必也已留下了缕缕伤痕。

这样的三瘦，令人心疼。

我常想，以三瘦的好强个性，放在今天，做出别样的选择也未可知。可叹在古代，纵使女子才华再耀目，也终究需要依附丈夫和家庭。

三瘦：何必艳羡他人神仙眷侣，别人的围城里也有你看不见的苦痛和挣扎，与其抬头追逐别人的光芒，不如低头经营自己的小确幸。

07

家愁方消，奈何国恨又来。

1127年，"靖康之难"，北宋灭亡。

三瘦颠沛流离的后半生就此开启，在此期间，担任南京市市长的赵明诚竟在部下造反之时，从城墙上悬下绳索，弃城而逃，别说满城百姓，就连三瘦他都不管不顾了！

想到南宋政府的软弱无能，还有自己那贪生怕死的丈夫，逃难路上，三瘦同学愤而写下一首《夏日绝句》：

生当作人杰，死亦为鬼雄。

至今思项羽，不肯过江东。

诗中借项羽不肯南渡的悲壮气概，对唯知苟安江南的南宋小朝廷和毫无家国担当的赵明诚，做了辛辣的讽刺和抨击。好一股浩然男儿气！

其实三瘦同学一直都是积极关注时政的爱国人士，十几岁时读张耒的《读中兴颂碑》，就敢于和诗两首，发表对安史之乱的不同看法。靖康之难后，她力主抗金："欲将血泪寄山河，去洒东山一抔土"——谁说我们只能写闺怨离愁，奈于一介女流，报国无门而已！

此外，她还曾作过一首气势磅礴、"绝似苏辛"的《渔家傲·天接云涛连晓雾》，性格中豪放大气的一面，展露无遗：

天接云涛连晓雾，星河欲转千帆舞。仿佛梦魂归帝所，闻天语，殷勤问我归何处。 我报路长嗟日暮，学诗谩有惊人句。九万里风鹏正举，风休住，蓬舟吹取三山去！

这首词一开场便展现出一幅壮美辽阔、浑茫无际的海天相接图，从颠簸的船舱中仰望天空，天上的银河似乎在转动一般，三瘦幻想在梦中见到天帝，向其倾诉自己空有才华而连逢不幸、奋力挣扎的苦闷。是啊，现实中知音难遇，欲诉无门，除了通过这种幻想的形式抒发愤懑，又能怎么样呢？

但三瘦的过人之处就在于，不论情况怎样恶劣，她绝不会屈服于现实，任由命运驱使。所以词作的最后，她笔锋一转，说自己终究会借助大鹏飞起的风力，舟行如飞，直取三山！手笔之大，胆气之豪，词中罕见。

清代学者黄苏评价此词曰："浑成大雅，无一毫钗粉气。"

08

赵明诚弃城而逃后，羞愧之中不久病故。深受打击的三瘦带着丈夫视如生命的古籍珍宝独自在战火中流亡，期间遭遇各种盗贼、敲竹杠的房东，还被勒索不成的官员诬告通敌……她像一只惊弓之鸟在乱世中飘零，身心俱疲。

声声慢 · 寻寻觅觅

寻寻觅觅，冷冷清清，凄凄惨惨戚戚。乍暖还寒时候，最难将息。三杯两盏淡酒，怎敌他晚来风急！雁过也，正伤心，却是旧时相识。　　满地黄花堆积。憔悴损，如今有谁堪摘？守着窗儿，独自怎生得黑。梧桐更兼细雨，到黄昏，点点滴滴。这次第，怎一个愁字了得。

丈夫去世，又无子女，从此只影向谁去？

在这样的形势下，四十九岁的她看走眼、识错人，改嫁给渣男张汝舟，婚后才发觉此人心怀不轨，娶她只为图谋那些珍宝文物。而渣男在得知她的文物其实已散失无几后,也深感自己上当受骗,竟拳打脚踢,意图逼死三瘦,霸占剩余藏品。

她深悔自己所托非人,想抽身却不得。后了解到渣男科考时曾有作弊之举,于是迅速收集罪证,一举将其告上衙门,申请离婚。

清照:我李三瘦是何许人也,岂容如此鼠辈欺凌?!

这个案子当时闹得很大,宋高宗亲自委托司法机关立案调查,最终渣男被罢官流放。

但当时宋朝有一项无比奇葩的法律规定:妻子状告丈夫,不管属实与否,都得坐牢两年(这是什么神逻辑啊!)。

刚烈的女词人宁为玉碎,也绝不与渣男苟且。所幸朝中有人搭救,三瘦在牢中待了九天后得以脱身。

著名女词人加上再嫁闪婚闪离的剧情,世人的悠悠之口可想而知。

而她,兴起敢写闺房艳词,愤起敢撕渣男小人,从不为世俗的藩篱而屈身将就,女汉子的人生就是这么彪悍!

09

"国家不幸诗家幸,赋到沧桑句便工。"——苦难,总会成就艺术。

漫漫余生,只剩无尽的孤独、寂寞,以及世人的非议。三瘦晚年的词作中,满是回忆与忧伤:

武陵春·春晚

　　风住尘香花已尽，日晚倦梳头。物是人非事事休，欲语泪先流。　闻说双溪春尚好，也拟泛轻舟。只恐双溪舴艋舟，载不动许多愁。

　　暮春三月，风停花尽，只余淡淡尘香，日色已高，却无丝毫梳妆的兴致。身边依然保留着一些曾经的旧物，可那时相伴相爱的人儿，却再也寻觅不到，怎不令人伤心泪垂？听人说双溪的春光正好，不如去泛舟散心，可是小小的舟儿，如今哪里载得动我这一腔沉甸甸的忧愁呢？

添字丑奴儿·窗前谁种芭蕉树

　　窗前谁种芭蕉树，阴满中庭。阴满中庭。叶叶心心，舒卷有余情。　伤心枕上三更雨，点滴霖霪。点滴霖霪。愁损北人，不惯起来听。

　　国破家亡，飘零江南，本就伤心难寐，可偏偏三更头上，又风起雨落。那点滴霖霪的雨声与其说是打在芭蕉叶上，不如说是打在李清照备受创伤的心上。

　　想到故土沦丧的家园，死去的爱人，还有那动荡不安、国运维艰的时局……自己这个异乡人哪里还能再入眠，只得在凄凄雨夜中，对一盏孤灯，独抱浓愁待天晓。

　　对比曾经的"争渡，争渡，惊起一滩鸥鹭"，世事是如此的无常。

命运曾赋予她如夏花般绚烂的幸福，也给了她似秋叶般凋零的凄苦。

而她，从未低头。

生命的最后时光，虽被悲苦缠绕，但三瘦并未在痛苦中沉沦，而是继承丈夫的遗愿，系统修正、补订赵明诚生前撰述的金石文物著作《金石录》。

这本书是继欧阳修《集古录》之后规模更大、更有价值的一部研究金石之学的著作，也是后世相关研究者的必备之书。

同时，文学价值巨大的《金石录后序》应该也是在这一背景下完成，这既是一篇书序，更是一篇对亡人深情怀念的悼文：

> 今日忽阅此书，如见故人……今手泽如新，而墓木已拱，悲夫！

是啊，文物上赵明诚手题的跋文墨迹如新，而斯人坟墓上的树木都已长成参天大树，睹物思人，情何以堪？

10

公元1143年前后，三瘦将整理完备的《金石录》表进于朝。心愿已成，剩下的，也许只是慢慢等待与赵明诚再度相会的时刻。

永遇乐·落日熔金

落日熔金，暮云合璧，人在何处。染柳烟浓，吹梅笛怨，春意知几许。元宵佳节，融和天气，次第岂无风雨？来相召、香车宝马，谢他酒朋诗侣。　　中州盛日，闺门多暇，记得偏重三五。铺翠冠儿，捻金雪柳，簇带争济楚。如今憔悴，风鬟霜鬓，怕见夜间出去。不如向、帘儿底下，听人笑语。

又到元宵佳节，落日如金，圆月如璧，缕缕彩霞映衬其间。浓浓的暮霭附着在泛绿的柳色上，远远地，有笛子在吹奏哀怨的《梅花落》……临安的朋友们坐着香车宝马来邀三瘦同去赏灯，却被她一一谢绝了。

置身于表面上依然繁华热闹的临安城，透过门帘，望着街市上的火树银花，恍惚间，她仿佛又回到了东京，回到了十七岁那年的元宵灯会。

青春年少的自己，与女伴们相携出游，嬉戏玩闹。蓦然回首，正与灯火阑珊处的那位儒雅少年四目相对——那一刻，灯火淡去，人声隐匿，整个世界，仿佛只剩久久对望的她与他……

我们不知道这首词作是不是三瘦留给这个世界最后的侧影，但我相信，生命的终点时刻，她一定是带着对往昔最美好的追忆而去。

是的，她的人生并不完美，她的爱情也有遗憾，但在历经所有的世事沧桑，忍受了所有的孤苦无依后，她的心中依然充满积极向上的力量，也仍愿意相信过往生命中的那些爱与美，这就是李清照。

由于晚年独居，我们甚至不知道她离开的确切日子（1156年前后）。

或许，她从来不曾真正远去，而是翩然飞进了那些不朽的清丽词章中。

时至今日，每当我们捧起《漱玉词》，总还能在字里行间捕捉到她的气息——有时是"争渡，争渡，惊起一滩鸥鹭"的活泼俏皮，有时是"才下眉头，却上心头"的相思情深，有时是"梧桐更兼细雨"的愁苦心碎，有时是"风休住，蓬舟吹取三山去"的不屈与豪迈……

终

周公子每期一问

1. 三瘦姐，你要是生活在现代，那就是妥妥的大女主啊！

2. 此话怎讲？

3. 你有才华，可以当作家；长得美，能直播做网红；性子野，可以创业当老板……

4. 你们的时代，女子的选择真有这么多？

5. 那还有假？不信我带您去瞅瞅，到时选我当经纪人哦！

6. 那还废话啥，时光穿梭机在哪儿，走起！

陆游：我可以接受失败,但绝不放弃

01

南宋绍兴二十三年（1153年），临安，宰相府。

陈设典雅的花厅内，一位六十岁左右的老者端坐太师椅，在氤氲升腾的茶气中闭目养神。

厅外，一位管家模样的下人疾行而来，待到门外，却陡然止步，双手紧张地互搓着，额头上渗满细密的汗珠。

片刻，厅内传来一声低喝："还不进来？！"

下人慌忙入内，怯怯地喊了声"老爷"，显出一副欲言又止的为难神色。

"如何？"老者再次发问，却始终并未展目。

"今日开榜，小的一早去看了，埙少爷被……被擢为省试第二。"

"哦，位列第一者为何人？"老者未现喜怒之色，反呈饶有兴致之意。

下人悬着的一颗心，稍稍放松了些，赔笑答道："乃是越州山阴人氏，名为陆游，略有诗名而已，想必此番只是运气好。要论当今学子，何人可及我们埙少爷才艺绝伦，博通古今……"

下人尚未语毕，只听"砰"的一声，一杯热茶被老者横扫在地："好个陈之茂！如此不识抬举！"

02

陈之茂是何许人也,今时今日,可能并没有几个人知晓。我们可以不记得这个人,却应该记住他做过的一件事。

作为当年锁厅试(专门针对官员子弟的一种科举考试)的主考官,他在当朝宰相秦桧已经明示必须将其孙子秦埙取为第一的情况下,顶着丢掉乌纱帽的风险,愣是把第一名给了更具才学的陆游同学。

是的,文首那位老者便是在中国人尽皆知、臭名昭著的大奸臣加卖国贼——秦桧。

陆游同学实在是运气不好,你说你和谁一起科考不行?偏偏和大权奸秦桧的孙子一起。但同时他又是幸运的,碰到了一个不惧强权、秉公做事的主考官。

但是尽管陆游同学才高八斗,一路开挂,在接下来的礼部复试中依然名列榜首,顺利进入殿试名单,却在最后关头,被秦桧大笔一挥画掉了名字。

就这样,一个极有可能连中三元(即乡试、会试、殿试均为第一)、风光无限的青年才子,转眼成了名落孙山的失意人。

这对陆游的打击太大了。要知道此时他已二十九岁,第三次参加科考,却又一次空手而归,情何以堪?!

03

看到这,大家可能要问了:咦,既然陆游才华如此出众,何以要三赴考场?第三次是运气不好,那么前两次却又因何落榜呢?这个问题虽说来话长,但可以肯定的是,也跟秦桧有着千丝万缕的联系。

一切，要先从陆游的成长环境说起。

1125年冬，陆游在狂风骤雨、巨浪翻滚的淮河上，诞生于一条奔赴东京开封的官船内。从此，陆游所处的时代和他的个人命运，都像其出生的这一刻般风雨飘摇、多灾多难。

不信请看：

陆游出生的同年，金朝灭辽。从此胃口大增的金人调转铁骑，对着文恬武嬉的宋朝呼啸而来。仅仅两年后，金军就攻破东京（今河南开封），俘虏了徽、钦二帝。

此时，陆游的父亲恰好被奸佞之人弹劾免官，于是带着全家奔逃避难，很多年后，陆游对当时的情形依然记忆犹新：

> 我生学步逢丧乱，家在中原厌奔窜。
> 淮边夜闻贼马嘶，跳去不待鸡号旦。
> 人怀一饼草间伏，往往经旬不炊爨。
> 呜呼！乱定百口俱得全，孰为此者宁非天。（《三山杜门作歌》）

你看，陆游才刚蹒跚学步，就跟着家人在兵荒马乱的环境中四处奔窜、躲避战火。夜里一听到敌军战马的嘶叫，就赶紧摸黑逃离，都不敢等到鸡鸣天亮。每个人都怀揣干粮，略有动静就跳到草丛中躲避，常常连着十几天都不敢生火做饭。

最后历经千辛万苦，到陆游五岁时，才回到山阴故乡。后来战火蔓延到南方，全家人又再度逃难，投靠于浙江东阳山的豪杰武装，过了三年"落草为寇"的日子。

到陆游九岁时，局势有所稳定，才再次回到山阴故居。

童年的一切，对一个人的影响是巨大的。"儿时万死避胡兵"的经历，在陆游幼小的心灵中深深地种下了对战争的厌恶和对金兵的刻骨仇恨。而他的家世渊源，则令他的这层思想有了更进一步的升华。

04

陆游出生于世代为官的书香门第，一门都是刚直忠勇之士。比如他的高祖陆轸，曾指着宋仁宗的宝座说："天下想坐这个位子的人多的是，你必须好好干才能坐得稳。"宋仁宗听后感叹不已，第二天忍不住跟其他大臣碎碎念："苍天呀！天底下竟然有这么直肠子的人臣，也太淳朴忠厚了吧！"

陆游的爷爷陆佃也不辱家风，他是王安石门下学生，却并不全然赞同新法，并敢于和王安石当面辩置。王安石死后，守旧派掌权，门人子弟十之八九都不敢登门吊唁。陆佃却冒着巨大风险，带领一些同门前去祭拜，后来到江宁做官，还亲往尊师墓前祭奠。

不仅如此，参与编写《神宗实录》时，在评价王安石的问题上，他更曾据理力争，和旧党的范祖禹、黄庭坚激烈争辩。

黄庭坚说："像你说的那样写，就是佞史！"

陆佃则回曰："如果都按你说的写，岂不成了谤书！"

可见陆佃亦是不畏权势、原则坚定之人。而陆游的父辈，又都是力主抗金的铁血男儿。

其父陆宰,在北宋灭亡前,曾担任粮饷转输官,全力支援太原前线,使太原成为金兵南侵中御敌时间最长的城池。后陆父被投降派弹劾罢官,使得太原粮饷断绝,军民饿死者十之八九,最终失陷于金人。

陆游的叔父陆宲,同样是一位战场英雄。金兵来侵时,其在京城附近地区任职财政官员,却敢于在地方掌管兵权的官吏作鸟兽散后,临危不惧,召集军队和民兵,坚守城池,使得当地免遭生灵涂炭。可惜在投降派为主流的朝堂上,忠勇两全的陆宲也没能避免罢官还乡的悲愤结局。

成长于这样的家庭,言传身教,耳濡目染,陆游对什么是中正刚直,什么是家国大义,得到了最为鲜活直接的教育。

05

不仅如此,陆游家还是主战派爱国人士沙龙的聚集地。山阴离都城临安不远,主战派人士常到陆游家聚首,纵谈国事。一说到二帝被掳、敌寇残暴、岳飞被斩等,便个个怒发冲冠、目眦欲裂,恨不得手撕了金国人和投降派。

想想看,这对于少年陆游来说,是多么震撼心灵的场面:

> 绍兴初,某甫成童,亲见当时士大夫,相与言及国事,或裂眦嚼齿,或流涕痛哭,人人自期以杀身翊戴王室。

啧啧,你看,这每天都是现成的爱国主义教育课啊!

在如此环境下成长起来的陆游,很早就立下了"上马击狂胡,下马草军书"的报国壮志。而要实现此番理想,在古代有且只有科举一条路。于是陆游从小就夜以继日,埋头苦读:

> 我生学语即耽书,万卷纵横眼欲枯。(《解嘲》)

> 少小喜读书,终夜守短檠。(短檠:一种油灯)(《幽居记今昔事》)

> 儿时爱书百事废,饭冷胾干呼不来。(胾:大块的肉)(《初冬杂咏》)

到了青年时期,陆游更拜当时有名的诗人曾几为师。大家不知道曾几是谁没关系,记住下面这首《三衢道中》是他的名作就好了:

> 梅子黄时日日晴,小溪泛尽却山行。
> 绿阴不减来时路,添得黄鹂四五声。

这首绝句写得清新流畅,不减唐人风采。有此名师指点,也难怪陆游同学能够青出于蓝而胜于蓝。

顺口说一句,陆游的这位老师也是个主战派,因得罪秦桧被罢官,才有空收学生的。所以日常除了沟通诗词艺理,师徒二人还会聊些什么,大家完全可以自行脑补。

说了这么多,大家应该猜到了:陆游前两次落榜,不是才学问题,而是政治倾向问题。

一家子都是出了名的秦桧反对派,陆游的文章又是一贯的"喜论恢复"、力主抗金。大权在握的秦桧一党怎会录取如此"不识时务"的考生呢?!

其实不仅科考屡次受挫是源自抗金立场,陆游一辈子的悲剧命运都和他敢言直谏、喜论恢复分不开。

06

走上仕途后,陆游遇到的第一个皇帝是宋高宗赵构,著名的投降派总舵主。我们来看看,面对这个扶不起的"阿斗",陆游是如何"不识时务"的。

三十五岁那年,陆游在临安担任一个管理圣旨、诏书类的小官职。官虽不大,他却很高兴,因为这个职位可以经常接触皇帝啊!

这就意味着,他可以尽情地向领导提意见和阐述光复大计。

于是刚当上八品芝麻官的陆游,热情洋溢地干了几件惊天动地、一般臣子都没胆量做的事儿。

一是弹劾当时专权败国的高宗宠臣杨存中。关于此人就说两点:一是其在秦桧生前唯其马首是瞻,属于投降派阵营;二是此人乃是抗金名将岳飞父子的监斩官。你说该不该弹劾?太该了!

第二件事,是在南宋和金国烽烟再起时,陆游竟然"泪洒龙床请北征"!是的,你没看错,陆游居然"很傻很天真"地想要请投降派的总代表宋高宗同志御驾亲征，光复东京。而且说到激动处，还扶在龙椅上痛哭流涕。

第三件事，则是力主迁都。陆游建议，应将都城从富贵温柔乡的临安迁到江山险固的建康（今江苏南京），如此一来，退可御江坚守，进可北望中原，力图恢复。

你看看这些意见，条条都在打高宗的脸：

杨存中专权误国，他的权是谁给的？！

而且，哥都在后方修"阔丈五尺"的逃跑专线了，你却让朕御驾亲征？做什么美梦呢？！

还有迁都，你以为朕定都临安只是贪图这里温柔富贵、风景怡人吗？错！最重要的是这里靠海近啊，一有风吹草动，哥就可以航海逃跑啊！

再者，迁都意味着什么？那不就是明摆着想要恢复失地，跟金国大哥叫板吗？大哥一怒之下，把我也俘虏了咋办？你想害死我啊！

……

你看，陆游叨叨的这些事儿，对高宗来说每一件都太刺耳、太闹心了！于是很快他就被罢官归家，后虽被重新起用，但君臣间已不可避免地有了嫌隙。

07

好在高宗很快禅位，南宋皇帝中最有收复之志的宋孝宗登场。一上台，他就为岳飞平反，还积极筹措北伐。

这么看来，这位皇帝和陆游可谓是志同道合、君臣同心，这下陆游的日子应该好过了吧？

答案是，确实比从前好过了，不过也只是一阵子。

由于当时陆游已诗名在外，孝宗对他十分欣赏，曾在便殿亲自召见，还称赞他"力学有闻，言论剀切"，最后更下旨钦赐其进士出身。

一个八品芝麻官，能获此殊荣，可谓罕见。于是为了报答孝宗的知遇之恩，一切以家国为念的陆游，又开始放大招。书生意气的他，居然又一次把矛头直指皇帝身边的两个亲信近臣——想要弹劾他们结党营私、贪污受贿，为孝宗皇帝清君侧！

孝宗知晓后，恼怒异常：说朕身边的人图谋不轨，那不就是骂我眼光不行看错了人吗？！于是一怒之下，把陆游贬官出京。

后来北伐战争失败，一直坚持抗金立场的陆游也成了投降派打击报复的对象，被弹劾"交结台谏，鼓唱是非，力说张浚（北伐指挥官）用兵"，再一次被罢职返乡。

在一个屈辱求和的朝代，连力主作战、收复河山都成了罪过，何其荒诞。

说到底，陆游何错之有？从科场失意，到仕途蹉跎，这一切波折不就在于他喜论恢复、力主抗金的政治立场吗？！拳拳忠心，却惨遭罢官，说不在乎那是假的：

闻雨

慷慨心犹壮，蹉跎鬓已秋。

百年殊鼎鼎，万事祇悠悠。

> 不悟鱼千里，终归貉一丘。
> 夜阑闻急雨，起坐涕交流。

令人感慨的是，即使遭受到如此寒心之待遇，陆游哀叹的仍非一己之得失，而是因不能再为国分忧而焦灼。夜间闻听疾风骤雨，起坐无眠，禁不住为飘摇多艰的国势而涕泪交流……

08

江阴闲居五年后，贫不自支的陆游终于等来一记官职：夔州通判。

五年前被罢职时即为通判，如今还是通判，官未进而地愈远。已经四十六岁的陆游，对是否还能实现平生志向充满迷茫，这一时期的诗文中，失落之情溢于言表：

> 流离鬓成丝，悲咤泪如洗。
> 残年走巴蜀，辛苦为斗米。（《投梁参政》）

当时的陆游还不知道，在这看似"山重水复疑无路"的惨淡前程中，他一生最灿烂激情的一页，其实即将掀开——夔州期满后，他居然收到了四川宣抚使的来信，邀请他到南宋和金国交界的军事重地南郑（今陕西汉中），共谋抗金大业。

果然是柳暗花明又一村！

陆游简直兴奋得要跳起来了，因为他最大的理想就是做一个驰骋疆场、御敌卫国的抗金战士啊！

在从前的诗文中，陆游就曾多次表达平生夙愿：

> 孤灯耿霜夕，穷山读兵书。
> 平生万里心，执戈王前驱。
> 战死士所有，耻复守妻孥。
> ……（《夜读兵书》）

意思是说，我这辈子最大的心愿呀，就是做一个为君王冲锋陷阵的战士！即使战死沙场、马革裹尸也在所不惜，如果只想着与妻儿厮守而丧失报国之志，那才是最可耻的。

多年的苦苦追求，如今心愿一朝得偿，理想实现的极致快乐让陆游一扫在夔州的悲苦之感，诗风开始变得无比激越昂扬、意气风发。比如到夔州上任时，他曾说"万里羁愁添白发""老去方知行路难"，到南郑的路途更为艰险，却变成了"但令身健能强饭，万里只作游山看。"

哎呀，我现在是身体倍棒，吃嘛嘛香，万里跋涉就当是游山玩水啦！

此外，陆游在夔州时还屡有迟暮之叹，比如什么"白发凄凉老境催""减尽腰围白尽头"之类，结果到了南郑，神奇的事情发生了——陆游一夜之间逆转时光，白发转青丝：

西戍梁州鬓未丝。(《偶怀小益南郑之间怅然有赋》)

忆昔西游两鬓青。(《忆昔·忆昔西游两鬓青》)

不妨青鬓戏人间。(《鹧鸪天·葭萌驿作·七之二》)

更为夸张的是，穿上军装、跨上战马的陆游，俨然觉得自己又变回了英姿勃发的少年郎：

念昔少年日，从戎何壮哉。(《岁暮风雨》)

忆昔西征日，飞腾尚少年。(《忆昔·忆昔西征日》)

投笔书生古来有，从军乐事世间无。(《独酌有怀南郑》)

要知道，此时的陆游已接近五十岁，却萌发出如此可爱的"少年心态"，可见一个人能为真正的理想而奋斗时，精神面貌是何等的正向飞扬！

不过，要想做一个真正疆场厮杀的战士，空有激情是不够的，还需要有强健的体魄和过人的武力值。而一介书生的陆游，真的具备"上马击狂胡"的实力吗？

09

其实关于这一点,我们都能想到,人家陆游怎么会想不到。从小立志要"扫胡尘""清中原"的他,早早就意识到:在国难当头的年代,单单学文是不行的,还必须掌握驰骋杀敌的真本领。于是,在应对科举的文化课之外,陆游从小就研读兵书,学习剑术,结交江湖奇士,跟同时代的辛弃疾一样,都是能文能武的复合型人才。关于这一点,在其诗文中屡有验证:

我壮喜学剑,十年客峨岷。(《高安州宅三咏剑池》)

少携一剑行天下,晚落空村学灌园。(《灌园》)

闭户著书千古计,变名学剑十年功。(《宿鱼梁驿五鼓起行有感》)

最终陆游学有所成,功夫十分了得:

十年学剑勇成癖,腾身一上三千尺。
术成欲试酒半酣,直蹑丹梯削青壁。(《融州寄松纹剑》)

一副飞檐走壁、轻功了得的样子,听起来很夸张对不对?所谓光说不练假把式,我们来看看实战中的陆游是否真的具备如此身手。

到达南郑后,某日陆游与同僚外出围猎,与一只猛虎狭路相逢。同行的三十多人都被这山中之王吓得面无人色,陆游却毫无惧色,挺

身向前,举起长矛,奋力刺向老虎的喉管:

> 奋戈直前虎人立,吼裂苍崖血如注。
> 从骑三十皆秦人,面青气夺空相顾。(《十月二十六日夜梦行南郑道中既觉恍然揽笔作》)

此番壮举在军营中很快传开,连年轻的壮士们都自愧不如:

> 挺剑刺乳虎,血溅貂裘殷。
> 至今传军中,尚愧壮士颜。(《怀昔》)

你看,连威风凛凛的猛虎陆游都制服得了,冲锋陷阵还不是小菜一碟。

遗憾的是,陆游也只能靠打虎过把瘾了,因为这段热血沸腾的军旅生涯只持续了短短的八个月,他根本没有机会和真正的敌人短兵相接。

10

在南郑期间,陆游与军区总司令王炎志同道合,制订了详尽的收复失地、进取中原的战略方案。只等朝廷一声令下,即可正式出师北伐。

可惜,理想是炽热的,现实是冷酷的。

满腔热血的陆游最终等来的不是朝廷的作战军令,而是领导王炎被召回京的一纸诏书。作为军事参谋的陆游也被转岗降职到成都。

朝廷的弦外之音,可以说是很明显了:同志们,以和为贵啊!你们怎么整天就想着打打打!

陆游杀敌报国的梦想,就这样彻底破灭了。

剑门道中遇微雨

衣上征尘杂酒痕,远游无处不消魂。

此身合是诗人未?细雨骑驴入剑门。

冷风细雨中,失魂落魄的陆游骑着一头小毛驴黯然入蜀,衣服上尘土与酒痕夹杂,一看旅途中就没少借酒消愁。

是啊,自己马上就到五十知天命的年纪了,失此良机,余生恐怕再没机会亲赴前线了。几十年来拼搏努力,皆为内心光复中原的梦想,如今却半生蹉跎,结局至此,难道这辈子我注定就只能做个诗人吗?!陆游想要仰天怒问,可是又有谁能给自己一个答案呢?

理想破灭的巨大失落,让陆游深感绝望。在成都"冷官无一事,日日得闲游"的他开始坠入灯红酒绿之中,放浪形骸,豪饮无度。可纵是如此,求和派的政敌还要来落井下石,弹劾他"不拘礼法,恃酒颓放",导致陆游再一次被罢官。

名姓已甘黄纸外,光阴全付绿尊中。

门前剥啄谁相觅,贺我今年号放翁!(《和范待制秋兴》)

此时的陆游对前程心如死灰，索性光脚不怕穿鞋的：好啊，你们说我颓放，那我就彻底颓给你们看！我还给自己起个外号，叫放翁！反正官也罢了，还能奈我何？！

是的，你没看错，"陆放翁"的名号就是这么来的。

可放荡不羁、借酒浇愁，就真的能放下心中的家国之念吗？当然不可能，如果这么容易就放弃梦想，陆游也就不能称之为陆游了：

平生嗜酒不为味，聊欲醉中遗万事。
酒醒客散独凄然，枕上屡挥忧国泪。（《送范舍人还朝》）

看到没，宴饮颓放的背后，这才是陆游的真正心境：放翁之意不在酒，而在于醉了就能忘却国事啊，可是酒醒客散之后呢，自己依然会独自为国家民族的处境而落泪担忧……

统治者和投降派们醉生梦死，苟安一隅，致使边防武备一片荒废，却把精力都用来打击报复真正的爱国志士，此时无官一身轻的陆游对此毫不客气地发出了最直接尖锐的讽刺：

关山月

和戎诏下十五年，将军不战空临边。
朱门沉沉按歌舞，厩马肥死弓断弦。
戍楼刁斗催落月，三十从军今白发。
笛里谁知壮士心？沙头空照征人骨。
中原干戈古亦闻，岂有逆胡传子孙！
遗民忍死望恢复，几处今宵垂泪痕。

从符离大败后，南宋与金国议和，至今已十五年了，将军能战而不得战，空守边塞。一边是朝廷权臣们在深宅大院里歌舞升平；一边是马棚里战马肥死，武库中弓弦霉断。

多少年来，将士们无所事事，只有以阵阵刁斗声送走一轮又一轮的明月，只能在幽咽的笛声中蹉跎年华；日复一日，年复一年，三十岁左右参军的壮士尚未建功立业，就已白发苍苍、老死边关……

中原大地自古就硝烟不断，难道如今我们要将其拱手让给女真人，让他们在那里繁衍子孙、落地生根？可怜中原遗民们忍死偷生盼望着朝廷来恢复失地，今夜不知又有多少人在望月垂泪！

这首诗字字如铁，掷地有声，矛头直指南宋最高统治者。既控诉了投降派卑躬屈膝的无耻行径，又表达了对沦陷区人民的深切同情和对金人侵略者的无比憎恨，一炮三响，堪称陆游爱国主义诗篇的代表作。

11

成都罢官之后，陆游又曾两度出仕，如果换作一般人，一把年纪了，干脆睁一只眼闭一只眼，凑合着混吧。可陆游不。

每次踏入官场，他都始终不忘抗金恢复的梦想，各种上表劝勉朝廷"力图大计，宵旰勿怠""缮修兵备，搜拔人才"等。结果每次干不了多久，就被政敌找碴儿罢官归田。那首著名的《书愤》就写于此时期：

早岁那知世事艰,中原北望气如山。

楼船夜雪瓜洲渡,铁马秋风大散关。

塞上长城空自许,镜中衰鬓已先斑。

出师一表真名世,千载谁堪伯仲间!

年轻时自己豪情万丈,怀揣收复中原的凌云壮志,哪里想到过,报国杀敌之路竟会如此艰难。如今志未酬而鬓先斑,时光虚掷,功业成空,怎不令人痛心疾首!

"志士凄凉闲处老,名花零落雨中看。"此后,闲居乡下的日子里,虽贫病不堪,甚至"炊米不继",陆游心心念念的却还是收复河山的抗金大业。

秋夜将晓出篱门迎凉有感

三万里河东入海,五千仞岳上摩天。

遗民泪尽胡尘里,南望王师又一年!

好一个"南望王师又一年"!三万里长的黄河奔腾向东、流入大海,五千仞高的华山耸入云霄、上拂青天。而如今黄山和华山都在金人占领区,沦陷区的遗民们在敌人的铁骑蹂躏中日日翘首王师北伐,泪水流尽,望眼欲穿,如此年复一年,却只换来无尽失望……

"报国欲死无战场"的晚年时光,陆游在梦中都想着横戈跃马、守戍边疆:

十一月四日风雨大作

僵卧孤村不自哀,尚思为国戍轮台。

夜阑卧听风吹雨,铁马冰河入梦来。

此时的陆游已年近七十,朝廷屡番有负于他,他却仍然未忘国忧,还想以老迈之躯为国效力。

可惜,热血了一生,却从未赢得任何一个请缨报国的机会。垂暮之年,他常常怀想昔日那段戎马疆场、意气风发的军旅生涯:

诉衷情·当年万里觅封侯

当年万里觅封侯,匹马戍梁州。关河梦断何处?尘暗旧貂裘! 胡未灭,鬓先秋,泪空流。此生谁料,心在天山,身老沧州!

当年单枪匹马,万里奔赴梁州,如今驰骋边塞的从军生涯却只能在梦中回味,梦醒身在何处?只看到灰尘已覆满旧时出征的貂裘。尚未驱尽敌虏,两鬓已染秋霜,徒留悲愤之泪。这一生谁能预料,本想投戎报国,疆场御敌,结果却只落得个心系前线、闲老家乡的境地!今昔对比,声声浩叹,道尽平生不得志。

12 这一生,陆游的最大心愿就是希望能目睹祖国山河统一,然而在时代的风雨和现实的艰难中苦苦支撑了八十五年的他,却终究没能等到这一天:

示儿

死去元知万事空,但悲不见九州同。
王师北定中原日,家祭无忘告乃翁。

山河依然破碎,陆游至死不能瞑目。在这首最为人知的绝笔诗中,陆游没有只言片字涉及家事,唯一放心不下的,就是祖国尚未统一。于是,他对着儿孙殷殷嘱托:

孩子们啊,王师北进,收复中原后,你们可千万不要忘记把这九州归一的喜讯告诉九泉之下的乃翁啊!

这二十八个字是陆游一生爱国精神的光辉总结,也是他对国家统一的最后一声深沉而炽热的呼唤!

"双鬓多年作雪,寸心至死如丹。"陆游一生都梦想成为战士,在我眼里,其实他已然做到了——真正的战士未必一定是金戈铁马,血洒疆场,而是历经磨难,却永远初心不改。

在一个山河破碎的年代,有爱国情怀不难,难的是不管经历多少打击和冷遇,却始终矢志不渝、毫不退缩。

一生为抗金大业奔走呼号而无惧挫折的陆游,多像他笔下那一株傲然不屈的梅,即使风雨摧残,群芳相妒;即使飘零入泥,碾压成尘;却依然高洁不改,芬芳如故:

卜算子·咏梅

驿外断桥边，寂寞开无主。已是黄昏独自愁，更著风和雨。　无意苦争春，一任群芳妒。零落成泥碾作尘，只有香如故。

周公子每期一问

1. 老陆,你传世九千多首诗,如此高产的秘诀是什么?

2. 唉,这不是一辈子太糟心了,爱情、理想全都落空……

3. 噢,怪不得我写得又少又慢呢……

4. 原来是生活太幸福了呀!

辛弃疾：武能金戈铁马，文是词中之龙

01

南宋,绍兴三十一年(1161年),济南府境内。

一个和尚快马加鞭在赶路,脸上有几分慌乱,又有几丝不易察觉的得意。忽听身后一阵急促的马蹄声由远及近,和尚回身一望,面色大惊!只见在如火的骄阳中,一个单身独剑的青年男子纵马而来,杀气腾腾,气场强大。

片刻间,青年男子便追将上来,狼腰前探,猿臂纵伸,擒住和尚的衣领大力一提,将其拎翻马下,随后自己也纵身跃下。

和尚狼狈地在地上滚了几番后,目光落在对方手中那把寒光闪闪的长剑上,不由簌簌发抖,跪地求饶:"兄弟,我知你乃神兽转世,力大无穷,求你看在往日情面上,饶我一命啊!"

男子目光似刀,一语不发,从对方身上搜出义军大印后,手起剑落便结果了和尚性命,然后提着人头和军印,调转马头,绝尘而去。

——你已不是我辛弃疾的兄弟,也不配我和你再说一句话。

没错,此青年男子正是辛弃疾,字幼安,山东济南人,时年二十一岁。

看到这,大家可能会大吃一惊:好家伙!辛弃疾不是著名的爱国词人嘛,居然会武功,还杀人?!

对,后世之人提到他,第一反应都是伟大的爱国词人——一个文人的定位。

辛弃疾若泉下有知,估计要气得冒烟了。哥的梦想可不是什么诺贝尔文学奖，而是冲锋陷阵，沙场秋点兵！文学嘛，只是哥的业余爱好而已。

啧啧，好好的一个青年才俊，缘何热衷于战争呢？

此事，说来话长。

02

山外青山楼外楼，西湖歌舞几时休，暖风熏得游人醉，直把杭州作汴州。（南宋·林升《题林安邸》）

公元1140年，距北宋灭亡的"靖康之耻"已十四年了。

这一年，金国和南宋又干了一仗，而明明占了上风的南宋，却像个被欺负惯了的小媳妇一样，在卖国贼赵构和秦桧的主持下，主动要求议和：割地、赔款、称臣。

这还嫌不够，两年后金国违约再战，南宋投降派又额外奉上了一份超级大礼：那就是喊着"靖康耻，犹未雪，臣子恨，何时灭"的岳飞父子的性命。

金主子，您看我们这诚意还够吧？

就这样，都城临安又讨来了暂时的安宁，西湖又开始了歌舞升平。

同年（1140年）五月，在山东济南一个叫四凤闸的地方，英雄辛弃疾迎来了自己人生的起点——一出生就在沦陷区，本该是大宋子民，如今却是金国人，从小更是目睹了广大同胞在金人统治下的屈辱生活。

辛家世居济南，代代为官，"靖康之难"后，辛弃疾的爷爷辛赞因家族人口众多，难以迁徙，被迫做了金国官员，最高曾官至开封知府。但其"身在曹营心在汉"，一直在等待合适时机揭竿反金，重归大宋。平常没事就带辛弃疾登山望远，指画山河：孩子，长大了，别忘了驱逐金贼，收复我齐鲁大地！

（辛赞）每退食，辄引臣辈登高望远，指画山河，思投衅而起，以纾君父所不共戴天之愤。

因此，辛弃疾从小背负国仇家恨，不仅好好学习天天向上，还热衷于练习武艺、研究兵法。我猜"十五好剑术"的李太白应该也不是辛同学的对手，因为人家辛弃疾"家本秦人真将种"，其远祖在秦汉时居于陇西（今甘肃一带），早在西汉，就有两位先人"皆以勇武显闻"，官至大将军。到唐代，也有先祖为将，"代掌戎旅，兄弟数人，并以将帅知名"。所以，生来便自带"将材"基因的辛弃疾曾自述：

少年横槊，气凭陵，酒圣诗豪余事。（《念奴娇·双陆和坐客韵》）

"槊"即长矛，"横槊"就是横持长矛，代指从军或习武。从中可见，辛弃疾从小就以勇武自居，至于什么喝酒、写文章，那都是业余之事。就连其身材长相，也跟文弱书生丝毫不沾边，据他志同道合的好友陈亮所说，辛弃疾的外形是：

眼光有棱,足以映照一世之豪;

背胛有负,足以荷载四国之重。(《辛稼轩画像赞》)

啧啧,好一副雄壮英伟的将军之姿。

十五岁后,辛弃疾的军事能力便初现端倪——他曾借科考之名,两赴金国首都燕京,路途中留心观察山川形势,搜集金国政治、军事、经济等方面的信息,为将来反金做准备。

你看,名为赴京赶考,实为刺探情报。人家辛弃疾的人生规划,走的是妥妥的杀敌报国路线。

每一个舞剑的清晨,每一个开卷的黄昏,他心中都有同一个声音在回响:总有一天,我要驰骋沙场,收复河山!

03

落日塞尘起,胡骑猎清秋。(《水调歌头·舟次扬州和人韵》)

1161年的秋天,落日余晖下,金人的铁骑又在滚滚烟尘中肆虐而来——金国又找碴儿和南宋开打了。

当时的金国皇帝完颜亮因读了柳永之词,对"三秋桂子,十里荷花"的江南垂涎不已,立志要"提兵百万西湖上,立马吴山第一峰"——拥兵六十万大军南下扫荡,放言要在百日之内灭亡南宋,将秀美江南纳入大金版图。结果在采石矶(今安徽当涂)被书生出身的南宋官员虞允文打得落花流水，又遭后院起火，先是被留守国内的堂弟完颜雍政变夺位，后又被意欲投靠完颜雍的叛乱下属乱箭射死。而饱受奴役的北方汉族百姓亦纷纷揭竿而起，"大者连城邑，小者保山泽"，抗金活动一时风起云涌。

值此金国内忧外患之际，二十一岁的辛弃疾认为时机已到，拉了两千多人，举起了反金的大旗。

自古以来，起义都是吃不上饭的草根农民才会干的事儿，比如陈胜、吴广或是要饭的朱元璋，实属迫不得已。而辛弃疾出身官僚阶层，吃得饱、穿得暖，不仅有私塾可读，还能以官场的恩荫福利轻松步入仕途，他却敢于出来起义，这是不多见的。

这是英雄的选择——有勇气去走一条少有人走的艰难之路。

率众起义不久后，眼光长远的辛弃疾便带着兄弟们加盟了山东境内规模最大的一支起义军。作为其中少有的知识分子，加上智勇双全，很快他就成为义军中的先锋人物，还曾有过"斩寇取城"的壮举。

本着人多力量大的初衷，辛弃疾还把一个带有千把人的和尚也拉入了起义军队伍。这个和尚就是文首出场的那个炮灰，名叫义端。此人是个投机分子，在义军待了一阵后，觉得依附于人没有前途，就偷了辛弃疾负责保管的义军大印，想去献给金人，以求富贵。

义军首领发现后，一怒之下，要砍了辛弃疾（一来没保管好大印，二来叛徒是他介绍进来的）。辛弃疾镇定以对，立下军令状，承诺三天内追回帅印，否则甘受军法处置。他推断和尚偷了军印，必去投靠金人，于是便顺着金营方向昼夜狂追，于是就有了文章开头那武侠片式的一幕。

这还不算厉害，之后他还有一次升级版的追杀叛徒记录。

那是在追杀义端的次年,他作为义军代表,渡江南下,与南宋政府洽谈合作。结果,起义军里竟然又出叛徒了,还把叫耿京的义军统帅给杀了!

辛弃疾于返程的半路得到消息,怒发冲冠:我这手里还拿着南宋皇帝发的诏书呢,老大死了,队伍散了,我这诏书发给谁,拿什么向南宋朝廷复命?!

叛徒,必须受到惩罚!

二号炮灰名叫张安国,投奔金人被赏了官职,此刻正飘飘然也,完全没想到自己马上就要下线。

辛弃疾率领五十人的敢死队,马不停蹄回到山东,直奔五万人之众的敌营,将正在与金人将领划拳喝酒的张安国五花大绑,奔突千里,押解至南宋临安正法。

当时辛同学二十二岁。

多年以后,与其同时代的著名文学家洪迈对辛弃疾的这次壮举激赏不已,曾特地以生花妙笔描绘之:

> 赤手领五十骑,缚取于五万众中,如挟毚兔。束马衔枚,间关西走淮,至通昼夜不粒食。壮声英概,懦士为之兴起,圣天子一见三叹息。

"束马衔枚"是指辛弃疾一行人为避敌追击,将马蹄用软布包住,士兵则将形似筷子的木棍含在口中,以免发出声响;一路风驰电掣,在抵达宋金边界的淮水前,昼夜不曾进食。

啧啧,以五十对五万,毫发无损,全身而退,这不是武侠片,这简直是魔幻片!

由此可见,此次捉拿叛徒,必为智取。而这五万之众极大可能都是义军中人,被叛徒裹挟投降,心中本就未必情愿,面对从天而降的辛弃疾,大家都是看呆了的份儿。

就这样,辛弃疾独入虎穴、智取叛徒的英雄壮举,一时间上了南宋各大报刊的头版头条:《武林高手辛弃疾,追杀叛徒专业户》《爱国青年抗金归宋,背后有哪些不为人知的故事?》,即使一贯懦弱之人读完这些热血文章也不禁为之感动奋起、激情奔涌,就连南宋皇帝、抗金投降派总舵主宋高宗,都被他这超强能力震惊了(辛弃疾:呵呵,不要崇拜哥,哥只是个传说)。

彼时,被鲜花和掌声重重包围的辛弃疾豪情万丈、意气风发:山东的父老乡亲们,很快我就会带着南宋大军打回去,等着我!

可惜,很快他就会发现,理想是丰满的,现实是骨感的。是的,他不会想到,自己的戎马生涯竟会止步于此,此后他将再也没有机会驰骋疆场,纵马杀敌。而在山东的这一段峥嵘岁月,也将成为他一生最灿烂、最难忘的记忆。

壮岁旌旗拥万夫,锦襜突骑渡江初。

燕兵夜娖银胡䩮,汉箭朝飞金仆姑。(《鹧鸪天·壮岁旌旗拥万夫》)

多年以后,在南宋赋闲乡居的辛弃疾不断追怀当年旌旗飘扬、千军万马的义军阵容,以及自己身穿锦衣、率精锐骑兵擒叛南下的豪壮之举。

"燕兵夜娖银胡觮,汉箭朝飞金仆姑"两句是描摹义军作战之勇,"娖"乃整理之意,"银胡觮"是一种箭袋,"金仆姑"则是良箭的代称。意思就是说,义军士兵们晚上忙着整理弓箭刀枪,早上便浴血杀敌,箭如雨下,战争场面异常激烈。

不用说,咱们少年威猛的辛同学必是其中最耀眼的那一个。

04 辛弃疾归附南宋的当年(1162年),恰逢宋高宗退位,颇有抗金之志的宋孝宗上台接棒。心心念念想着打回去的辛弃疾,不顾自己位卑言轻,热情洋溢地向当时的江淮军区总司令张浚献上了一条名为"分兵杀虏"的抗金奇策。

在此奇策中,辛弃疾建议南宋应兵分数路,反攻金国。因金军主力驻守在淮河沿线,那么南宋可避重就轻,从关陕、西京(今河南洛阳)、淮北、海上,兵分四路佯攻,释放烟幕弹,迫使金国调动沿淮兵力前往应战。如此一来,金军的淮河防线必会出现破绽,届时宋军以精锐部队对其薄弱之处发动奇袭,便可一路打回自己的老家山东,将金军从北到南的布防隔为两截,宋方再逐一围歼就很轻松了。可惜,如此奇策,志大才疏的张浚却未予采纳。

辛弃疾南归的第二年(1163年),张浚出兵北伐,书生意气、向来轻敌的他完全不讲策略,直接派部下在淮河沿线和金军正面硬刚,结果先胜后败,伤亡惨重,一应兵器、盔甲、粮草,也丢了个干干净净,史称"符离之败"。

满江红·暮春

家住江南,又过了,清明寒食。花径里,一番风雨,一番狼籍。红粉暗随流水去,园林渐觉清阴密。算年年、落尽刺桐花,寒无力。　　庭院静,空相忆。无说处,闲愁极。怕流莺乳燕,得知消息。尺素始今何处也,彩云依旧无踪迹。谩教人、羞去上层楼,平芜碧。

符离之败后,辛弃疾曾写下如上一首委婉缠绵的词作,表面看是伤春相思,实为政治隐喻、别有怀抱——以衰败之暮春暗喻南宋风雨飘摇之国势,借惜春之情抒发对北伐失利的惋惜以及自己"分兵杀虏"之策不得施行、恢复之志无处伸展的苦闷。

经此一役后,南宋士气消沉,主和派重新抬头。辛弃疾痛惜之余,又开始思考如何转败为胜,扭转时局。后来,其苦心孤诣写就十篇军事论文《美芹十论》,上交朝廷,希望能给领导层打打气。结果石沉大海,没有回音。

他没有气馁,后来又写了有关恢复大计的《九议》继续上书,并在文中明确指出,恢复之事不仅仅是为赵宋王室报仇雪耻,更是从江山社稷出发、为黎民百姓着想,却依然激不起任何水花。

后来,南宋刘克庄读到辛弃疾的《美芹十论》和《九议》,曾无限惋惜地慨叹道:

以孝皇(宋孝宗)之神武,及公盛壮之时,行其说而尽其才,纵未封狼居胥,岂遂置中原于度外哉?机会一差,至于开禧（宋宁宗时期），则向之文武名臣欲尽，而公亦老矣。余读其书而深悲焉。

是啊，但凡能让辛弃疾一展其才，不说立下什么盖世奇功，最起码收复中原还是大有希望的。

可惜，没有一刻不期望能够对金作战、挥师北伐的他，从南归以来，却一直被委派各种地方行政官职。

那么，志在沙场的武将去做文官，辛弃疾还能像在战场一样大显神通吗？

答案是：小意思，必须能！

05

乾道七年（1172年），辛弃疾被派往几经战火涂炭、萧条破败的滁州做知州（市长）。在南宋国人眼中，滁州已属荒僻的"极边"之地，常有敌骑来扰，严重缺乏安全保障，弃之不足惜。毕竟当时滁州的市容市貌是这样的：

> 周视郛郭，荡然成墟，其民编茅藉苇，寄于瓦砾之场，庐宿不修，行者露盖，市无鸡豚，晨夕之须无得。

你看，整个城市目及之处皆为废墟，居民只能在瓦砾场上搭建茅草屋，大风一吹则摇摇欲坠，市面上看不到什么商人和行客，农户也养不起鸡鸭猪牛，日常生活物资十分紧缺。

一般官员对到此地为官都是避之唯恐不及，辛弃疾却迎难而上，欣然赴任。

结果证明人家辛弃疾不仅武功盖世，搞经济居然也是一把好手。放贷款、减赋税，外加招商引资、修建城楼，仅仅半年内，就盘活了滁州的经济和民生，"自是流逋四来，商旅毕集，人情愉愉，上下绥泰，乐生兴事，民用富庶"，荒陋之气，一洗而空。

初次做地方一把手就政绩卓著，辛弃疾欣慰之余，忍不住提笔抒怀，描绘滁州繁荣祥和的新面貌：

征埃成阵，行客相逢，都道幻出层楼。指点檐牙高处，浪拥云浮。今年太平万里，罢长淮、千骑临秋。凭栏望，有东南佳气，西北神州。（《声声慢·滁州旅次登楼作和李清宇韵》）

后来，朝廷又选派官员去江西剿匪，这是个换过几拨人都没收拾好的烂摊子，大家一听都装聋作哑往后退，唯有辛弃疾一个箭步上前：让哥来！

走马上任后，辛弃疾对当地驻军裁汰老弱，选练少壮，打造出一支战斗力极强的敢死队。然后使之与熟悉地形的本地乡兵协同作战，兵分两路，一部分扼守要冲，一部分深入山谷追击，在茶匪们疲于应对之际，再给点甜头，适时招降。

就这样，令朝廷焦头烂额、连湖南安抚使这样的大员都被撸下马来的重度匪患，辛弃疾出马，三个月妥妥搞定！

再后来，他又被调往民风彪悍、经常出现武装暴动的湖南，其上任后雷厉风行，火速创立了一支素质勇猛的精锐部队——飞虎军。

建军过程中，辛弃疾逢山开路，遇水叠桥，再次充分展现了其足智多谋的政务能力及杀伐果决的铁腕风格。例如，修建军营，拓宽道路，需大量石料，辛弃疾便令犯了罪的百姓和僧人去潭中开采，以石赎罪。结果，没多久石料即堆积如山，而官府一两银子也不曾耗费。

后遇雨季，使得建营所需之瓦无法烧制，一般人遇到这样的难题也只能挠头干等，不然，还能和老天爷讲理？！

可辛弃疾再展过人谋略，想出了向全城百姓有偿征瓦的变通之策，二十片瓦给付一百文，期限两日。民众们一听有这等好事，纷纷从自家屋顶上匀下瓦片，送至飞虎军营，两日之内，果然凑齐。

据《宋史》记载，飞虎军成立之后，"雄镇一方，为江上诸军之冠。"（辛弃疾：来，谁还敢暴动？举个小手给我看看。）

此后三十多年里，飞虎军不仅很好地维护了地方治安，还是长江边境上最有力的一支军事力量，连金兵听了都胆儿颤，称他们为"虎儿军"。

然而令辛弃疾忍不住爆粗口的是，军队刚刚建好，他就被调往别处了，连一把指挥官的瘾都没过上。

到离开湖南为止，他南归十八年，南宋政府对他的工作调遣，一直雷打不动地坚持两个原则：

一是哪里棘手派你去哪里，充当"灭火器"；二是"召而来，麾而去"，频繁调动。

十八年里，居然调动了十六次！

每一任官职短则几个月，最长也不过两年。每当他在一个地方渐入佳境，准备撸起袖子加油干时，调令就不期而来。

  聚散匆匆不偶然，两年历遍楚山川。(《鹧鸪天·离豫章别司马汉章大监》)

工作地点两年五变，不是被调任，就是走在被调任的路上。

  楼观才成人已去，旌旗未卷头先白。(《满江红·江行和杨济翁韵》)

楼台刚刚建成，却已不见人踪；壮志未酬，我已两鬓苍苍。

辛弃疾：哥是个多么难得的复合型人才。你们这么折腾，是什么意思？！

南宋朝廷：呵呵，辛同学，我们小算盘打得响着呢。

一、你再厉害，也是"归正人"（指从金国归附而来），不是根正苗红的自己人，我们既要用你收拾烂摊子，但同时也不能不防啊。

二、你天天嚷着要打金国，不是写军事论文，就是在地方上练兵建军。我们就不懂了，你老老实实做个公务员，老婆孩子热炕头，不是很好嘛。我们好不容易割地赔款求来的岁月静好，你咋老想着给搅和了呢。

三、你太热血太阳刚了，跟我们阴柔萎靡的南宋根本不是一个气场,我们觉得你真的很难驾驭,给你广阔天地让你大有作为,显得我们都是吃干饭的?我们才不傻呢!

辛弃疾(仰天长啸):对,都是我的错。怪我这只鸿鹄懂不了燕雀的苟且之志,早知你们是这副德行,哥还不如留在山东打游击呢!

"我本将心向明月,奈何明月照沟渠!"

06

木秀于林,风必摧之。

这世界上总有那么一拨人,自己不做事,还特看不惯别人做事,他们一贯的生存哲学就是:朋友们,说好了哦,大家互为参照物,共同不进步。来,拉钩上吊一百年不许变!

很明显,在他们眼里,有些人犯规了:就显你能干啊?弄你!

于是,辛弃疾被弹劾罢官了。

南宋政府将他一闲就是十年。后启用三五载,继而又是屡遭弹劾,再次去官,一闲又是八年……

君恩重,教且种芙蓉!(《小重山·三山与客泛西湖》)

怕我太辛苦,让我到乡下养花种菜,真是皇恩浩荡啊,哈哈哈哈!(笑着笑着我怎么哭了……)

短檠灯,长剑铗,欲生苔。雕弓挂壁无用,照影落清杯。(《水调歌头·寄我五云字》)

腰间的宝剑都生锈了，墙壁上的雕弓也派不上用场，算了，只能自己玩玩杯弓蛇影解闷了。

追往事，叹今吾，春风不染白髭须。却将万字平戎策，换得东家种树书。（《鹧鸪天·壮岁旌旗拥万夫》）

哎，想当年帅过乔峰段誉，如今春风染绿了草木，却染不黑我这灰白的须发，案头那万字的军事论文早都换成邻居家的《蔬菜种植大全》了。

本是个骁勇的武将，偏让去做处理俗务的文吏。做文吏也罢，明明是个极富才能的实干家，偏让你再去做个彻头彻尾的闲人。

十八载年华闲居江西乡下，热血英雄空蹉跎。

07

无法纵横沙场，那我就去词坛上开疆拓土吧。
壮志难酬，吐槽是必须的。

君莫舞，君不见、玉环飞燕皆尘土！休去倚危栏，斜阳正在、烟柳断肠处。（《摸鱼儿·更能消几番风雨》）

赵飞燕、杨玉环是怎么死的，你们都忘了吗？大宋王朝已经到了最危险的时刻，别只顾着寻欢作乐了，干点正事吧！

话说宋孝宗看到辛弃疾这首词后，很是一个不高兴：哎，你说谁呢？

辛弃疾：说的就是你！不服憋着。

> 落日楼头，断鸿声里，江南游子。把吴钩看了，栏杆拍遍，无人会，登临意。(《水龙吟·登建康赏心亭》)

皇帝不急臣子急，满腔壮志无处使力，只能在夕阳之下噼里啪啦痛拍栏杆，这次第，怎一个"急"字了得！

来到南宋，简直比在沦陷区更愁肠百结：

丑奴儿·书博山道中壁

> 少年不识愁滋味，爱上层楼。爱上层楼。为赋新词强说愁。　　而今识尽愁滋味，欲说还休。欲说还休。却道天凉好个秋。

此词通篇言愁，上片写少年涉世未深时故作深沉的情态，下片写南宋政权对他招之即来，挥之即去，令其削职闲居、报国无门的一腔忠愤。可如此愁闷痛楚又如何能明言？也只能是"欲说还休，却道天凉好个秋"……

自南下以来，自己无一日不在期盼能提兵北上，收复故土，可朝廷却苟安江南，不思进取。遥望中原，多少父老乡亲还在金人铁蹄下苦苦挣扎：

菩萨蛮·书江西造口壁

郁孤台下清江水,中间多少行人泪。西北望长安,可怜无数山。　青山遮不住,毕竟东流去。江晚正愁余,山深闻鹧鸪。

这首词写于宋孝宗淳熙三年(1176年),辛弃疾时任江西提点刑狱,途经造口时所作。南宋立国之初,金人曾追击隆裕太后(哲宗的皇后、高宗的伯母)至此地,一路烧杀抢掠(赵构逃到了海上)。望着郁孤台下的滚滚江水,忆及这段狼狈国事,勾起辛弃疾内心无限创痛和悲愤。下片借景抒愁苦与不满之情:朝廷安于一隅,不思进取,自己纵有万般豪情,又能奈何呢?!

清代陈廷焯《云韶集》评价此词曰:"血泪淋漓,古今让其独步。结二语号呼痛哭,音节之悲,至今犹隐隐在耳。"更为著名的,还有那首刀剑生辉、杀气凛凛的《破阵子·为陈同甫赋壮词以寄之》:

醉里挑灯看剑,梦回吹角连营。八百里分麾下炙,五十弦翻塞外声。沙场秋点兵。　马做的卢飞快,弓如霹雳弦惊。了却君王天下事,赢得生前身后名。可怜白发生!

此词追忆早年北方抗金部队的阵容气势以及自己的沙场生涯,生动地描绘出一位披肝沥胆、勇往直前的壮士形象,前九句写得酣恣淋漓,极富战争氛围,结语却一落千丈,从理想的高峰瞬时跌回悲凉的现实,抒发了其壮志难酬、英雄迟暮的哀愤心境。

陈廷焯对此词亦有所评："淋漓怨壮，顿挫盘郁，则稼轩独步千古矣。稼轩词魄力雄大，如惊雷怒涛，骇人耳目，天地钜观也……"

是啊，多少唐代边塞诗在此词面前要黯然失色？又有几个诗人像辛弃疾一样，亲身在刀刃剑尖上摸爬滚打过？！

六十多岁时写就的《永遇乐·京口北固亭怀古》，更是千古一绝，明代杨慎评其为辛词第一，陈廷焯亦称赞此词"句句有金石声音"：

> 千古江山，英雄无觅孙仲谋处。舞榭歌台，风流总被雨打风吹去。斜阳草树，寻常巷陌，人道寄奴曾住。想当年，金戈铁马，气吞万里如虎。　元嘉草草，封狼居胥，赢得仓皇北顾。四十三年，望中犹记，烽火扬州路。可堪回首，佛狸祠下，一片神鸦社鼓。凭谁问：廉颇老矣，尚能饭否？

在京口北固亭上，辛弃疾凭栏瞭望，脑子里一一闪现千百年来曾在这片土地上叱咤风云的历史人物，比如三国时的吴国皇帝孙权，可如今哪里还能寻觅到这样的英雄呢？连他当年修建的"舞榭歌台"，也都已被"雨打风吹去"，泯然无踪。还有南北朝时期的宋武帝刘裕（小名寄奴），曾以京口为基地，削平内乱，取代东晋；他还两度挥戈北伐，先后灭掉南燕、后秦，收复洛阳、长安，几近克复中原，可如今他曾住过的地方也只见斜阳草树，寻常巷陌。

"元嘉草草"三句，则借古喻今，史称南朝宋文帝刘义隆"自践位以来，有恢复河南之志"。然而，他三次北伐，都没有筹谋妥当便急于事功，轻启兵端，不仅惨败，还招致北魏拓跋焘大举南侵，弄得国势一蹶不振……由此想到当下的南宋国势,辛弃疾怎能不忧从中来?一直梦想自己能成为像曹操、孙权一样的英雄人物,建功立业,封狼居胥,可南下四十三年了,当年渡江南归时扬州战火纷飞的情景历历在目,如今自己已垂垂老矣,山河却依然破碎……叹叹叹!

既然志在沙场,纵横豪迈的词自然不在话下。然而,你能想象金戈铁马的山东大汉,写起柔媚的婉约词来也是高手一枚吗?比如广为传颂的《青玉案·元夕》:

> 东风夜放花千树,更吹落,星如雨。宝马雕车香满路。凤箫声动,玉壶光转,一夜鱼龙舞。 蛾儿雪柳黄金缕,笑语盈盈暗香去。众里寻他千百度,蓦然回首,那人却在,灯火阑珊处。

全词采用对比手法,上阕着力渲染花灯绚烂、乐声盈耳的元夕盛况,下阕则描写主人公在火树银花的街巷及佳丽如云的人流中寻觅着一位立于灯火零落处的孤高女子,构思精妙,余味无穷。其清新细腻,不输任何婉约派作品。

不仅豪放词、婉约词两而擅之,就连乡村田园风,也是信手拈来,水平高得不像话。

清平乐·村居

> 茅檐低小,溪上青青草。醉里吴音相媚好,白发谁家翁媪。 大儿锄豆溪东,中儿正织鸡笼,最喜小儿无赖,溪头卧剥莲蓬。

好一幅恬静闲适、惹人喜爱的农村风俗画，妙哉！类似的还有一首《西江月·夜行黄沙道中》：

明月别枝惊鹊，清风半夜鸣蝉。稻花香里说丰年，听取蛙声一片。　七八个星天外，两三点雨山前。旧时茅店社林边，路转溪桥忽见。

词境清新，朗朗上口，明月、清风、稻香、蛙声，一个感官信息丰富的乡村夏夜扑面而来。

闲来无事，辛弃疾同学还会仗着酒劲，撒泼卖萌：

昨夜松边醉倒，问松"我醉何如"。只疑松动要来扶，以手推松曰："去！"（《西湖·遗兴》）

好一个醉态横斜，可爱至极。

非但卖萌是一把好手，我们老辛还童心满满，一派天真烂漫，看到有顽童持竿打枣，特地交代旁人不得惊扰，因为自己要躲在一边闲看，同享此乐：

清平乐·检校山园书所见

连云松竹，万事从今足。拄杖东家分社肉，白酒床头初熟。　西风梨枣山园，儿童偷把长竿。莫遣旁人惊去，老夫静处闲看。

除此外，他傲娇和自恋指数也不低：

不恨古人吾不见，恨古人不见吾狂耳。(《贺新郎·甚矣吾衰矣》)

我见不到古人没啥遗憾的，古人没见过文武双全的我可就亏大了。

我见青山多妩媚，料青山见我应如是。情与貌，略相似。(《贺新郎·甚矣吾衰矣》)

（青山：嗯嗯，就咱俩最美，其他人靠边站。）
文武兼备已经了不得了，偏偏我们老辛还颇具幽默细胞：

杯汝来前，老子今朝，点检形骸。甚长年抱渴，咽如焦釜，于今喜睡，气似奔雷。汝说"刘伶，古今达者，醉后何妨死便埋"。浑如此，叹汝于知己，真少恩哉！(《沁园春·将止酒，戒酒杯使勿近》)

明明是自己愁肠百结，日日借酒抒怀，却把酒杯叫来一顿训："哈，你看我喝得口渴舌燥、昏睡不醒，还不都是你害得！"酒杯委屈巴巴："你也学学人家刘伶，那叫一个达观，酒是走到哪儿喝到哪儿，还让下人扛一把大铁锹跟在屁股后头，说自己哪天醉死了，就地掩埋即可。"

辛弃疾一听，登时火冒三丈：好家伙！我一直拿你当知己，你却如此薄情寡恩，咒我早死！削你信不信？！

啧啧，拟人手法用得这叫一个溜。

词风如此多变，下笔既成佳作，这哪里是什么业余爱好，简直就是一枚多才多艺的全能型写手嘛！

不信，瞧瞧后世的辛粉评价：

婉约以易安为宗，豪放惟幼安称首。（辛弃疾字幼安，李清照字易安，二人合称"济南二安"）（清·王士祯《花草蒙拾》）

词至稼轩，纵横博大，痛快淋漓，风雨纷飞，鱼龙百变，真词坛飞将军也。（清·陈廷焯《云韶集》）

宋词之有辛稼轩，几如唐诗之有杜甫。（缪钺《诗词散论》）

王国维在《人间词话》里也说，南宋可与北宋一较高下的词人，唯辛稼轩一人。

也怪不得辛弃疾尚且在世之时，其词作便已风靡一时，脍炙士林之口，每每"挥毫未竟而客争藏去"。

辛弃疾：呵呵，武功高的没我文采好，文采好的没我武功高，这就是复合型人才的优势，耶！

就这样，一个立志金戈铁马、纵横疆场的武林高手，却阴差阳错在词的世界里留下了无数不朽的千古名篇。

08 公元1203年，已经六十三岁的辛弃疾，又意外地接到了朝廷的新任命。原来，当时的宰相韩侂胄因为德不配位，威望受到挑战，便动起了对金作战，以建"盖世功名"的心思。一提到打仗，自然想起了辛弃疾，你不是主战派的积极分子嘛，那就把你拉出来，为北伐站队造势。

然而，辛弃疾的态度却出乎意料：打的想法是好的，但不是现在，几十年了都没为北伐做过一毛钱的准备，贸然出兵不是找死！想打仗？先花个几年充实国力再说吧。

韩侂胄不乐意了：你继续回家歇着吧，老子的地位等不起，一个字，打！

结果"一出涂地，不可收拾。百年教养之兵，一日而溃；百年葺治之器，一日而散；百年公私之盖藏，一日而空；百年中原之人心，一日而失矣"。

你看，南宋百年间攒下的那点家底，就这样输了个底儿掉。而溃败的原因——"无一而非弃疾预言，于二年之先者。"

就这样，宋军以惨败为代价，验证了辛弃疾预言的无比正确性。而其深谋远虑的军事洞见，远不止此，早在三十几岁任职滁州时，他就断言：

> 仇虏六十年必亡，虏亡则中国之忧方大。

也就是说，金国六十年后必会灭亡。但金国挂了，宋朝的麻烦才真的大了。

真正的大麻烦，就是蒙古啊！

当时的蒙古草原上，还是动荡的零散部落，距铁木真创立蒙古国，还有三十多年……

而后，历史的轨迹如下：

六十二年后，金国真的挂了（时间要不要卡得这么准！），又过了四十五年，南宋也被蒙古给灭了。

神！预！言！

当时辛弃疾曾就此推断打了书面报告，递交朝廷，可是有什么用呢？你永远叫不醒一个装睡的人。

人生的悲剧有时不在于无知，而在于你什么都看透了，却什么都改变不了。

诚如康熙皇帝所说："君子观弃疾之事，不可谓宋无人矣，特患高宗不能驾驭之耳。使其得周宣王、汉光武，其功业悉止是哉！"

可惜，辛弃疾这匹千里马，一辈子也没等到自己的伯乐。

09

兵败如山倒。

紧急时刻，南宋又想起了超级救火队员辛弃疾同志。

韩侂胄赶忙派人到江西请辛弃疾出山（背锅），并且终于给他安排了最高军事机构内的一个重要职务——枢密院都承旨。

接到任命，辛弃疾心中顿时一万头羊驼奔腾而过：早干吗去了！前面几十年，我的嘴皮子都磨破了，你们听进去一句吗？！

但不管怎样，南归四十多年了，他终于第一次有了指挥南宋军队对金作战的机会，第一次距离自己挥师北伐、收复故土河山的人生理想那么近,那么近。

然而,命运再次开了一次玩笑。

任命到达时,辛弃疾早已老病在床。纵使心中豪情未减分毫,却再也没有力量去完成这个使命。

南宋开禧二年(1207年)九月初十,昏睡良久的辛弃疾忽然睁开了眼睛,大喊几声"杀贼!杀贼!"后,一切归于沉寂。

> 男儿到死心如铁。看试手,补天裂。(《贺新郎·同父见和再用韵答之》)

终究,他没能当上将军,没能戎马疆场,荣归故里。

历史中的辛弃疾,就这样带着无尽的悲愤远去了。而文学中的辛弃疾,却像一座不老的青山,永远豪迈,永远妩媚。

每当仰读这座青山,恰如梁衡先生所言,我们总是能清清楚楚地听到一个初心不改的英雄,一遍一遍地呐喊,一次一次地表白;总忘不了他那在夕阳中痛拍栏杆、望眼欲穿的身影。

朋友朱熹去世时,辛弃疾为其写过一篇悼词,其中有几句,我觉得同样适合他自己:

> 所不朽者,垂万世名,
> 孰谓公死,凛凛犹生。

(终)

周公子每期一问

1. 哎,稼轩哥,你只把文学当兴趣,都成了一流词人……

2. 为啥我专职写作,还感觉很费劲呢?

3. 那还用问,要么是才华不够,要么是努力不够呗~

4. 呃,非要说得那么直白吗……

番·外·篇

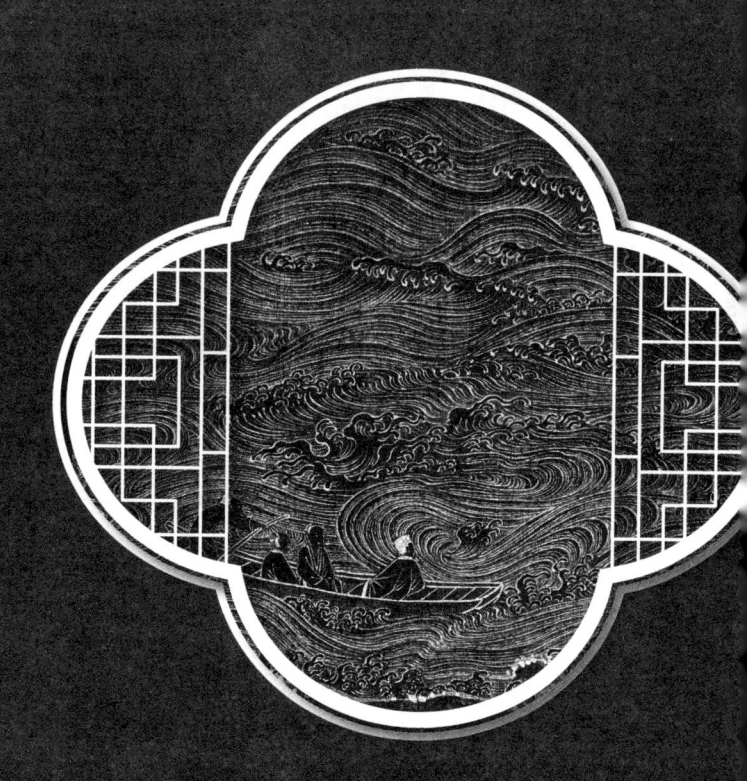

苏辙：做苏东坡的弟弟，是一种什么体验？

01

提起苏辙,大家的第一反应是什么?

我猜大家百分之百会脱口而出:苏轼的弟弟嘛!第二反应,应该还是会异口同声:唐宋八大家之一嘛!再问下去,群众可能就要面面相觑了:不好意思,没了哎。

有没有发现,同样位列唐宋八大家的苏门三父子,苏洵和苏辙对后世的影响力,和苏轼完全没法比,这其中,苏辙的存在感尤其弱。

老爹苏洵还有个典故流传于世呢,什么"苏老泉,二十七,始发奋,读书籍";而且好歹也有一篇《六国论》入选语文教科书。

苏辙呢?

在普通群众的认知里,除了"苏轼弟弟"这个响亮的头衔外,其他几乎一片空白,说是"唐宋八大家之一",却缺少广为流传的代表作。

和苏轼同时代的人,可能注定多多少少都要活在他的阴影里,而越是亲近的人,离阴影的中心也就越近。

苏洵作为父亲,对这样的"阴影"当然是欣慰的:青出于蓝而胜于蓝,这是为人父母的骄傲。但作为弟弟的苏辙,感受可能就没那么单一了。

要知道,兄弟姐妹之间,往往是既团结友爱又相互竞争的。那么,有这样一个不世出的奇才做哥哥,对苏辙来说,究竟是一种什么体验呢?

咱们一起来探究下。

02

摆在眼前的第一个问题是：兄弟俩在后世的名气天差地别，难道苏辙的才华真的就比哥哥差那么多吗？

其实不然。

大家都知道，苏辙和哥哥苏轼是同榜进士，虽然当时表现没有哥哥抢眼（苏轼本来应该是第一，阴差阳错判了第二），但是架不住人家年龄小啊！

苏轼当时二十岁，苏辙只有十八岁，少了两年的学习时间也能和哥哥肩并肩，应该说，苏辙的实力并不弱。

当然了，可能有人会说宋朝高考扩招了，含金量跟唐朝没得比，考中进士不算啥。

好，那咱们再来看另一场超高含金量的测试。

之前写苏轼曾提到过，进士考试后，兄弟二人又曾一起报考难度最高的制举考试。

两宋三百年历史中，考中进士的有四万多名，考中制举者却仅四十一人，相差一千倍，其难度可见一斑。

这次制举考试，最终虽兄弟两人均榜上有名，但普罗大众津津乐道的，从来都是苏轼的赫赫战绩：开国百年来，唯一一个位列第三等者（一、二等皆为虚设，三等为实际最高等级）！

后人纷纷震撼于苏轼的逆天才华，崇拜仰视之情无以复加。却少有人注意，弟弟苏辙本来也有机会名列三等。

事情是这样的。

制举考试结束后，苏轼自我感觉十分好，自信满满地说自己的策论是"直言当世之故，无所委曲"。意思是说：哥胆子可大了，针砭时弊,啥都敢说!

但其实,真正胆子大的是人家苏辙。他的策论比哥哥苏轼的激烈、尖锐多了,而且矛头直指年老无为的宋仁宗,斥其为:

> 沉湎于酒,荒耽于色,晚朝早罢,早寝晏起。大臣不得尽言,小臣不得极谏。左右前后惟妇人是侍,法度正直之言不留于心,而惟妇言是听。

大意是说仁宗沉溺于声色犬马,怠于政事,还听不进去逆耳忠言,唯后宫里那群妇人之见是从!

更厉害的是,苏辙后面还连用了历史上六个昏君来做比喻,论证宋仁宗根本就没有执政能力,简直不配做皇帝!

啧啧,通篇言辞之犀利,情绪之愤慨,简直相当于对着仁宗皇帝打了一套密不透风的组合拳,而且拳拳到肉!

这篇策论一出,即时掀起轩然大波。

白纸黑字把当今皇帝骂成这样的考生,主考官们还真是闻所未闻、见所未见,大家的意见也十分两极化——持激赏态度的是司马光,觉得小伙子太有勇气了,指正朝廷得失,无所顾忌,所谓"贤良方正直言极谏科",要选拔的不正是这样的人才吗?应该入选三等,以示嘉许!

可另一位主考官不干了:这人把当今圣上都骂成什么样了,不赶紧让其卷铺盖走人,难道留着过年吗?!还想要名次?门儿都没有!

意见分歧这么大,另一位叫范镇的考官便出来打圆场:有才是有才,但意见提的也确实有点过了,还是保守些,给个第四等吧。

苏辙就这样错失了和哥哥一同站在最高峰的机会。

但,从此处我们可以看出,苏辙和哥哥的实力其实是十分接近的。

除了都是考霸,日常创作中,苏辙能位列八大家之一,也绝非浪得虚名。连苏轼都说:

> 子由(苏辙字子由)之文实胜仆,而世俗不知,乃以为不如。其为人深不愿人知之,其文如其人,故汪洋淡泊,有一唱三叹之声,而其秀杰之气,终不可没。

看到没,人家苏轼说,我老弟的文章其实比我还厉害,只不过他文如其人,比较低调而已。

不要以为这是苏轼在尬吹自己弟弟,我们也有旁观者作证,比如苏轼的学生秦观也说:

> 中书(苏轼)尝谓"吾不及子由",仆以为知言。

意思是说,我觉得师父说得对,我师叔真的是深藏不露!

所以你看,假设苏辙不与哥哥苏轼生在同一时代,也完全可以是领一时风骚的焦点人物。可惜,偏偏就摊上这样一个几千年方得一遇的光芒万丈的天才哥哥,所有人都沉迷于他超绝的才华,有趣的性情;而自己就算再优秀,也只能在他的光芒覆盖下,默默地跟着大家一起鼓掌。

经常被忽视的人，会特别珍惜他人的欣赏。元老重臣张方平曾评价兄弟俩是：

皆天才！长者明敏尤可爱，然少者谨重，成就或过之。

意思是说，哥俩都是天才人物，哥哥活泼开朗、思维敏捷，尤显可爱；不过呢，弟弟性格谨慎持重，未来的成就可能比哥哥还要大。就因为这句话，苏辙一生将其引为忘年知音。

是啊，每个人都渴望被看到、被重视，舞台的中央谁不向往呢？可只要有哥哥在，自己注定永远只能做配角，说一丝一毫的失落都没有，那是假的。

是的，做苏轼弟弟的第一层体验，是淡淡的失落。

03

其实，苏辙不止才华距哥哥仅一步之遥，还性情沉稳，老成持重，很多时候比性情外露、胸无城府的苏轼靠谱多了。

在他们哥俩之间，长兄如父那是不存在的。多数时间里，担起兄长职责的都是咱们不熟悉的苏辙，不信来看。

兄弟两个初涉官场时，苏辙就整天为苏轼过于情绪化的性格和口无遮拦的嘴巴担心，常苦口婆心劝诫哥哥要谨慎择友，不要逮着个人就有的没的乱说；也不要总是写诗讥讽时政，以免祸从口出。

苏轼却完全听不进去，还咋咋呼呼觉得自己一切尽在掌握：

吾上可陪玉皇大帝，下可以陪卑田院乞儿，眼前见天下无一个不好人。

　　不需要择友，在你哥眼里，全天下都是大好人，都可以说知心话！不让我写诗讥讽时弊，那就更做不到了！世间的所有不平事，对我来说都是"如鲠在喉，不吐不快"，不写出来自己恶心！与其恶心自己，不如恶心别人，所以我一定要写！

　　啧啧，说得这么横，有本事你别闯祸呀，闯了祸有本事你别连累家人朋友啊！

　　后来发生的事儿，大家都知道了，弟弟苏辙的担心到底应验了，苏轼这个口无遮拦的大喇叭终于摊上了大事儿——"乌台诗案"，被捕入狱。

　　这一段的来龙去脉前文已详细讲过，这里只想补充下整件事中，苏辙是如何像个兄长一样，各种奔波营救苏轼的。

04

事件爆发时，苏辙因距京城较近，所以第一时间得到了消息，在御史台派人往湖州逮捕苏轼的同时，苏辙迅速做出了两个决定：一是立刻派人飞马到湖州报信，好让哥哥提前知晓，有个心理准备；二是连夜写了一封奏章，请求朝廷削去自身官职、替兄赎罪，以保住哥哥一条命。

> 臣早失怙恃，惟兄轼一人，相须为命。……臣欲乞纳在身官，以赎兄轼，非敢望末减其罪，但得免下狱死为幸。(《为兄轼下狱上书》)

此后苏辙的另一次机智举动，也为营救苏轼产生了极大作用。

苏轼下狱期间，长子苏迈每日为其送饭。父子二人约定，平时只送肉和菜，如判死罪，则送鱼为信。有天苏迈出城办事，便委托亲戚代送。亲戚不知情，特意买了一尾鱼给苏轼改善伙食，这下可把苏轼吓惨了。哎呀呀，不过写写诗发发牢骚而已，还真要砍我的头啊！

生死关头，再豁达的人也淡定不了了。苏轼想到自己从前不听弟弟劝诫，不禁悲从中来，泣涕涟涟中给苏辙写了两首诗做遗言：

> 圣主如天万物春，小臣愚暗自亡身。
> 百年未满先偿债，十口无归更累人。
> 是处青山可埋骨，他年夜雨独伤神。
> 与君世世为兄弟，又结来生未了因。(《狱中寄子由二首其一》)

狱卒将诗送给苏辙后，苏辙看罢伏案大哭，却拒绝收下诗篇。因为他知道，这首诗在自己手里价值不大，而只要被带回，按照规定，牢犯的只言片字都须呈交给最高当局查阅。

所以，诗篇最终如苏辙所愿，传到了神宗手中，看到诗中手足情深的字句，皇帝大为感动。本来就不舍得杀苏轼，这下又多了一层不忍心。再加上王安石、太后等纷纷出马求情，苏轼最终得以保全性命。

05

哥哥性命得保，苏辙悬着的一颗心，是不是可以稳稳地放到肚子里了呢？这么想，你就太小看苏轼"生命不止，折腾不息"的能耐了。

出狱当天，伤疤没好就忘了疼的他，又开始提笔赋诗：

十二月二十八日，

蒙恩责授检校水部员外郎黄

百日归期恰及春，余年乐事最关身。
出门便旋风吹面，走马联翩鹊啅人。
却对酒杯浑似梦，试拈诗笔已如神。
此灾何必深追咎，窃禄从来岂有因。

在牢里待了一百多天，出来都到春天了。哈哈，大难不死必有后福，下半辈子我一定要尽情地嗨！走出牢门，春风扑面，真舒服啊！一路上喜鹊们也叽叽喳喳恭贺我重获自由身。

喝着小酒回想一下，这场灾祸真似梦一场啊。哎，刚出来我就又下笔如有神，才华流淌得止都止不住，真是没办法！过去的就过去吧，也不全是我的问题嘛！

好家伙，一出来就写诗作妖，你说苏辙心不心惊，胆不胆颤：

苍天呀！在牢里蹲四个月也堵不住你的嘴，这是要害了全家人的节奏啊！摊上这样一个乐观到无可救药的哥哥，你说苏辙能怎么办？也只能在背后替他提心吊胆一辈子了。

事实上，苏辙要承担的，还远不止以上。

苏轼入狱后，一家老小都转到苏辙处。苏辙白天为救助哥哥奔波谋划，回到家还要安抚两家的老老少少，是整个家族的主心骨。

苏轼免死出狱后，第二天就被押往贬所黄州，全家老小依然撂在弟弟家。而苏辙也受到牵连被贬江西，来不及松一口气，他便收拾家当，携老扶幼，带着两家老小一起上路。

此时的苏辙，膝下已有十个儿女，家里早就"债负山积"，日子过得十分辛苦，再加上哥哥的家眷妻儿，负担可想而知。

除了经济压力，更考验人的是耐心和统筹力。

想想我们现在，带一个娃出去旅行都要累崩，而苏辙所携的家眷队伍里，有十几个活力四射的孩子，就这样在当时的交通条件下长途奔波几个月，一路上几十口人的吃喝拉撒、衣食住行、孩子们的啼哭打闹，哪样不需要操心？

天呐，这得是多么艰苦卓绝的旅程。

到江西安顿好家人后，苏辙还得再次出发，将哥哥的一家老小安全护送至黄州。

人人都羡慕苏轼的了无挂碍、随缘任运，却不知道这很大一部分原因在于——他身后一直有个苏辙，在帮着收拾各种烂摊子啊！

真是应了那句网络流行语：哪有什么岁月静好，只不过是有人替你负重前行而已。

是的,苏辙替他承担了太多世俗生活中的琐碎与不堪,所以苏轼才能在精神世界里一骑绝尘,自由翱翔,成就无数旷达乐观、自在洒脱的传奇佳话。

06

而且,"乌台诗案"呈现出的种种绝非偶然。

被贬黄州四年后,苏轼再次翻身,又有了十年的政治黄金期。

这十年,他在朝堂最高官职距宰相一步之遥,在地方也都是上等州郡的一把手,可风云突变再遇贬谪时,他居然一分钱存款都没有!

要知道,宋朝公务员的待遇是十分优厚的,真不知道苏轼是怎么做到月月光、年年尽的。

被贬惠州,没钱上路怎么办?不怕,找苏辙"借"!是的,你没看错,找养了十个孩子、家庭负担比自己重多了的苏辙"借"!

最终,苏辙倾其所能资助了哥哥一笔钱,苏轼这才得以安排一家老小到宜兴生活,免除了被贬南荒的后顾之忧。

同样在朝为官,官阶相差无几,为什么负担更重的苏辙反而家有余财?我想此时此刻,苏辙的内心独白一定是这样的:亲哥啊,兄弟我节衣缩食,抠抠索索攒点钱,为的就是关键时刻能拉你一把啊!

不过苏辙可能也没想到,此后哥哥居然还将再次向自己伸出"罪恶"的双手——到哪儿都自来熟的苏轼,抵达惠州不久后,就开始张罗着为当地人民做好事,修桥铺路,热心公益。为筹措资金,连自己以前朝服上的犀带都捐了出去。更夸张的是，他还写信给弟弟，让他动员弟媳妇把以前进宫所得的赏赐之物拿出来，助力惠州人民修桥。

好家伙！果然是亲兄弟，那是真叫一个不见外！

每每读到此处，我总忍不住会乐出声：想必苏轼、苏辙这等人物，娶的媳妇也必定是境界不俗的。不然，若是个庸常悍妇，还不得骂苏辙个三天三夜啊——你哥修啥桥啊？家里有矿啊？借钱不还也就算了，还蹬鼻子上脸，连老娘的私房钱都惦记上了！还有没有天理了？！

此时，如果你再问苏辙，做苏轼的弟弟体验如何，他一定会苦大仇深地来一句：哎，春蚕到死丝方尽，蜡炬成灰泪始干——操不完的心呐！

07

相比对弟弟苏辙的不熟悉，一提起哥哥苏轼，大家都是两眼放光：这个人啊，好玩得很，遇事儿那真叫一个想得开！比如外放杭州，立马被西湖山水迷得七荤八素：

> 我本无家更安往，故乡无此好湖山。(《六月二十七日望湖楼醉书》)

贬黄州，他说：

> 便为齐安（即黄州）民，何必归故丘。(《子由自南都来陈三日而别》)

贬惠州又改口：

日啖荔枝三百颗，不辞长作岭南人。(《惠州一绝》)

到了海南又成了：

我本海南民，寄生西蜀州。(《别海南黎民表》)

总而言之就是一句话，贬到哪就说自己是哪里人，处处都是我的家。可以说十分嚣张了，但如果你认为他在任何时刻都这么拿得起放得下，那就大错特错了。比如，他每次和弟弟分离，画风完全不是这样的：

不饮胡为醉兀兀，此心已逐归鞍发。
归人犹自念庭闱，今我何以慰寂寞。
登高回首坡垅隔，惟见乌帽出复没。
苦寒念尔衣裳薄，独骑瘦马踏残月。
路人行歌居人乐，僮仆怪我苦凄恻。
亦知人生要有别，但恐岁月去飘忽。
寒灯相对记畴昔，夜雨何时听萧瑟。
君知此意不可忘，慎勿苦爱高官职。(《辛丑十一月十九日既与子由别于郑州西门之外》)

没喝酒，头却晕晕的，不是我喝醉了，而是我的心早已随着子由而去。这是我们兄弟俩第一次分别，弟弟送了我很远，可我仍旧依依不舍，子由不在身边，以后孤单寂寞冷时还有谁来陪伴我呢？

我爬上高坡，希望能再看一眼弟弟远去的背影，却只看到他的帽子随着坡路时隐时现。天寒地冻，他衣衫单薄，独自骑着瘦马在寒风冷月中归去，哎，当哥的心里可真不是滋味啊！

路上的行人都连说带唱，沿途的居民也十分欢乐。只有我想着子由，失魂落魄，惹得随行的童仆都看不下去：耷拉个大长脸，干啥呢？

哎，其实，我也并非不知道人生终有一别，但总怕岁月太匆匆，美好的时光一去不复返。子由啊，你可千万别只顾着追求高官厚禄，忘了和哥哥同归乡里"对床听雨"的约定啊！

这是苏轼科考后，第一次外出为官，也是和弟弟朝夕相处二十几年的第一次分别，心中抑郁感伤，就差泪雨滂沱了。

此后他们宦海漂泊，聚少离多，每次与弟弟分别，苏轼总是凄凄惨惨戚戚，完全不见平日的达观洒脱。比如，后来他回到京城，苏辙却要到陈州上任，他涕泪涟涟写下送别诗：

闭户时寻梦，无人可说愁。
还来送别处，双泪寄南州。(《次韵子由初到陈州二首其一》)

再之后，他也外迁杭州为官，途经弟弟任职的陈州，一见到子由就拔不动腿，愣是在弟弟家盘桓了七十多天，走的时候还一把鼻涕一

把泪,哭哭啼啼:

> **颍州初别子由二首其一**
> 征帆挂西风,别泪滴清颍。
> 留连知无益,惜此须臾景。
> 我生三度别,此别尤酸冷。
> ……
> 近别不改容,远别涕沾胸。
> 咫尺不相见,实与千里同。
> 人生无离别,谁知恩爱重。
> ……

还有什么"忆弟泪如云不散,望乡心与雁南飞""愁肠别后能消酒,白发秋来已上簪""别期渐近不堪闻,风雨潇潇已断魂""君虽为我此迟留,别后凄凉我已忧"等,满满的都是离愁别绪。

连他笔下那首中华词史上的中秋绝唱《水调歌头》,也是在山东密州任职时,因思念子由而做。后在黄州东坡躬耕时,还一再写信让苏辙扔了官职,来黄州相聚,一起种地谋生……

看出来了没,看似强大的苏轼,其实对弟弟苏辙十分依赖。这一生,他最怕的就是和弟弟分离:哎,没有子由在身边提醒我、警策我,真不知道我这天真烂漫的性格和屡教不改的大嘴巴又会闯出什么祸来,心里慌得很啊!

是的,他们从小一起读书与成长,科场共搏击,仕途同起落。彼此不仅是手足,更是人生路上最为信任和持久的知音与战友。

苏轼不是没有脆弱的时刻,而是他的脆弱只愿袒露给内心最信赖的人。他说:

> 嗟予寡弟兄,四海一子由。(《送李公择》)

> 岂独为吾弟,要是贤友生。(《初别子由》)

苏辙便说:

> 手足之爱,平生一人。(《祭亡兄端明文》)

> 抚我则兄,诲我则师。(《东坡先生墓志铭》)

是啊,弟弟是哥哥的精神支撑,哥哥也同样是弟弟的心灵港湾。

做苏轼的弟弟有失落,有无奈。但更多的,是满满的幸福和骄傲:"哼,全世界都爱我哥哥,我哥哥最爱我,耶!"

08

绍圣四年(1097年),六十岁的苏轼被贬海南,五十八岁的苏辙被贬雷州。一对难兄难弟在贬途中聚首,唏嘘不已:岁月飘忽,当年出川时意气风发的两个小伙子,如今都已是霜染两鬓的糟老头。更可叹的是,垂暮之年却还双双深陷政治泥潭,"功成身退,对床听雨"的约定依然遥不可期……

分别前夜,苏轼痔病发作,呻吟不止。苏辙一夜未眠,守在哥哥身边为其诵读诗篇并劝哥哥戒酒。

次日清晨,苏轼登舟渡海。

望着哥哥的一叶孤帆渐行渐远,终于没入波涛之中,想到兄长垂老投荒,有生之年不知能否再见,苏辙不禁心似刀绞,泪飞如雨。

三年后,苏轼自海南北返途中,病逝常州。没能和弟弟子由见上最后一面,是他临终前的最大痛楚:

惟吾子由,自再贬及归,不及一见而诀,此痛难堪!

次年,苏辙按兄长遗言将其葬于嵩山之下,并卖掉部分田产,将三个侄子接到身边共同生活。后来,他着手整理哥哥在海南的诗篇,偶然看到苏轼和写陶渊明《归去来兮辞》的旧作,禁不住凄然泪下:

归去来兮,世无斯人,谁与游?(《次韵和子瞻归去来辞并引》)

哥哥你先我而去,我在世上便再也没有了知音和依靠。年少时相约功成名就后一起归隐故乡、对床听雨,如今却只剩我一人,在世间独自踽踽……

晚年的苏辙闭门不出,几乎断绝了一切人际往来,多年后终老,选择与兄长葬在了一起。

终于,他们以另一种形式实现了"安知风雨夜,复此对床眠"的约定,彼此再也不会分开。

《宋史·苏辙传》中评价这段兄弟情是:

> 辙与兄进退出处,无不相同,患难之中,友爱弥笃,无少怨尤,近古罕见。

作家赵允芳说:苏轼与苏辙的关系就像箭与弓,箭之离弦,离不开弓的隐忍内敛。唯弓弩收得愈紧,箭方能弹射得愈远。某种意义上,正是苏辙的内向收敛、隐忍坚韧,成就了苏轼穿越时空的锋芒与伟才。

深以为然。

当我们今天仰望赞叹如日月星辰般光芒璀璨的苏轼时,不要忘记,他身后永远站着一个苏辙。

当哥哥志得意满、风光无限时,他是人群中摇旗呐喊的喝彩者;当哥哥失意潦倒、流落天涯时,他是背后担负一切的支持者。

无论何时,只要苏轼回首,他总会立在不远处微微一笑:"哥哥,继续大胆潇洒地往前走吧,此外的一切,我担着。"

在我看来,这就是苏辙作为"苏轼弟弟"这层身份的终极意义,他是上天为苏轼派来的守护神。

四海多友朋,无如一子由。

周公子每期一问

1. 老苏,请让一下,今天主要采访你弟弟苏辙~

2. 没问题!

3. 苏辙,快来讲一件你最引以为豪的事情,提升一下你的历史地位~

4. 最引以为豪的事情啊……

5. 必须是——我的哥哥是苏轼。

苏轼与章惇：爱比恨更有力量

01

北宋绍圣四年（1097年），阳春四月，惠风和畅。

惠州归善县的白鹤峰上，一位垂钓而归的老人正信步拾级而上，山峰的一侧，江面上波光闪烁。嗯，今天老人的收成不错，又省了一些买肉钱。

山顶上有一处新建成的房舍，大门旁植着两株柑橘，花开正盛。

老人步入院中，放置好渔具，目光掠过客厅和书房的匾额"德有邻堂""思无邪斋"后，歪着脑袋，俏皮一笑：一不小心又引领了一次文化潮流哦，听说现在整个惠州的书房和客厅，都以四字之名为时尚啦。

而后，他踱到院子的另一侧，一一查看自己亲手栽种的橘子、荔枝、杨梅、枇杷等十几种果树，禁不住咽了下口水：嗯，不错不错，长势喜人，很快就能开吃喽。

望着这座耗时一年、倾囊建造的山顶小别墅，他忽觉内心无比喜悦平静：何须北归，就此终老惠州，有何不可？！

恰在此时，惠州太守推门而入，神色匆匆，欲言又止："苏学士啊，嗯……这个……朝廷又来谪令……"

闻听此言，老人心中猛地一沉，接过谪令书函，看到"琼州别驾"四字后，禁不住身体一个趔趄，过了好一会儿，才仰起头来，喃喃道："子厚，你当真欲置我于死地吗？"没错，苏轼流放海南，恰是拜昔日好友章惇所赐（章惇字子厚）。

02

苏轼和章惇,往昔曾是一对如漆似胶的好哥们儿。

二十几岁时,两人同在陕西为官。苏轼天真烂漫、爱开玩笑,章惇胆大敢为、侠客风范。

公务清闲,两人便常一起喝酒聊天、游山玩水,友爱得紧。

从这个阶段的两件趣事即可看出,二人虽两相投契,个性却有很大差异。

趣事其一:

有天他们双双翘班,到山间小庙喝酒。正兴起间,忽听外面有人大喊"有老虎,有老虎!",借着酒意,两个二愣子跨上马就窜过去看热闹,可是人愣马不愣啊,在离老虎差不多百十米远的地方,马打死也不肯往前了。

彼时,山风一吹,苏轼酒醒一半,瞬时吓出一身冷汗:赤手空拳看到老虎,这不是花样作死吗?于是顺势掉头往回躲。章同学却不怕,不知从哪儿找来一面破锣,气定神闲地往石头上一撞,吓得老虎溜得比苏轼还快。

趣事其二:

后来二人又结伴登山探险,至一悬崖深涧处,对面是巍峨绝壁,中间只一根横木相通,其下深渊万丈。

章惇便怂恿苏轼过桥:"子瞻,你书法好,到对面石壁上给咱签个名呗!"

苏轼很怂地表示:"可不敢,危险系数太高了,粉丝们还等我回去更文,死不起哦,嘻嘻。"

章同学听罢,不以为然:"看哥的!"

说完，他找来绳子一头缚在自己腰部，一头捆在树上，抬脚过桥，面不改色，在石壁上潇洒地写下"苏轼章惇来此一游"几个大字。

苏轼心中不禁暗骂：好家伙！观虎有破锣，过桥有绳索，你当自己机器猫啊？！

待章惇折身返还，他拍着章惇的背说："哥们儿，我猜你以后一定能杀人！"

章惇大笑："何以见得？"

苏轼回曰："你连自己的性命都不在乎，更何况别人的呢？"

当时苏轼绝不会想到，这句漫不经心的玩笑话，多年后居然差点应验在自己身上。

03

倏忽三十年，斗转星移，一切都变了。二位昔日好友如今已站在不同的政治阵营，曾经的打情骂俏，一去不复返。在云谲波诡、你死我活的党派斗争中，很多人已失去了曾经的模样。章惇便是其中的典型代表。

守旧派当权时，他先被贬官流放，后更曾身遭监禁。当变法派再度得势，高登相位的章惇已完全变成了一个被政治仇恨冲昏头脑的人，他的内心，只有一个声音：报仇的时刻到了，我要加倍奉还！

先是早已入土的守旧派领袖司马光被剥夺爵位和荣衔，家产被没收，子孙官禄被取消，还差一点被开棺鞭尸（没错，就是小时候砸缸的那个司马光）。

只整死人哪里解气呢。活着的，就先挑个风头最盛的家伙下手吧：苏轼同学，请出列！

（苏轼：得嘞！就知道又是我……）

既是杀鸡给猴看，自然动作要大一点。于是，苏轼被贬到传说中天气炎热、疾病横行的瘴疠之地——广东岭南。一开始官职还是英州太守，结果一路走官职一路降，南下途中居然又接到三四道谪令，官职已形同虚设，地点也改到了惠州。

苏轼很郁闷：好家伙，搞来搞去累不累？敢不敢一次贬到底？！

章惇：不要，那样不好玩，让你一点点加深痛苦和绝望，才比较有意思嘛。

看到这，大家可能要问了：下手这么黑，从一开始他们就是对假朋友吧？

04

十五年前，"乌台诗案"。

当时苏轼因言获罪，锒铛入狱，政敌从他的诗中拎出一句"根到九泉无曲处，世间唯有蛰龙知"，说他自比"蛰龙"，显然是要造反的节奏嘛。苏轼就此命悬一线。

危急时刻，身处变法派阵营的章惇，不顾二人政治理念的分歧，在朝堂上当着皇帝和满朝文武的面，直斥比自己位高权重的宰相王珪，为苏轼倾情辩护。

不仅朝堂之上仗义执言，退朝后，他还一路追着宰相骂："你是想害得苏轼满门抄斩吗?"宰相心虚辩解说是别人的主意,章惇却依然不依不饶:"别人说你就信啊,别人的口水你咋不吃呢!"

你看这力度,解不解恨?够不够朋友?简直都有点儿义薄云天的感觉了。

后来,苏轼九死一生,被贬黄州。曾经的狐朋狗友怕遭连累,都不搭理他。只有章惇还主动写信来,苦口婆心劝他以后不要乱讲话。

> 平时惟子厚(章惇)与子由(苏辙)极口见戒,反复甚苦。

你看,曾经章惇对苏轼,是相当够朋友的。

政治斗争到底有多残酷,才能让曾经的铁哥们儿决绝反目呢?可惜,历史上并无确凿记载。唯一可供考证的蛛丝马迹是,后来章惇遭贬官,乃是苏辙上书弹劾所致。苏轼虽曾就此去信安慰老友,但在爱憎分明的章惇眼中,或许从此便恨屋及乌了吧。

苏轼,你弟弟整我你不管,日后便休怪我不客气!

05

交代完前情,我们话接当下。

令章惇万万没想到的是,苏轼被贬惠州后的剧情,居然完全不按他这个总导演的预定走。

抵惠第一天,苏同学就迫不及待写诗展示惠州人民扶老携幼、牵鸡遛狗在码头热烈迎接他这位文学、书法、绘画三栖巨星的盛况。

十月二日初到惠州

仿佛曾游岂梦中，欣然鸡犬识新丰。
吏民惊怪坐何事，父老相携迎此翁。
苏武岂知还漠北，管宁自欲老辽东。
岭南万户皆春色，会有幽人客寓公。

哎呀，惠州这个地方很熟悉嘛，就好像曾经来过一样，不然的话，怎么连这里的鸡和狗都认识我呢（惠州的鸡和狗表示一脸蒙圈：大哥，我们就是来凑个热闹，拜托你不要乱认朋友）？

嗯，总而言之，惠州是个好地方，大家肯定都会对我很好的（典型的到哪都不把自己当外人啊！）

接下来的日子里，他更是花式写诗，三百六十度描绘自己在惠州的幸福生活：比如，没事就躺平，荔枝吃到撑——"日啖荔枝三百颗，不辞长作岭南人。"

或是，凉风习习，午觉睡到自然醒——"江风初凉睡正美，楼上啼鸦呼我起。"

后来，眼瞅北归无望，索性直接盖房落户惠州——"树暗草深人静处，卷帘倚枕卧看山。"

你看，房子依山傍水，卧可听涛声依旧，坐可观风云百变。

嗯，养老环境5A级。

章惇看到这些，自然大不爽：好你个苏子瞻！搞那么大阵仗贬你去岭南吃苦受罪，结果你就给我看这个？再嘚瑟，还贬你！

苏轼则依然故我：来呀，怕你不成！

终于，当"报道先生春睡美，道人轻打五更钟"这句传到京城后，章惇彻底发飙了，一脚把六十岁的苏轼踢到了海南岛。

章惇心想：这下你总该哭了吧，你叫子瞻，那就贬你去儋州，都有一个"詹"字；贬你宝贝弟弟子由到雷州，都带一个"田"字。怎么样老朋友，我整你整得是不是别出心裁？

结果再次让章惇吐血三升的是，苏轼在去海南的路上，就写诗给苏辙说：

> 他年谁作舆地志，海南万里真吾乡。（《吾谪海南子由雷州被命即行了不相知至梧乃闻》）

兄弟，别怕，全宇宙都是咱的家！

到了海南后，他依旧口无遮拦：

> 我是玉堂仙，谪来海南村。（《入寺》）

> 年来万事足，所欠唯一死。（《赠郑清叟秀才》）

不知道章惇看到苏轼这些欠死的状态时，得气炸成什么样子：怪我咯？没把你整死我还要说声对不起喽？！

同时，他极可能还会有一种深深的无力感：为啥那家伙还能跟从前一样单纯快乐？我已无所不用其极，凡优待他的地方官员统统撤职，还不给他发工资，不让他住官舍，他不应该被逼到绝境了吗？

06 章惇想得没错，苏轼的流放生涯的确远没有他自己诗中讲得那么岁月静好。在惠州和海南，绝大部分时间里，他的日子其实相当窘迫。

惠州政府三年来一直拖欠他的薪水，日常缺吃少穿是常态——"典衣作重九""落英亦可餐"。后来，其侍妾王朝云还在惠州遇瘟疫而亡，从此，他形单影只。

流放海南，他其实已做好客死海岛的准备，打算去了就打棺材、挖坟墓：

> 某垂老投荒，无复生还之望。昨与长子迈诀（长子：苏迈），已处置后事矣。今到海南，首当作棺，次便作墓，乃留手疏与诸子，死则葬海外。……生不挈棺，死不扶柩，此亦乃东坡之家风也。

一封呈给官府的谢表中，言辞更是哀凄之至，令人不忍卒读：

> 臣孤老无托，瘴疠交攻，子孙恸哭于江边，已为死别，魑魅逢迎于海外，宁许生还？

痛苦绝望之情，溢于言表。

不止如此，在海南还有常人难以忍受的孤独：

从我来海南，幽绝无四邻。(《和陶杂诗》)

自笑四壁空，无妻老相如。(《和陶和刘柴桑》)

登高望中原，但见积水空。此生当安归，四顾真途穷。(《行琼儋间，肩舆坐睡，梦中得句云："千山动鳞甲，万谷酣笙钟。"觉而遇清风急雨，戏作此数句》)

是的，苏轼旷达的诗篇有多精彩，背后的痛苦就有多厚重。旷达是痛苦之后的开悟——没有痛苦，何须旷达？

07 既然实际状况如此凄凄惨惨，那么苏轼的内心有没有像章惇一样，被疯狂的仇恨所侵袭呢？从他在惠州时写给苏辙的一封家书中，我们或许能窥得一二：

惠州市肆寥落，然日杀一羊。不敢与在官者争买，时嘱屠者，买其脊骨。骨间亦有微肉，煮熟热酒漉，随意用酒薄点盐炙，微焦食之，终日摘剔牙綮，如蟹螯逸味……

那么困苦的日子里，人家居然还有心情自创烧烤。不敢和当官的争买羊肉，买点肉少的脊骨也满足得很，还美滋滋地跟弟弟分享：哎呀，你哥我怎么这么有才，发明的烤羊脊简直太好吃！

前面他写下的那些旷达诗篇，究竟有没有和政敌斗气的成分，我们不得而知。但这封写给弟弟的家书，总不可能是违心之语。从中我们不难看出，苏轼对苦难生活的平和和接纳。

一个心中装满仇恨的人，哪还能发觉到生活中这些细微的小确幸呢？

是的，你可以决定我的处境，却无法左右我的心态。发生了什么不是最重要的，重要的是我们如何应对和认知，痛苦也可以是一份礼物。

08 当然，苏轼也并非圣人。仇恨或许说不上，但要说他心里丝毫怨气没有，显然也不可能。尤其我们苏轼同学最大的性格特点之一，就是爱占嘴上便宜。

后来，他获释北归，途经广州，当地的官员粉丝们纷纷设宴追星，有个人张嘴就对他说：有段时间大家都谣传你死在海南了，我还以为你真挂了呢，没想到你还活着呀（好家伙，真会说话！恭喜这位朋友，你已成功引起了偶像的注意）！

果不其然，苏轼神秘兮兮地对他说："是的哦，我当时真的死了呢，不过在去阴曹地府的路上遇见了章惇，看见他我就烦，一生气就又还了阳！"

章惇啊章惇，我要活得比你久，气不"死"你不罢休！

啧啧，嘴上便宜占得这么溜，心里是否真的也如此决绝呢？

别海南黎民表

我本海南民，寄生西蜀州。

忽然跨海去，譬如事远游。

平生生死梦，三者无劣优。

知君不再见，欲去且少留。

苏轼谪居海南三年后，哲宗驾崩，徽宗登场。

苏同学获释北归，写下了上面这篇让海南人民热泪盈眶的《别海南黎民表》（我估计四川人民看到会哭得更惨，全民偶像说自己压根就是海南人啊，以前只不过是寄生在四川，考虑过家乡人民的感受吗？）。

而章惇因为曾经站错队，评价徽宗"轻佻，不可以君天下"，被徽宗一纸谪令贬往岭南雷州（没错，就是苏辙待过的地方，严重怀疑徽宗是故意的）。

天道好轮回，苍天饶过谁。双方情势就这样猝不及防地来了个惊天大逆转，此时此刻的苏轼，该是仰头大笑、高呼苍天有眼呢，还是拍手称快、来一句："你小子也有今天？"

我们不妨拭目以待。

09

从丞相到流放,一夜之间,章惇一家的天塌了。

不久,章惇的女婿收到一封来信,部分内容如下:

子厚(章惇)得雷(州),闻之惊叹弥日。海康(即雷州)地虽远,无瘴疠。舍弟(苏辙)居之一年,甚安稳,望以此开譬太夫人也。(太夫人指章惇的母亲)

落款:苏子瞻。

听说章惇被贬雷州,苏轼居然没有仰天大笑也并未拍手称快,而是吃惊了好几天,每读至此处,我都忍不住要揣度几番:苏同学吃惊的这几天里,他在想些什么呢?

当他认真地问自己,如今究竟如何看待这个老朋友时,内心定是五味杂陈吧。但我确信,他脑海中浮现最多的,必不是对方带给自己的痛苦,而是二人曾经一起煮酒论诗、勾肩搭背的青春时光;想起自己身陷囹圄时,对方义无反顾伸出的那双手。

是的,他发现,想起那个既曾深深相知、也曾无情伤害过自己的老朋友,心中涌起更多的,依然是他曾带给自己的温暖和感动;听到关于他的坏消息,第一反应还是会忍不住为他而担忧。

流放千里之苦,骨肉分离之伤,再也没有谁比自己更有体会了。所以他首先想到章惇的老母亲一定深受打击,连忙去信说那里风土人情不恶,望老者安心。

因为懂得,所以慈悲。

10

苏轼北返至镇江时，章惇的儿子还是担心苏轼如果再度当政，会打击报复自己老爹，于是鼓起勇气，给苏轼写了一封哀婉恳切的长信，替父求情。

苏轼收信后，先是对着自己儿子大呼小叫：哎呀，小章同学文章写得真不赖啊，有司马迁之风！

而后回信如下：

> 某与丞相定交四十余年，虽中间出处稍异，交情固无增损也。闻其高年寄迹海隅，此怀可知。但以往者更说何益，惟论其未然者而已……

意思是说，我和你父亲是四十多年的好朋友，虽然中间出了点小矛盾，但并不影响交情，过去的事还提它干啥，咱们只论将来……

后面他又絮絮叨叨讲了一些雷州生活指南，提供了一些常用药方，最后还倒贴赠送了自己的海外大作《续养生论》，指导章惇"练气功"，保养身体。

好一个老友虐我千百遍，我待老友如初恋啊（章惇儿子收到回信，估计下巴都要惊掉了）！

林语堂感叹这封信是"伟大的人道主义文献"，后人提到这对相爱相杀的好友时，也多对这封信展现出的开阔心胸高山仰止、赞叹不已。

诚然如是。

不过相比这封信，更令我动容的，却还是苏同学最早写给章惇女婿的信。因为，按照苏轼的胸襟和品性，章惇儿子主动向其求情，他做出宽容回应，实是大概率事件，不足为奇。而给章惇女婿的信却不一样，那是他得知章惇落难后，第一时间自主自发的问候，字里行间流露出的关怀与唏嘘，最能展现他依然视章惇为友的心迹。

我想那一刻，苏轼不仅明了了自己的心绪，也体悟到了章惇的痛苦：我知道你恨我愈深，恰是因你曾爱我弥切，我懂你心中亦有伤痕。过去的就让它过去吧，如今能为你做的，也只有这些了。此生或许没有机会再见，但我会记住你曾经对我的好。就这样吧，我的老朋友，愿你此去安好。

此后，当年苏轼即于常州病逝。四年后，章惇客死雷州。

死去元知万事空。

财富，地位，权力——生命的最后我们都无法带走，能够带走的，或许只有记忆中沉淀下来的纯真的感动和爱。

11

当年明月在《明朝那些事儿》中曾说过，仇恨比爱更有生命力。是的，仇恨极易滋生和传递，子子孙孙无穷尽，冤冤相报无了时。

恨让人想要去毁灭，可毁灭了别人，就能救赎自己吗？

我们不知道当章惇看到苏轼的信时，会做何感想，也许他不得不承认，他费尽心机想要摧毁苏轼，到头来，却是用仇恨为自己画地为牢。

一个人想要显示自己的力量，暴力和仇恨从来不是最好的方式。

面对那些伤害过我们的人，是爱还是恨，每个人都有自由做出自己的选择，只是我们都知道——选择恨太容易了，只要足够的愤怒、对立、仇视，就够了；而选择爱却要难得多：理解、宽恕、慈悲，每一样都需要智慧和勇气。

苏轼是一个对佛学也深有造诣的人，他也用自己的行动很好地诠释了佛家的一句话：恨不止恨，唯爱能止。

在他心中，爱比恨更有力量。

终

周公子每期一问

1
— 男神大人,怎样才可以做到像你一样旷达乐观呀?

2
— 首先你要有一颗慧心,其次你得和我一样命途多舛……

3
— 命途多舛啊?咱们还是换个话题吧……

4
— 我还没说完呢,如果你是一个吃货,凭这一条就够了!哈哈哈~

哇~~
乐弯肘子

苏轼与陈季常：真正的朋友是无用的

01

作为宋朝第一男神的苏轼什么东西最多？

我想除了才华，应该就是朋友了。

他的朋友可谓形形色色，各式各样，上至名流显贵，下至村野黎老，另有和尚、道士、歌妓，而且遍布五湖四海。

在他这光怪陆离的朋友圈里，最打动我的，是他与陈季常的友谊。

他俩的故事，要先从陈季常的老爸陈希亮说起。

苏轼二十几岁初入官场时，曾在山西凤翔任职。当时的顶头上司就是陈希亮，陈希亮是行伍出身，为人严厉刻板，架子十足，跟当时年轻傲娇、潇洒不羁的苏轼，风格完全不搭。日常工作中二人屡有分歧，相处的画风多是这样的——

苏轼：大叔，工作是就事论事，你天天黑个脸给谁看？

陈希亮：现在的年轻人呀，仗着自己有点名气，就敢和领导对着干。那么有才，你咋不上天呢？

就这样，两人虽为四川老乡，却时常唇枪舌剑，当面掐架（不用想也知道，陈太守肯定是骂不过苏同学的）。

后来战况升级，陈太守直接向朝廷弹劾苏轼，说他抗命不从。

把苏轼气得跳脚：好家伙，这月绩效奖金要没了（被朝廷罚铜8斤）！

再后来，陈太守建了一座观山的高台，请苏轼作赋一篇，刻在石碑上。

如此一来，苏同学心中那复仇的小火苗，简直是按捺不住。于是乎，他在文中不仅狠狠秀了番文采，还趁机抖了把机灵：先是嘲讽陈太守此前竟不知城外有山，然后借助历史兴衰的典故，说别看这高台现在修得漂亮，指不定哪天就变身一片废墟，要是有人想借此夸耀于世，满足自我膨胀感，那就大错特错了。

算是痛快淋漓地报了一箭之仇。

陈太守这边正兴致勃勃呢，看到这样一篇赋，你说心里堵不堵？

可是，出人意料的，这一次他却没动怒，还一字不改地让人把这篇《凌虚台记》刻在了石碑上。

原来，陈太守此人并不坏，面冷心热，看到这个老乡后生年少成名，怕他太骄傲，便有意挫挫他的傲气，实则是有心爱护。而苏轼看到对方不再接招，心里也明白了一二。后来调离凤翔，每每想到这个事情，还总觉得有点对不住陈太守。

他和陈季常就于此时相识。

当时的陈季常，英姿年少，喜纵马射猎，以豪侠自称。曾与苏轼在马背上谈古论今，探讨兵法。双方虽互有欣赏之意，但交往应该并不深入，毕竟当时苏轼跟人家老爹整天还是剑拔弩张。

从苏轼调离凤翔到被贬黄州的十几年间，二人应该不曾再谋面。

02

公元1080年，春，湖北，歧亭镇。

人到中年的苏东坡奔波在贬迁黄州的路途中，一脸的风尘仆仆。行至山岭下，忽见簇簇梅花凌寒吐蕊，不由诗兴大发，随口吟到：

梅花二首其一

春来幽谷水潺潺，的烁梅花草棘间。

一夜东风吹石裂，半随飞雪度关山。

何人把酒慰深幽？开自无聊落更愁，

幸有清溪三百曲，不辞相送到黄州。

"何人吟此好诗？"

只见路上迎面走来一人，头戴一顶四四方方的高帽，手持竹杖，眉宇间颇有侠义之气。

苏轼闻声望去，四目相对的一刻，双方都猛然怔住了。

"哎哟哟！这不是我的老朋友陈季常吗？你咋在这儿呢？"

"咦？这不是名满天下的苏学士吗？你咋也在这儿呢？"

苏轼脸上浮出一丝尴尬的微笑："那个……我是被贬到这里来哒，一言难尽呀"，说罢，拍拍自己肚子："都是这满腹才华惹的祸，嘻嘻。"

陈季常听罢，爽朗一笑："嗨，原来是这样啊！我现在这里隐居呢，那还废话啥，走呗，到我家住两天再说！"

余谪居于黄，过岐亭，适见焉。曰："呜呼！此吾故人陈慥季常也。何为而在此？"方山子亦矍然，问余所以至此者。余告之故。俯而不答，仰而笑，呼余宿其家。

苏轼此时是戴罪之身，一下子从上流公务员沦落为社会最底层，曾经一起玩耍的小伙伴们唯恐被连累，别说宽慰苏同学了，连苏轼主动给他们写信都当没收到。而从前并不算深交的陈季常,却一点也不嫌弃,请他到家里一住就是五天,好吃好喝地招待。这让刚刚死里逃生、又在异乡举目无亲的苏轼十分感动。

说起来,陈季常也是个很有意思的人。身为官二代,在洛阳有豪华别墅,在北方有良田千亩,他却统统舍弃,跑到这深山僻谷参禅悟道,算是个真正的隐士。

就这样,两个有趣又有闲的人凑到一起,分外来电,火花四溅。

此后在黄州四年,苏轼到歧亭找陈季常玩耍三次,而陈季常去找他七次。每次都会在对方家里住上十天半月,四年下来,共处的时光有一百多天。

> 凡余在黄四年,三往见季常,而季常七来见余,盖相从百余日也。

他俩在一起,总有做不完的有趣事:谈论佛法、吟诗作赋、寄情山水、抚琴高歌……好不快哉。

林语堂说,陈季常是苏轼在黄州时最好的朋友(没有之一),好到可以随便开玩笑。比如以下:

> 龙丘居士亦可怜,谈空说有夜不眠。
> 忽闻河东狮子吼,拄杖落手心茫然。(《寄吴德仁兼简陈季常》)

这四句描写的就是某次苏轼去探望陈季常时的情景,两人同处一室，谈天说地，乃至彻夜不眠。

陈季常之妻柳月娥，看到这对好哥们儿从早到晚黏一起，不免心生醋意，运起丹田之气，大喝一声：老陈，你还睡不睡觉了？！

吓得陈季常的拄杖应声而落，免不了被东坡一顿嘲笑。

就这样，苏东坡随便一个玩笑，陈季常就落了个怕老婆的千古名声，"河东狮吼"也成了悍妇的专属代名词。

而且，大家也看到了，这首诗是写给吴德仁的。给另一个人写信，还要捎带着说说陈季常，开开他的玩笑，这就好比我们喜欢一个人时，不论跟谁聊天，总会忍不住把话题扯到他身上一样。可见这两人相投到什么程度。

后来苏轼被赦离开黄州，送行者众，至慈湖（在湖北黄石）登船后，众人散去，只有陈季常不舍得走，一送再送，从湖北一路送到了江西九江。

> 七年四月，余量移汝州，自江淮徂洛，送者皆止慈湖，而季常独至九江。

（柳月娥：送人还送跨了省，到底你出门还是他出门？！）
而且，两个人还极有可能一起在九江游览了庐山。

> 惟陈季常不肯去，要至庐山而返，若为山神留住，必怒我。

东坡：陈季常信佛，到了庐山要是被山神留住了可咋办，柳月娥还不得吃了我？！

苏轼那首吟咏庐山的千古名诗，即是此时而作：

题西林壁

横看成岭侧成峰，远近高低各不同。

不识庐山真面目，只缘身在此山中。

03

九江已至。

送君千里，终须一别。

陈季常满脸不舍："东坡，一路保重，记得要常给我来信啊！"

苏轼却嬉笑而答："知道啦，季常老弟！乖啦，快回去吧，不然，月娥要发飙了。"

转过头来，苏轼却已然泪目。

多情自古伤离别。

四年后，陈季常又千里迢迢跑到京城开封来看他，那时苏轼正一路开挂，站在个人政治生涯的最高点。而陈季常也不是来讨官做的，但求知己故交的重逢之乐而已。

嗯，老朋友，看到你现在一切都好，我就放心了。

1094年，苏轼五十七岁，被贬岭南惠州。

抵惠半年，陈季常来信数封：东坡，想你了，打算漂洋过海去看你。

歧亭到惠州，岂止千里之遥。

苏轼急忙回信劝阻：哎呀，我在这好着呢，彼此都是胡子一把的糟老头了，还这么儿女情长，羞不羞？

> 到惠将半年，风土食物不恶，吏民相待甚厚。……所以云云者，欲季常安心家居，勿轻出入。老劣不烦过虑……亦莫遣人来，彼此须鬓如戟，莫作儿女态也……长子迈作吏，颇有父风。二子作诗骚殊胜，咄咄皆有跨灶之兴。想季常读此，捧腹绝倒也。

（跨灶之兴：比喻儿子胜过父亲）

"捧腹绝倒"——信中这四个字，令我深为感动。

我有捧腹绝倒过吗？是在谁人面前？

区区四字可谓写尽了真正的朋友间那无须矫饰、松弛自然的状态。

陈季常在苏轼现存诗赋中能够找到的痕迹，至此信而终。东坡贬居惠州后，有生之年他们应该没有再见面。

"海内存知己，天涯若比邻。"相知何须一定再相见。

04

复旦大学陈果教授曾说：真正的朋友应该是无用的——没有任何功利之用。

我之所以如此喜欢苏东坡和陈季常的友情，是因为从始至终，陈季常对苏轼,恰是如此。

许多人和苏轼相交,或是仰慕其才华,或是期望政治上被其提携,或艺术上受其点拨。这没什么错,人际交往的本质即是价值的交换。

真正的朋友亦然,只不过,交换的并非世俗功利之用,而是性情与心灵的两相投契。

一如陈季常对苏轼。

不在春风得意的顺境里逢迎巴结,却屡屡在贬谪潦倒的困顿中倾注真情:

你被贬黄州,成了一介农夫,有什么关系?你我性情相投,你就是我最好的朋友。

你身居高位、官运亨通又如何?在我眼里,你还是那个可以随便开玩笑的死党铁哥们儿。

你老来遭难,流放岭南又怎样?管他千里万里,想你了我就去看你。

农夫也好,权臣也罢,抑或是被流放的糟老头,你在我陈季常的心里,自始至终就只有一个标签,那就是:朋友。

陈季常用他对苏轼的满腔至真至纯之心告诉我们——真正的朋友不是拿来用的,而是用来爱的。

而从苏轼给陈的回信中亦可窥得,他当然也把陈视为人生至交。

他不想让老友奔波受累,于是赶紧说自己在惠州如何顺利,好让老友安心。

就像我们偶尔遇到家长里短的烦心事,可能会向朋友吐槽唠叨几句,可真遇到大麻烦了,却宁愿自己扛过去,事情过去了才会轻描淡写地跟朋友提及。

对真正的朋友，我们未存功利之心，更不想给他们增添任何麻烦，但朋友往往回馈给我们任何功利之物都替代不了的灵魂喜悦。

一如陈果教授所讲：真正的朋友，是无用的，却又像水，像空气和阳光。

未必时时想起，却又永远不可或缺。

（终）

周公子每期一问

1. 老苏,我可太嫉妒陈季常了。

2. 咋个了嘛!

3. 他有你这么万人迷的朋友啊!

4. 嗨,你不也是我相隔千年的朋友嘛!

5. 哦,我也算啊……那你不给我写幅《寒食帖》意思意思?

6. 哎,说好的真正的友谊是无所求的呢?
嘿嘿嘿……

苏轼：出世和入世，谁说只能二选一？

01 写了这么多古代先贤的人生小传，发现他们面临的终极人生命题其实都一样，无非是出世、入世二选一，抑或在两者间踟蹰徘徊。

入世，即学成文武艺，货与帝王家，求仕为官，兼济天下；出世，则退隐山林，独善其身，天下兴亡，冷眼旁观。

也就是咱们常说的"仕"与"隐"。

在我看来，"仕"也好，"隐"也罢，并无高下优劣之分，各人性情与追求不同，适宜自己就好——"先天下之忧而忧"的范仲淹和"采菊东篱下"的陶渊明，我都很仰慕。

不过，在此命题下，如非要选出一个我最为欣赏和佩服的文人，那必须是将"出世"与"入世"这两个看似对立矛盾、非此即彼的人生选项完美结合、两擅其美的苏东坡。

嗯，普通人才做选择题，天才则是皆为我所用。

02 说苏东坡入世，相信是人所共识，无可争议：在朝廷为官，没什么意见他不敢提，也没什么人他不敢得罪。

认为王安石变法太激进，一个大步向前：反对！

后来，觉得司马光尽罢新法太过一刀切，又是一个大步向前：反对！

跑到地方上就更不用说了，徐州抗洪、密州灭蝗、杭州修水利、定州整军纪，每到一处，都是妥妥的政绩一箩筐。

最夸张的是，任登州军州事时，他仅到任五天就又被调往京城，按一般官员的效率，五天时间还不够熟悉办公室呢。结果苏轼呢，五日游就走访调查出了当地军政和财税的两大弊端，并分别上章提出改善措施。

其为政之勤勉，可见一斑。

就算人生低谷的黄州惠州儋州，自己都被虐得各种惨兮兮了，那也是拯救溺婴、造桥铺路、普及文化教育，从没停止过为国为民发光发热……

晚年从海南遇赦北归，在写给朋友的信中，他总结自己的人生信条为：

不有益于今，必有觉于后，决不碌碌与草木同腐也。

意思就是，要么多做实事，有益于今时；要么著书立说，启迪于后世，绝不允许自己的一生才华空付，碌碌无为。

这一番"我的存在，必须要让世界变得更美好"的壮志，他做到了，所有人也都看到了。

但在其人生的价值取向中，其实还有一条暗线，往往为人所忽视，那就是：

终其一生，在积极入世的同时，苏轼其实还是一个对官场与功名利禄毫不留恋的心灵隐者。

这份心灵上的归隐情结，体现为身在仕途时，旁人都在盘算怎升官发财,只有他心心念念如何尽早实现济世理想,然后事了拂衣去,深藏功与名。

譬如,二十岁出头,还在备考制举试时,他就跟弟弟苏辙在某个风雨之夜立下了他日一起及早退隐还乡的誓约。

第一份工作到岗途中,跟苏辙分别时,又不忘絮絮叨叨地提醒:

寒灯相对记畴昔,夜雨何时听萧瑟?
君知此意不可忘,慎勿苦爱高官职。(《辛丑十一月十九日既与子由别于郑州西门之外》)

你看,一个两度制胜科场、名动京城的有为青年,一个被皇帝亲自盖章说有宰相之材、前程不可估量的官场新星,居然口口声声叮咛弟弟将来不要贪恋高官厚禄:你答应过我哦,咱们要一起归隐!

初在凤翔为官,也不时惦记此事:

忆弟泪如云不散,望乡心与雁南飞。(《壬寅重九不预会独游普门寺僧阁有怀子由》)

远别不知官爵好,思归苦觉年岁长。(《病中闻子由得告不赴商州三首其一》)

三年无日不思归,梦里还家旋觉非。(《华阴寄子由》)

在杭州做通判时,某个冷雨敲窗的秋夜,他甚至辗转难眠,深悔自己当年为啥想不开跑出来考公务员，老家自给自足的田园生活不也挺美好吗？

想着想着，居然愁肠难遣，通宵不寐：

> 嗟我独何求，万里涉江浦。
> 居贫岂无食，自不安畎亩。
> 念此坐达晨，残灯翳复吐。（《秋怀二首其一》）

同一时期，在送别四川老乡的词中，也有"故山犹负平生约，西望峨眉，长羡归飞鹤"之句。

03

如果说这是苏轼以文人心性初入复杂官场，如鸟入樊笼而产生的不适感，那么到了后来的元祐时期，老苏已五十多岁，宦途中摸爬滚打已逾半生，且正处于一生中的政治生涯巅峰期——最高官任三品大员翰林学士、知制诰，专门负责代拟王言，起草任命将相大臣、册立皇后、太子之诏书及与周边国家往来之国书等，相当于皇帝身边最亲近的政治顾问兼机要秘书。

翰林学士从中唐以来就有"内相"之称，欧阳修、王安石、司马光都由此职位晋升至副宰相。

此时的苏同学，离位极人臣，仅一步之遥。

何况，很快他又兼任经筵侍读，成为哲宗皇帝的御用家庭教师，一教就是五年。

啧啧，帝王师啊！

对古代文人来说，最为清贵荣耀之职，莫过于此。天才狂傲如李白，也视帝王师为自己的终极政治理想。

然而，就是在这样的仕途高光时刻，苏轼内心的归隐情结依旧毫无淡却：

明年兼与士龙去，万顷苍波没两鸥。(《次韵子由书王晋卿画山水一首，而晋卿和二首》)

——你看，还在期盼能和苏辙携手还乡，像两只鸥鸟，没入烟波浩渺的大海。

还曾写信给在黄州躬耕时的邻居，千叮咛，万嘱咐，让他帮忙照管好东坡上那一亩三分地，说自己早晚会回去种田隐居：

仆暂出苟禄耳，终不久客尘间，东坡不可令荒茀，终当作主，与诸君游，如昔日也。愿遍致此意。

官徙扬州时，赴任途中，甚至幻想就此退休致仕，溯江而上，直抵眉州老家，坐等苏辙回来，组团养老：

溯流归乡，尽载家书而行，迤逦致仕。筑室种果于眉，以须子由之归而老焉。不知此愿遂否？

04 看到这，我估摸大家已经相当困惑了：自古出仕为官，谁人不想出人头地，博个功名富贵，缘何苏轼却一直心存归隐之念？而既然想归隐，为啥又不真正辞官还乡呢？

别急。答案就藏在苏轼的《宝绘堂记》中：

> 君子可以寓意于物，而不可以留意于物。寓意于物，虽微物足以为乐，虽尤物不足以为病。留意于物，虽微物足以为病，虽尤物不足以为乐。

这话意思是说：君子可以把心思寄托于物，但不可以把心思耽溺于物。把心思寄托于物，即使事物微小，亦可从中得乐；即使事物很特别，也不会因之成祸。可如果把心思耽溺于物，则事物微小，也可能招致祸患；即使事物很特别，也不会感到快乐。

其实，这也正是苏轼对功名利禄之态度：金钱也好，官职也罢，都只是暂借它们来实现自己的理想抱负，在精神、心灵层面，则绝不能沉溺于这些"物"。

如此，大家的疑惑也就不辩自明了：因志不在功名利禄，所以苏轼能做到身在官场，而心灵归隐；并不辞官还乡，是因尚需借助"在朝为官"这一形式，实现自己"有益于世"的人生志向。

正所谓"小隐隐于野，中隐隐于市，大隐隐于朝"是也。

05

认识到苏轼是个超然物外的"心灵隐者"后,我发现这简直就是一把万能钥匙,能用来解读苏轼人生的方方面面。

譬如,官场上,他为何总是敢于"不合时宜",取怨一身而不悔:

要知道,王安石变法之初,急于搭建变法班子,凡趋炎附势、赞同新法者,升官就像坐火箭。比如曾布,因参与谋划新政,三天之内居然升了五次职。

到后来司马光复出为相,废除新法又成了当务之急。

时任开封府尹的蔡京(后来带歪徽宗的那位),知道司马光要恢复差役法,便在五日之内拉来千余名百姓充当差役,力证此法可复。后果得司马光称赞,顺利升官。

讽刺的是,八年后章惇为相,又罢差役法而起用免役法,叫得最响、行动最快的,依然是蔡京——管他什么法呢,哪个利于老子升官发财,老子就站哪个法!

天资聪颖如苏轼者,对这样的政治态势能看不懂吗?

假设他也能如此"识时务",早年附和王安石变法,或黄州归来后,痛定思痛,唯司马光马首是瞻,高官厚禄岂非如探囊取物?

可他偏偏反其道而行之:

> 是时王安石新得政,变易法度。臣若少加附和,进用可必。自惟远人,蒙二帝非常之知,不忍欺天负心,欲具论安石不可施行状,以裨万一。

你看,我们东坡心里跟明镜儿似的。

明知道站队王安石即可荣华立至,奈何自己的良心不答应啊!

于是二话不说,下场开撕,直言力谏到连司马光都自叹"敢言不如苏轼",王安石甚至误以为他是司马光背后的智谋军师,大力排挤。

旧党失势后,司马光、欧阳修等大佬都绝口不言世事,只有苏轼还在借助诗文不断抗议,以致最终为自己惹来牢狱之灾以及黄州五年的弃置。

然而流放归来,他却本色不改,怼起司马光来也毫不留情:

> 臣与故相司马光,虽贤愚不同,而交契最厚。光既大用,臣亦骤迁,在于人情,岂肯异论?但以光所建差役一事,臣实以为未便,不免力争。

你看,他说我和司马光,私交特别好,他复出后又很关照我,按理说不能和人家唱反调,可从公而论,我又实在不赞同恢复差役法。所以,没得法子,只能和他争到底!

大家想想看,在纷繁复杂、人人皆以利益定进退的官场上,苏轼之所以能始终不顾个人之荣辱浮沉,坚守原则,公忠炯炯,不正是因他一向以"心灵隐者"自处吗?

本就视富贵利禄如浮云,又何惧得失!

所谓"壁立千仞,无欲则刚"是也。

06

还有他那一向为人所艳羡称道的豁达乐观,窃以为很大程度上,也得益于此。

譬如,同样是爱国敬业却被无情流放,前朝被贬潮州的韩愈,还没到贬所呢,心态就已经崩了:

潮阳未到吾能说,海气昏昏水拍天。(韩愈《题临泷寺》)

抵达潮州后又不住卖惨:

居蛮夷之地,与魑魅为群。(韩愈《潮州刺史谢上表》)

反观苏轼呢?

流放黄州,途中画风是这样的:

幸有清溪三百曲,不辞相送到黄州。(《梅花二首其一》)

你瞅瞅这气氛,像被贬吗?分分钟观光旅游即视感。

一到黄州,还没下车呢,吃货特质又藏不住了:

自笑平生为口忙,老来事业转荒唐。
长江绕郭知鱼美,好竹连山觉笋香。(《初到黄州》)

(黄州的鱼和笋表示瑟瑟发抖……)

后来以衰暮之年被贬惠州，比韩愈所去的潮州更加偏僻荒蛮，他也一样淡然处之，于《进谢上表》中说：

累岁宠荣，固已太过。此时窜责，诚所宜然。瘴海炎陬，去若清凉之地……

不妨再拿韩愈贬潮州的谢上表做个对比：

怀痛穷天，死不闭目。瞻望宸极，魂神飞去。伏惟皇帝陛下，天地父母，哀而怜之。

你看，面对如此身家性命倾危的祸患，连硬汉韩愈也不免失态至此，哭哭啼啼，要死要活（感觉老韩的棺材板要盖不住了……）。

而宋代不杀文臣，窜谪岭南已是最惨之处境，从宋真宗朝起，七十多年来，苏轼是第一个被贬到岭南之人，却能镇定如斯，怎不令人高山仰止。

途中，行至广州，他还欣然赋诗曰：

天涯未觉远，处处各樵渔。（《发广州》）

啧啧，这随遇而安的心态，这处处发现美的眼睛，绝了！

后来，迫害再次升级，六十多岁被政敌一脚踢往海南，很明显，这是打算把人往死里整。结果他呢，日子再苦，照样能给你过出花儿来：

> 我昔堕轩冕，毫厘真市廛。
> 困来卧重裀，忧愧自不眠。
> 如今破茅屋，一夕或三迁。
> 风雨睡不知，黄叶满枕前。（《和陶怨诗示庞邓》）

说自己从前住华屋、睡锦裘，却总心怀忧愧，睡不踏实。现在倒好，在处处漏水的破茅屋里，风雨一来，一晚上床得挪三次地儿，却能畅快酣眠，早上起来，枕上落满黄叶都不自知。

闲来他就四处漫游，反正大把时光。比如，在寺院清坐终日，看树影，听钟鸣：

> 闲看树转午，坐到钟鸣昏。（《入寺》）

或者找个三岔路口一站半天，看行人穿梭往来，自得其乐：

> 溪边古路三岔口，独立斜阳数过人。（《纵笔三首》）

你瞅瞅，就这心态、这闲适，要不是后来北归途中暑热得疾，苏轼且得活到天长地久呢。

一个从前安坐翰林院的待诏学士、尊崇无以复加的帝王师，到如今海岛流放、栖身不避风雨之茅草屋的待罪犯官，这番人生境遇的差别，不啻云泥，而苏轼却始终能处之泰然，以极大的热忱投入生活，不正是靠着心灵归隐的力量吗？

自己的人生本就不以仕宦为目的，贬谪即做隐居处之，又有何难！

余之无所往而不乐者，盖游于物之外也。

07 其实，说了这么多，我想表达的无非是，才华之外，苏轼身上之所以还具备无与伦比的个人魅力，或许正因为这一份"心灵归隐"的智慧：不论身居高位，还是贬谪穷乡，他始终能以出世的态度安顿自我的精神世界，随缘任运，葆有快乐生活的能力；同时又以入世的态度积极有为于人间，力求让这个世界变得好一点，再好一点。

内心出世，外在入世——他为中国文人演绎了一个完美的范本。

所以，谁人不爱苏东坡呢？

周公子每期一问

1. 唉,老天爷真是不公平啊!

2. 又咋个了嘛!

3. 有些人啊,有才属第一,有趣属第一,会吃属第一,乐观还属第一,人生智慧更是独辟蹊径,还让普通人活不!

4. 哎呦喂,我坐牢差点被整死的事儿你咋个不提?我一把年纪流落海南,饭都吃不饱你咋个也不提?!

5. 好不容易遇赦北归,结果中暑在半路上死了,连我最爱的弟弟都没见到,你咋个也不提?!

6. 嘿嘿嘿,看来老天爷还是公平的哈……

哼!

陆游失唐琬：当爱已成往事

01 公元1188年,六十三岁的陆游辞官回到山阴乡下。但他依然闲不住,一边读书耕作,一边行医乡里,采药、种药、合药,每天忙忙碌碌。

到了秋天,每次上山采药,他都要翻过山头看看对面山坳里那一片野雏菊开了没有。

又一个清晨,陆游早早起身上山,还未翻过山坡,便觉清香袭人。他快走几步,攀到山顶平坦处,举目望去:只见成片的雏菊竞相开放。白色、黄色、紫色,一株株在晨曦与微风中摇曳生姿,将山坳连成一片花海。陆游立在山坡上痴痴地望着,沟壑纵横的脸上,欣喜与惆怅夹杂。

02 不知过了多久,雏菊丛中闪出一个年轻女子的身影。她立在花开最盛处,向着身后一位青年男子频频招手:"务观,务观,快来呀,这边的花儿开得最好!"

青年男子笑意盈盈,一边向着女子走来,一边举起手中布袋:"琬妹,采了很多啦,够做两个枕头啦!"

等到两人走近,女子明媚一笑,低声娇嗔:"不够,我要做三个。"

男子一愣："三个？为什么？"

女子一时又羞又恼，一记粉拳落在男子胸前，跌脚道："哎呀，真傻，不跟你说了。"

男子顿时了然，却故意正色道："可不是嘛，我若不傻……怎么会喜欢你这个机灵鬼！"

说完，他猛然将布袋扔在身后，双手故作夸张地挠向女子两腋，女子亦故作惊呼，边跑边躲，两个人在雏菊丛中追逐嬉闹，欢声笑语，荡彻山谷……

立在山坡的陆游，回想着四十三年前的一幕幕，微微含笑中两行浊泪滑落脸颊。

03

这天他比平常更晚回家。

随身背篓装满雏菊，望着夫人略带诧异的眼神，陆游轻轻说了句："晾干给孙儿们缝菊花枕吧。"说完便转入书斋，晚饭也不见出来。

夫人端来茶水汤饭，却发现他早已在书斋卧榻上合衣而睡，书桌上还凌乱铺展着一笺墨色未干的诗稿：

余年二十时尝作菊缝枕诗颇传于人今秋
偶复采菊缝枕囊，凄然有感

采得黄花作枕囊，曲屏深幌闷幽香。

唤回四十三年梦,灯暗无人说断肠。

少日曾题菊枕诗,蠹编残稿锁蛛丝。

人间万事消磨尽,只有清香似旧时。

夫人轻轻叹了口气:"这是又想起她了。"

叹罢,将茶盘放下,回身轻轻帮陆游盖上一袭秋被,摇了摇头,悄然退出。

04

这一夜,陆游又在梦中回到了十九岁。

是年秋天,他在家乡参加州试,一举高中,于冬末来到京城临安等候礼部会试,暂住舅舅唐仲俊家。

在这里,他和儿时青梅竹马的表妹唐琬再次碰面。

一别数载,当年两小无猜、携同玩耍的小表妹已出落成蛾眉横翠、粉面含春的窈窕淑女。

乍见之下,陆游不禁呆住了。

还是热情大方的唐琬连喊几声表哥,才把陆游从儿时思绪中拉回。

这之后,陆游潜心备考,白天累了,晚上倦了,总有表妹贴心差家中侍人送来茶汤点心。每次表妹外出,更不忘给表哥捎带各色临安小吃。

唐琬自幼聪慧,颇识诗书。闲暇时刻,表兄妹便也常常一起纵谈诗词歌赋。他们发现，两个人还像小时候一样，在一起总有说不完的话。

朝来夕去，两颗心越靠越近。

05

转眼冬去春来，元宵佳节到了。这几乎是一年当中临安城最为繁华热闹的日子。

陆游和舅舅一家同往闹市观灯，一路上但见深坊小巷，绣额珠帘，宝马香车，竞夸华丽。更有公子王孙，佳人倩女，遍地游赏，好不热闹！

一行人在熙熙攘攘的灯市中穿梭赏看，目不暇接。忽而陆游发现一家人竟已被人群冲散，身边只剩表妹，全无舅父舅母身影。

很快唐琬也察觉到了。二人对望，浅浅一笑。

此时，一阵夜风袭来，正月晚间仍十分清冷，唐琬不由缩了缩身子。陆游数次抬起胳膊想拥起表妹为其遮寒，几番纠结，还是放下了。

夜深，人群渐次散去，陆游终于鼓起勇气："琬妹，冷吗？"

"嗯，有一点。"

"那……我帮你暖手吧。"

说完，陆游轻轻牵起唐琬的指尖。怕表妹会拒绝，他心中慌乱，另一只手忙指向夜空中的烟花："快看那里，好美的烟花。"

忽而，他觉得肩头一沉，唐琬偎了过来，把手挪向他的掌心："是啊，真美。"

06

接下来的春试，陆游落榜了。

还年轻，又刚刚收获了爱情，陆游没有太失落。

姑舅表亲加之青梅竹马，在双方亲人的祝福下，他们顺理成章地成婚了。

婚后，二人甜蜜依恋更胜从前，一起游遍了山阴的山山水水。

春天，他们到沈园赏花：

香穿客袖梅花在，绿蘸寺桥春水生。(《十二月二日夜梦游沈氏园亭》)

夏天，他们到镜湖泛波：

三更画船穿藕花，花为四壁船为家。
不须更踏花底藕，但嗅花香已无酒。
花深不见画船行，天风空吹白纻声。
双桨归来弄湖水，往往湖边人已起。(《同何元立赏荷花追忆镜湖旧游》)

有时玩到更深夜静，便索性不归，投宿于渔村人家：

禹会桥边最清绝，忆曾深夜扣渔扉。(《舟中》)

系船禹庙醉如泥，投向渔家月向低。(《宿石帆山下》)

秋天，他们采菊做枕；冬天，他们踏雪赏梅……

山阴城里处处留下他们嬉戏的痕迹，沈园的花草树木都听过他们的情话。

一切是如此美好。

情投意合、心心相印的两个年轻人，丝毫没有察觉到不幸已在悄然逼近。

07

不幸的缘由在于，陆游的双亲对唐琬越来越不满。

原因无他：只因他们太恩爱。

在古代，夫妻间的最高境界是相敬如宾。即使彼此钟情，也须低调，不能张扬，更不可公开示爱。

因为在当时，家族利益为公，夫妻之爱为私，私情太甚就会以私害公，影响家族团结。而对外展现私情，则更会让人觉得儿女情长，英雄气短，有失男子气概。

比如汉代的张敞，就曾因"为妇画眉"而成为整个长安城的笑话。

《世说新语》中也记载过一个叫荀奉倩的人，因妻子高烧不退，冒着冬日严寒跑到庭院将身体冷却，而后贴着妻子为其降温。如此夫妻情深之举，却是"获讥于世"。

在当时的伦理中，男子必须志在四方，追求功名，不可过于恋家或沉迷儿女私情。如初唐诗人骆宾王曾说：

> 但使封侯龙额贵,讵随中妇凤楼寒。(《杂曲歌辞·从军中行路难二首》)

男儿就该从军出征,以求功业,怎么可以满足于老婆孩子热炕头呢?边塞诗人岑参说得更直白:

> 男儿何必恋妻子,莫向江村老却人。(《送费子归武昌》)

陆游中年到南郑从军时也曾说:

> 平生万里心,执戈王前驱。
> 战死士所有,耻复守妻孥。(《夜读兵书》)

08

在这样的时代背景下,陆游和唐琬的爱就显得太炽热、太无所顾忌了。

除了前述的恩爱之举,他们还不时有闺房唱吟的私密之作流出,为人所津津乐道:

> 余年二十时尝作菊缝枕诗,颇传于人。(此诗今已不可考)

陆家乃当地的高门望族,世代书香,其父又是知名的爱国抗金志士，家风甚严，对陆游婚后如此恩爱张扬绝不可能等闲视之。

偏偏两个年轻人耳鬓厮磨、诗酒缠绵下又不免懈怠了学业，以致陆游婚后两年都未赴京科考，终于惹恼了父母双亲。

沉溺儿女私情、惰于科考、婚后无子……数罪并罚之下，陆母执意让陆游休妻。

一边是母命难违，一边是爱妻难舍，左右为难的陆游只好表面应承着父母，背地却偷偷在外租了宅子安置唐琬，以期金屋藏娇，再图转机。

年轻冲动的诗人，完全没想到这样只会加速母亲与唐琬决裂。

果不其然，后来陆母知悉，对此欺瞒行为震怒已极，逼迫之意更甚。

在那个孝道大过天的年代，陆游终究没能违逆父母，一对爱侣就此劳燕分飞。

此后，陆游在父母安排下另娶王氏，唐琬亦再嫁于皇室宗亲赵士程。

09

五年后，三月十五日，山阴人固定的游园踏青日。

二十七岁的陆游孤身来到沈园。这里一如往年春时，花团锦簇，游人如织。不同的是，自己身边再也没有了知心深爱的赏花人。

五年了，自己已是两个孩子的父亲，她呢？过得可好？

还会不会时常像个小女孩般调皮玩闹，赵士程待她又能否如自己昔日般温存体让？

在历历往事的追索中，陆游落寞盈怀地随着人流漫漫而行，不期却在廊檐拐角处，与一男子迎面相撞。

陆游慌忙致歉，抬起头，却见对面男子潇洒儒雅，风度不凡，身旁更携一位风姿绰约、清雅动人的俏女子。

陆游一下怔住了——眼前这盈盈而立、略显消瘦的女子不正是自己五年来追怀无尽的表妹唐琬吗？！

一时间，他只觉酸甜苦辣涌上心头，万语千言梗在喉间。

唐琬再见陆游亦是悲欣交集，半晌，方低低唤了句："表哥……"

陆游依然呆呆痴望。

见此情形，赵士程忙打破尴尬："久闻陆兄诗名，不期在此相逢。恰好我们携了酒菜，如若不嫌，可愿赏脸同到亭下把酒赏春？"

闻听此语，陆游方知失态，忙将目光从唐琬身上移开，并极力压抑着内心的起伏："哪里，还是……不扰二位雅兴了。"

双方就此别过，赵士程挽着唐琬款步离去。

陆游则伫立原地，如在梦中。

许久，背后传来声音："陆相公，陆相公……"

连喊数声，陆游才反应过来，转身见一家僮模样的少年，手持托盘，送来几道精致酒菜。"我家赵相公和夫人相送，您慢用。"

陆游接过一看，都是唐琬的拿手菜，黄滕酒更是从前二人出游助兴的最爱。

转到幽静处，陆游花中独酌，酒入愁肠，化作相思泪——儿时嬉闹的两小无猜，年少重逢的惊喜悸动，步入爱河的甜蜜依恋，被迫分离的肝肠寸断，一时纷纭而来……

如今人在咫尺，却似天涯相隔，此痛何堪！

情恸之下，他不暇细想，踉跄起身，行至一面粉墙下，醉意朦胧中和泪挥写，千般痛，万般恨，都在笔舞龙蛇中悉数倾出：

钗头凤·红酥手

红酥手，黄滕酒，满城春色宫墙柳。东风恶，欢情薄。一怀愁绪，几年离索。错、错、错。　春如旧，人空瘦，泪痕红浥鲛绡透。桃花落，闲池阁。山盟虽在，锦书难托。莫、莫、莫！

10

很快，这首词就传遍整个山阴，一时满城风雨。唐琬情伤难抑，就此一病不起。

那些用尽全力才克制住的爱意、思念、遗憾，再也藏不住了。生命的最后，她和了一首词：

钗头凤·世情薄

世情薄，人情恶，雨送黄昏花易落。晓风干，泪痕残。欲笺心事，独语斜阑。难，难，难！　人成各，今非昨，病魂常似秋千索。角声寒,夜阑珊。怕人寻问,咽泪装欢。瞒,瞒,瞒!

对不起,赵士程,这对你并不公平。

可爱情又哪有公不公平,每个人都是身不由己。

表哥啊,如果一切重来,你还会放手吗?

可惜,我已等不到答案……

此后,唐琬病逝,赵士程终身未再续弦。

而陆游也只能深埋痛苦,将所有的生命能量注入抗金复国的男儿之志中。

可惜,在偏安一隅的南宋朝廷下,他宦海沉浮几十年,却从未得到报国杀敌的真正机会。

转眼,英雄已白头。

11

晚年,功业成空、退老山林的陆游,对唐琬的追思怀念更甚从前。他常登禹寺,游沈园,泛镜湖,追寻爱人昔日的芳踪,每入城必登楼眺望,不能胜情。

六十七岁时,他再至沈园,发现园林已几易其主,园壁残破,当年醉题的那首《钗头凤·红酥手》已被园主镌刻于石,触景生情,感慨万端:

禹迹寺南有沈氏小园四十年前尝题小阕壁间偶复一到而园已三易主刻小阕于石读之怅然

枫叶初丹槲叶黄,河阳愁鬓怯新霜。

林亭感旧空回首,泉路凭谁说断肠?

坏壁醉题尘漠漠,断云幽梦事茫茫。

年来妄念消除尽,回向禅龛一炷香!

为了所谓的家国大业、男儿功名,放弃一生挚爱,真的值得吗?如果人生可以重来,自己还会屈从母命吗?人至暮年,万事成空,我才知道什么对自己是最宝贵。可惜,唯一能够把握的,却偏偏放了手⋯⋯

七十五岁时,陆游住在沈园附近。春日,他再临故地,写下动人的《沈园》二首:

城上斜阳画角哀,沈园非复旧池台。

伤心桥下春波绿,曾是惊鸿照影来。

梦断香消四十年,沈园柳老不吹绵。

此身行作稽山土,犹吊遗踪一泫然!

已是傍晚时分,斜阳暗淡,画角悲吟。诗人在园内踽踽独行,竭力搜寻着往事印记。可惜世事变迁,池台楼阁已然非复旧貌,唯有桥下春水绿波如故,四十年前佳人曾在此凭栏临照,留下翩若惊鸿的丰姿倩影……

八十一岁,已入耄耋之年的他还曾梦游沈园,写下了《十二月二日夜梦游沈氏园亭二首》:

> 路近城南已怕行,沈家园里更伤情。
> 香穿客袖梅花在,绿蘸寺桥春水生。

> 城南小陌又逢春,只见梅花不见人。
> 玉骨久成泉下土,墨痕犹锁壁间尘。

八十二岁,又作《城南》,抒发人间孤鹤的凄楚之情:

> 城南亭榭锁闲坊,孤鹤归来只自伤。
> 尘渍苔侵数行墨,尔来谁为拂颓墙?

八十四岁,在儿孙的搀扶下,他最后一次颤颤巍巍来到沈园,为这份痴缠一生的悲情苦恋写下最后的挽歌:

> 沈家园里花如锦,半是当年识放翁。
> 也信美人终作土,不堪幽梦太匆匆。(《春游》)

六十年的爱意与思念,六十年的伤痛与愧疚,在生命行将就木的最后时光里,依然无法释怀和愈合……

张爱玲曾说:不多的一点回忆,将来是要装在水晶瓶里双手捧着看的。

对陆游来说,和唐琬的真情挚爱就是这个水晶瓶中最闪亮恒久的光芒。

次年,八十五岁的陆游带着"死去元知万事空,但悲不见九州同"的家国遗恨,也带着终于要与唐琬天国重逢的欣慰憧憬走到了生命的终点。

虚费失光作闲事,人间信有白头痴。(《杂兴》)

周公子每期一问

1. 陆游,如果再见到唐琬,你会对她说什么?

2. 曾经,有一份真挚的爱情摆在我的面前,而我没有好好珍惜……

3. 如果上天再给我一次机会……

4. 至尊宝:这句台词请付一下版权费谢谢! 呃……

读懂一位词人,就是多经历了一种人生

后记

在本书之前，我还写过一本唐诗人物志，在那本书的序言中，我曾用孟子的一句话概括自己的写作动机：

  颂其诗，读其书，不知其人，可乎？是以论其世也，是尚友也。

意思是说，吟诵古人的诗歌，研究古人的著作，却不知古人的生平事迹，那怎么行？所以，要去了解古人的生活和时代，穿越时空，和古人交朋友；唯其如此，才能真正理解诗人，读懂作品。

那么这次，我想谈谈深入古人的生活和时代中、和他们做朋友后，内心会有怎样的收获和感受。

首先，是真的感觉自己交了很多的良师益友、铁哥们儿。

铁到什么程度呢，这么说吧，我现在遇到什么没把握的事儿或是人生中难过的坎儿，都不求老天或菩萨保佑了，而是在心里默念这群古代的好朋友保佑我。

哈哈，就单方面十分真情实感地觉得，自己和这些古代先贤们有了极深的交情。

第二点收获是，我在每一个词人身上都看到了动人的品质，学习到了宝贵的人生智慧：

李煜的赤子之心，范仲淹的胸怀天下，晏殊的珍惜当下，欧阳修的迎难而上，王安石的敢为天下先，苏轼的苦中作乐，李清照的敢于做自己，陆游的永不言弃，辛弃疾的一腔热血……

但要说最大的感触和收获，那就是在写人物志的过程中，自己获得了多重的人生体验——每写一个词人，就仿佛多经历了一种人生。

小时候我有两大梦想，一个是文学梦，一个是表演梦。

当时也说不清为什么，只是莫名喜欢。

写作的这几年，对自己越来越了解。

发现年少时的两个梦想，内在动因其实是一致的——那就是，它们都契合了我对自己人生的终极期许：活着的目的，在于尽可能多地去体验和感受。

我对表演这个行业始终保持向往和艳羡，是因为表演者可以在不同的角色中经历各式各样的人生。而文学梦，说到底也是想创造故事，以及在故事中拓展自我的生命体验。

我喜爱唐诗宋词，除了文字和音律的美感外，更深层的原因也在于诗词是作者人生经历及内在心声的凝结。其中的羁旅愁思、离情别绪、缠绵爱意、欢乐或痛苦的人生喟叹，都能引人共鸣：读着那些诗词，就仿佛经历了诗人词人的人生，感受到了与他们相同的悲欢喜乐。如同丰子恺所说：读了"想得故园今夜月，几人相忆在江楼"，便会设身处地做了思念故园的人，或江楼相忆者之一人，而无端地兴起离愁；读了"流光容易把人抛，红了樱桃，绿了芭蕉"，便会想起过去的许多的春花秋月而无端地兴起惆怅……

我觉得自己非常幸运,兜兜转转,居然用写作把童年的两大梦想糅合在了一起:

别的表演者是以身心在银幕上塑造角色,而我是用文字在纸面上还原人物。

曲异而功同。

所以,现在我常常幸福地以"文字演员"自居。

虽然每写一篇人物志都要耗费大量的时间精力爬梳史料,揣摩人物性格、情感、行为动机、理想追求,心情随着他们的命运跌宕起伏,感慨万千,直至完全钻进人物的内心,让自己成为"他",接受"他"的一切,理解"他"所有的行为和选择,忍不住要为"他"发声呐喊……整个过程,有太多不足为外人道的痛苦与煎熬。

但前期"入戏"的过程有多曲折、多艰难,最终将一位位诗国星星的人生故事用文字演绎出来的那一刻,就有多兴奋、多过瘾:嘿,我又成功经历了一重新的人生,棒呆了!

有导演说,电影的意义就在于让观众在观影过程中和银幕上的人物处于相同的状态里。

而我写诗词人物志的目的,也是如此。

我希望读者朋友们能在本书中,与李煜、范仲淹、晏殊、欧阳修、王安石、苏轼、宋徽宗、李清照、陆游、辛弃疾处于相同的状态中,喜其所喜,悲其所悲,他笑你也笑,他哭你也哭……由此与词人们的心灵真正相遇、相知,在他们的人生故事和诗词篇章里,无限延展自我的生命体验。

这份共情和通感,是我们理解诗人一切作品的基石。

也是我写作的最大意义。

最后,感谢大家能够读到这里。

周公子